Mittelpunkt C1

Grammatiktrainer

Christine Breslauer
Stefanie Dengler
Ilse Sander
Johanna Skrodzki
Ulrike Tallowitz

Ernst Klett Sprachen
Stuttgart

Textquellennachweis

S. 16:
Interview mit Prof. Ben-Shahar © Juliane von Mittelstaedt, DER SPIEGEL, Hamburg

S. 38:
Text A: Backhaus, Anke / Schart, Michael (2004): Entwicklung statt Kontrolle – Zum Verhältnis von Evaluation und Curriculum. In: Neue Beiträge zur Germanistik 3, Japanische Gesellschaft für Germanistik (Hg.) © IUDICIUM Verlag GmbH, München
Text B: Aus einem Flyer © Klaus Weber, Bucerius Law School, ZEIT-Stiftung Ebelin und Gerd Bucerius, Hamburg
Text C: UWS Umweltmanagement GmbH, Kevelaer

Bildquellennachweis

21 Bürgerinitiative Rettet Das METROPOL (Holger Strotmann), Bonn; 28 iStockphoto (Don Bayley), Calgary, Alberta; 32.1 Imago Stock & People, Berlin; 32.2 Corbis, Düsseldorf; 47.1; 47.2 Insel Hombroich/Kunst parallel (Tomas Riehle), Neuss; 47.3 Imago Stock & People, Berlin; 58 Imago Stock & People, Berlin; 71 Getty Images, München; 73 laif (Suse Walczak), Köln; 75 Ullstein Bild GmbH (Röhnert), Berlin; 92 iStockphoto (Chris Schmidt), Calgary, Alberta

Nicht in allen Fällen war es uns möglich, den Rechteinhaber der Abbildungen und Texte ausfindig zu machen. Berechtigte Ansprüche werden selbstverständlich im Rahmen der üblichen Vereinbarungen abgegolten.

Mittelpunkt C1 Grammatiktrainer

1. Auflage   1 5 4 3 | 2013

Autoren: Christine Breslauer, Stefanie Dengler, Ilse Sander, Johanna Skrodzki, Ulrike Tallowitz
Fachliche Beratung: Prof. Dr. Christian Fandrych, Herder-Institut, Universität Leipzig

Redaktion: Iris Korte-Klimach
Layout und Satz: Jasmina Car, Barcelona
Illustrationen: Jani Spennhoff, Barcelona
Umschlaggestaltung: Claudia Stumpfe
Reproduktion: Meyle + Müller, Medienmanagement, Pforzheim
Herstellung: Claudia Stumpfe
Druck: LCL Dystrybucja Sp. z o.o. • Printed in Poland

ISBN: 978-3-12-676613-5

9 783126 766135

Der Mittelpunkt C1 Grammatiktrainer

Warum ein zusätzlicher Grammatiktrainer?

Der souveräne Umgang mit komplexen grammatikalischen Strukturen, wie er auf dem C1-Niveau etwa für einen stilistisch angemessenen schriftlichen Ausdruck verlangt wird, bereitet vielen Lernenden Probleme. Der vorliegende **Grammatiktrainer** bietet gerade zu den für das C1-Niveau relevanten grammatischen Themen, wie etwa Passiv-Konstruktionen, Nominalisierung oder Verbalisierung, umfangreiches Übungsmaterial.

Arbeiten mit dem Mittelpunkt C1 Grammatiktrainer

Der **Mittelpunkt C1 Grammatiktrainer** dient zur Vertiefung und Erweiterung des grammatikalischen Lernstoffs im Lehr- und Arbeitsbuch **Mittelpunkt C1**, der in der Referenzgrammatik im Anhang des Lehrbuchs systematisch zusammengefasst ist. Folglich orientiert sich der **Grammatiktrainer** in Aufbau und Inhalt an der Referenzgrammatik. Da der **Grammatiktrainer** – wie auch die Referenzgrammatik – nicht progressiv, sondern nach Themenbereichen aufgebaut ist, können die einzelnen Kapitel des **Grammatiktrainers** je nach Bedarf – entweder in der vorgegebenen Abfolge oder modular – bearbeitet werden.

Die Kapitel des **Grammatiktrainers** enthalten kleinschrittig aufgebaute Übungssequenzen zu den einzelnen Grammatikthemen. Diese Übungssequenzen beginnen mit einer Einstiegsaufgabe, in der die Lernenden auf B2-Niveau abgeholt werden, und entwickeln sich dann von vorentlastenden Übungen bis zu halboffenen bzw. offenen Übungen weiter. Auf diese Weise werden die Lernenden sukzessive zum C1-Niveau geführt: Nach dem Prinzip der induktiven Grammatikbearbeitung sollen die Lernenden z. B. durch Markierungsübungen für grammatikalische Formen und Strukturen sensibilisiert werden und diese in Übersichten sammeln, ordnen und systematisieren. Dadurch wird ihr Sprachbewusstsein gestärkt und sie werden in die Lage versetzt, komplexe grammatikalische Zusammenhänge zu reflektieren und deren Regeln selbst zu entdecken bzw. zu entwickeln. Danach folgen stark gesteuerte Übungen und das Kapitel endet mit den oben erwähnten halboffenen bzw. offenen Übungen. Die Übungspalette reicht z. B. von Reflexionsübungen bis zu persönlichen Stellungnahmen, in denen die Lernenden Gelerntes überprüfen und anwenden können. Aufgrund dieser Vielfalt an Übungsformen ist der **Grammatiktrainer** auch zur Binnendifferenzierung geeignet. Sogenannte Spickzettel informieren wie im Lehrwerk über etwaige inhaltliche oder grammatikalische Besonderheiten. Die Übungen sind thematisch weitestgehend in den Kontext der jeweiligen Lektion im Lehr- und Arbeitsbuch **Mittelpunkt C1** eingebettet und verarbeiten damit bekannten Wortschatz in authentischen Kommunikationssituationen. Dabei wird die Aufmerksamkeit der Lernenden auf die verschiedenen Stilebenen der modernen deutschen Gegenwartssprache gerichtet. Es werden besonders jene Phänomene trainiert, die für einen stilistisch angemessenen schriftlichen Ausdruck nötig sind, z. B. Textkohärenz oder der adäquate Gebrauch von nominalen bzw. verbalen Strukturen.

Aufbau des Mittelpunkt C1 Grammatiktrainers

Der **Grammatiktrainer** zum Lehr- und Arbeitsbuch **Mittelpunkt C1** ist analog zur Referenzgrammatik im Anhang des Lehrbuchs aufgebaut und umfasst daher ebenso 10 Kapitel. Die Überschriften und die Nummerierung dieser Kapitel sind identisch mit denen der Referenzgrammatik. Dies erleichtert es den Lernenden, dort die Regeln zu den jeweiligen Übungen nachzuschlagen.
Die Marginalspalte erleichtert das Arbeiten, denn sie bietet:

LB / AB
Lek. 1
B2-GT, Kap. 4.9
Konjunktiv I
Kapitel 1.3
Indirekte Rede

- Hinweise auf die Lektion im Lehr- und Arbeitsbuch, auf die sich das Kapitel inhaltlich bezieht

- Verweise auf Kapitel im **B2 Grammatiktrainer**

- Verweise auf weiterführende Kapitel innerhalb des **C1 Grammatiktrainers**

Der Grammatiktrainer im Selbststudium

Die Übungen zu den einzelnen Grammatikthemen von **Mittelpunkt C1** eignen sich sowohl als Zusatzmaterial zur Vertiefung und Binnendifferenzierung als auch zum Selbststudium, da die Lernenden die Übungen ganz nach ihrem Lerntempo und Lernbedarf bearbeiten können. Aus diesem Grund befindet sich im Anhang – neben einer Liste häufiger Nomen-Verb-Verbindungen und ihren verbalen Entsprechungen – ein ausführlicher Lösungsschlüssel, in dem auch zu offeneren Aufgaben Musterlösungen angeboten werden.

Viel Spaß und Erfolg bei der Arbeit mit dem **Grammatiktrainer** wünschen Ihnen der Verlag und das Autorenteam!

Inhalt

Abkürzungen

A/Akk. = Akkusativ	**D/Dat.** = Dativ	**m** = maskulin	**f** = feminin	**HS** = Hauptsatz	**Erg.** = Ergänzung
N/Nom. = Nominativ	**G/Gen.** = Genitiv	**n** = neutrum	**Pl** = Plural	**NS** = Nebensatz	**Konj.** = Konjunktiv

1 Satzstrukturen

1.1 Aufforderungssätze

LB / AB
Lek. 9

1 Der Ton macht die Musik

a Lesen Sie die drei Kurzdialoge, markieren Sie jeweils die Aufforderungssätze und besprechen Sie die stilistischen Unterschiede im Kurs.

A
Kind: Mama, ich will jetzt aber Computer spielen.
Mutter: Nein, hiergeblieben! Zuerst räumst du dein Zimmer auf. Da sieht's mal wieder fürchterlich aus!
Kind: Nie darf ich am Computer spielen, wann ich will. Immer muss ich aufräumen! Das kann ich doch später noch machen. Oder kannst du mir helfen?
Mutter: Du wirst jetzt dein Zimmer aufräumen, nicht später. Und du sollst nicht immer meckern, sonst kannst du den Computer gleich ganz vergessen.

B
Kunde: Ich möchte mich gern über neue Aktienfonds informieren.
Angestellter: Ja, gern. Kommen Sie doch bitte mit. Dann bringe ich Sie zu einem Kollegen.
Kunde: Ich habe aber nur kurz Zeit. Könnten Sie mir nicht einfach Informationen zuschicken?
Angestellter: Ja, gern. Wenn Sie mir Ihre Adresse geben würden.

C
Frau Müller: Frau Gauler, ich weiß einfach nicht weiter. Mit der neuen Software komme ich immer noch nicht zurecht und die Kollegen wollen mir langsam auch nicht mehr helfen.
Frau Gauler: Frau Müller, machen Sie sich doch nicht immer so viele Gedanken! Das können Sie bestimmt bald genauso gut wie die Kollegen!
Frau Müller: Das kann ich nur hoffen. Könnten Sie mir vielleicht weiterhelfen?
Frau Gauler: Lassen Sie uns doch später darüber sprechen. Ich muss jetzt in eine Besprechung.

b Erstellen Sie eine Tabelle wie im Beispiel und ordnen Sie nun die Aufforderungen den fünf Kategorien zu.

Stil	unhöflich / direkt	befehlsartig	neutral	freundlich	(sehr) höflich
Beispiel		*hiergeblieben! …*			

c Lesen Sie die Sätze und ordnen Sie sie in die Tabelle von Übungsteil b ein.

a. Kannst du das für mich erledigen?
b. Sie kümmern sich sofort um die neue Kundin.
c. Wenn Sie bitte das Formular ausfüllen würden.
d. Sie sollen das sofort erledigen, nicht später.
e. Wären Sie so nett, mich später zurückzurufen?
f. Melden Sie sich doch bitte später noch mal!
g. Lassen Sie uns Ihre Unterlagen in Ruhe ansehen.
h. Kommen Sie mit!
i. Gehen wir doch besser in mein Büro.
j. Bitte in meinem Büro nicht rauchen!
k. Man folge genau den Anweisungen.
l. Werdet ihr wohl mit dem Getuschel aufhören.
m. Jetzt aber aufgepasst!

d Ordnen Sie die Sätze aus Übungsteil c den syntaktischen Formen zu.

sehr direkt bis befehlsartig	neutral	freundlich bis sehr höflich
1. Imperativ _h._	**7.** Imperativ von „wir" ___	**10.** Imperativ mit „bitte" / „mal" / „doch" ___
2. Infinitiv ___		
3. Partizip II ___	**8.** Umschreibung mit „wollen" oder „lassen" (wir/uns) ___	**11.** Modalverben (Indikativ Präsens) in Fragen ___
4. Indikativ Präsens ___		
5. Umschreibung mit „werden" (Position 1) und „wohl" ___	**9.** Konjunktiv I + „man" ___	**12.** Konjunktiv II in Fragen ___
6. Umschreibung mit „sollen" ___		**13.** Konjunktiv II in wenn-Sätzen ___

2 Strenge Töne

Ordnen Sie die Aufforderungen der Eltern nach dem Grad der Strenge – von direkt bis zu drohend. Besprechen Sie Ihr Ergebnis im Kurs.

1. Bleib jetzt einfach mal ruhig sitzen! ☐1
2. Wirst du wohl sitzen bleiben! ☐
3. Sitzengeblieben! ☐
4. Du bleibst jetzt hier sitzen! ☐
5. Du sollst einfach hier ruhig sitzen bleiben! ☐

3 Man wähle den passenden Ton

B2-GT, Kap. 4.9
Konjunktiv I

a Lesen Sie das Rezept für eine glückliche Ehe und setzen Sie die Verben in den Klammern im Konjunktiv I ein.

Zutaten

3 Tassen Streitlust
2 Tassen Ungeduld
2 Löffel Misstrauen
1 Tasse Dickköpfigkeit
1 Tasse schlechte Laune
4 Löffel Eifersucht
1 Tasse Egoismus

Zubereitung

Man _nehme_ (nehmen) Streitlust und _____ (kombinieren) sie mit Ungeduld. Dann _____ (mixen) man sie gründlich mit Misstrauen und _____ (fügen) Dickköpfigkeit hinzu. Man _____ (mischen) das Ganze mit schlechter Laune und Eifersucht, _____ (rühren) alles verbleibende Misstrauen und den Egoismus dazu, _____ (backen) es mit Desinteresse und _____ (werfen) es noch heiß in den Müll.

b Sie besprechen mit einem langjährigen Kollegen, den Sie duzen, was in den nächsten Tagen zu tun ist. Bilden Sie Aufforderungssätze. Die Angaben in Klammern helfen Ihnen.

1. **Kollege:** Peter kommt etwas später, hat er mir beim Mittagessen gesagt.
   Sie: (Imperativ von „wir" – doch schon anfangen) _Fangen wir doch schon an!_
2. **Kollege:** Wir müssen dringend die Kundendatei aktualisieren, sonst bricht bald Chaos aus.
   Sie: (lassen + „uns" – machen – am Freitag – das) _____
3. **Kollege:** Einige Kunden beschweren sich über die langen Wartezeiten am Schalter.
   Sie: (wollen + „wir" – noch mal durchsehen – die Planung) _____
4. **Kollege:** Können wir das vielleicht morgen machen? Ich fühle mich heute nicht so gut.
   Sie: (Konjunktiv von „sollen" – vielleicht nehmen – ein Aspirin) _____
5. **Kollege:** Ach, bevor ich es vergesse – Sonja hat am Mittwoch Geburtstag.
   Sie: (lassen + „uns" – doch sammeln – Geld für ein Geschenk) _____

4 Das klingt gut

B2-GT, Kap. 4.10
Konjunktiv II

a Sortieren Sie die Varianten auf einer Skala von 1 (= freundlich) bis 5 (= sehr höflich).

1. Am Bankschalter: Wenn Sie bitte zu mir kommen würden. ☐5
2. Chef zum Assistenten: Können Sie bitte zu mir kommen? ☐
3. Im Geschäft an der Kasse: Würden Sie bitte zu mir kommen? ☐
4. Lehrer zu Schüler: Kommen Sie doch bitte zu mir! ☐
5. Schüler zu Lehrer: Könnten Sie bitte mal zu mir kommen! ☐

b Formulieren Sie die Arbeitsaufträge vom Chef höflicher. Schreiben Sie jeweils eine höfliche und eine sehr höfliche Variante.

1. Schreiben Sie den Brief.
2. Reservieren Sie den Besprechungsraum.
3. Rufen Sie bei Dr. Blank an.
4. Kopieren Sie die Unterlagen.
5. Überweisen Sie den Betrag umgehend.
6. Suchen Sie mir die Nummer heraus.

1. _Könnten Sie bitte den Brief schreiben? / Wären Sie so nett, den Brief zu schreiben?_

5 **Treffen Sie den richtigen Ton?**

a Ergänzen Sie die Kurzdialoge mit den Aufforderungen aus dem Schüttelkasten.

> Alle ~~mal herhören~~   Wenn Sie mir sagen könnten
> wären Sie so freundlich   Dann füllen Sie doch bitte
> Kannst du mir auch   wären Sie so nett   Sie sollten
> lass uns doch zusammen gehen   Nicht jammern
> Könnte ich Sie kurz um Ihre Aufmerksamkeit bitten
> Bring mir doch   Können Sie bitte   Dürfte ich Sie noch
> Können Sie mir

1. **Herr Wagner:** _Alle mal herhören_ , in 10 Minuten treffen wir uns unten am Sportplatz!
   Justus: Ach nein, wahrscheinlich schon wieder Leichtathletik – ich hasse Laufen und Springen.
   Herr Wagner: _____, sondern umziehen, aber dalli!

2. **Frau Kleinschmidt:** _____ – ich möchte Ihnen einen ganz besonderen Gast vorstellen – Professor Doktor Schellbach, ein Spezialist für moderne österreichische Literatur. Professor Schellbach, _____, uns ein paar Empfehlungen, sozusagen Literaturtipps zu geben?
   Herr Schellbach: Sehr gern. _____, falls Sie es noch nicht getan haben, auf alle Fälle ein Buch unserer Nobelpreisträgerin, Elfriede Jelinek, lesen. Da kann ich Ihnen …

3. **Luisa:** Möchtest du auch noch etwas trinken? Ich hole mir noch etwas.
   Anne: Ja, gern. _____ bitte eine Apfelschorle mit. _____ noch eine Brezel mitbringen?
   Luisa: Klaro. Aber _____, allein kann ich das nicht tragen.

4. **Dame:** Entschuldigen Sie, _____, mir kurz mit meiner Tasche zu helfen? Allein ist sie mir zu schwer.
   Junger Mann: Gern. – So, schon geschafft.
   Dame: _____ um einen Gefallen bitten?
   Junger Mann: Ja, worum geht es denn?
   Dame: Hier ist meine Reservierung. _____, welchen Sitzplatz ich habe. Ich sehe leider sehr schlecht.

5. **Sprechstundenhilfe:** _____ noch einen Moment warten? Frau Doktor Binder hat gerade einen Patienten. Sind Sie das erste Mal bei uns?
   Patient: Ja, eine Freundin hat Sie empfohlen.
   Sprechstundenhilfe: _____ hier die Anmeldung aus.
   _____ bitte auch Ihre Versichertenkarte geben?
   Patient: Hier, bitte.

b Wählen Sie die passende Variante für die Minidialoge. Besprechen Sie Ihre Wahl ggf. im Kurs. Wenn Sie allein arbeiten, schauen Sie im Lösungsschlüssel nach.

1. (Zwei Kollegen) Hast du das noch nicht erledigt? Das darf der Chef aber nicht erfahren …
   a. Ja, ich weiß. Würdest du mir vielleicht helfen?
   b. Ja, ich weiß. Erledigen wir das doch zusammen!

2. (Patient-Arzt) Ich muss oft husten und das tut sehr weh. – Ich muss Sie abhören.
   a. Sie atmen jetzt sofort tief ein.   **b.** Atmen Sie doch bitte tief ein.

3. (Kunde-Mitarbeiter) Ich würde mich gern über das neue Angebot informieren.
   a. Gern, wenn Sie mit mir kommen würden.   **b.** Werden Sie wohl mit mir kommen.

4. (Zwei Freunde) Was? Du fährst für zwei Monate in die USA? Und wer kümmert sich um deine Wohnung?
   a. Kümmere du dich doch bitte um die Wohnung!   **b.** Könntest du das vielleicht machen?

1.2 Irreale Folgesätze

1 **Meinungen zum Thema Musik – Reale und irreale Folgesätze der Gegenwart**

AB
Lek. 12

a Lesen Sie die Meinungen zum Thema Musik. Überprüfen Sie, welche Sätze aus den Rubriken dieselbe Bedeutung haben. Tragen Sie die Lösungen in die Tabelle ein.

Musik im Urteil von Experten

1. Dr. Neumann: Die Musik von Mozart ist so harmonisch, dass sie vielen Menschen gefällt.

2. Prof. Berg: Die Musik von Mozart ist zu harmonisch, als dass sie jedem gefallen würde.

3. Dr. Neumann: Die Musik von Strawinsky ist so dissonant, dass sie nicht jeden begeistern kann.

4. Prof. Berg: Die Musik von Strawinsky ist viel zu dissonant, als dass man sie ertragen könnte.

5. Dr. Neumann: Tango-Musik ist so mitreißend, dass sie fast überall auf der Welt gespielt wird.

6. Prof. Berg: Tango-Musik ist zu mitreißend, als dass man nicht instinktiv davon ergriffen würde.

Musik im Urteil junger Leute

A Lars: Die Musik von Strawinsky ist sehr dissonant. Sie kann nicht jeden begeistern.　　1. $\boxed{C}$

B Alex: Tango-Musik ist ja so mitreißend! Sie wird auch überall auf der Welt gespielt.　　2. ☐

C Katrin: Die Musik von Mozart ist sehr harmonisch. Sie gefällt vielen Menschen.　　3. ☐

D Svetlana: Die Musik von Mozart ist zu harmonisch. Sie gefällt nicht jedem.　　4. ☐

E Karolina: Tango-Musik ist einfach zu mitreißend. Man wird instinktiv davon ergriffen.　　5. ☐

F Stefan: Die Musik von Strawinsky ist viel zu dissonant. Man kann sie einfach nicht ertragen.　　6. ☐

b Lesen Sie weitere Meinungen der Experten zum Thema Musik. Überprüfen Sie, ob die Folge eintritt oder nicht und in welchem Modus – Indikativ oder Konjunktiv – der Folgesatz steht. Tragen Sie die Ergebnisse in die Tabelle ein.

Weitere Expertenmeinungen	Die Folge		Der Folgesatz	
	tritt ein	tritt nicht ein	ist real, steht also im	ist irreal, steht also im
1. **Dr. Neumann:** Jazz ist so interessant, dass ich mich weiter damit beschäftige.	d.h., ich beschäftige mich weiter damit.		Indikativ Präsens	
2. **Prof. Berg:** Salsa-Musik ist so dynamisch, dass man **nicht** still sitzen kann.				
3. **Dr. Neumann:** Rockmusik ist häufig zu laut, als dass man die Texte verstehen könnte.		d.h., man kann die Texte nicht verstehen		Konj. II Gegenwart
4. **Prof. Berg:** Beim Hip-Hop sind die Texte zu wichtig, als dass sie **nicht** verstanden werden müssten.				
5. **Dr. Neumann:** Neue Musik ist zu dissonant, als dass man sich beim Hören entspannen könnte.				

1 Satzstrukturen

B2 GT, Kap. 3.9
Konsekutive
Nebensätze

c Worin unterscheiden sich reale und irreale Folgesätze? Ergänzen Sie die Regeln.

real	Indikativ Präsens	Irreale (2x)	Konjunktiv II der Gegenwart	Reale (2x)	irreal

!

1. _____ Folgesätze werden mithilfe von „so + Adjektiv / Adverb, dass" gebildet. „So" signalisiert ein hohes Maß des beschriebenen Sachverhalts. Dadurch tritt die im Nebensatz ausgedrückte Folge ein. Die Folge ist also _____ _____. Folgesätze der Gegenwart stehen im _____.

2. _____ Folgesätze werden mit „zu + Adjektiv / Adverb, als dass" gebildet. „Zu" signalisiert ein Übermaß des beschriebenen Sachverhalts. Dadurch tritt die im Nebensatz ausgedrückte Folge nicht ein. Die Folge ist also nicht real bzw. _____. _____ Folgesätze der Gegenwart stehen im _____.

2 Der Dirigent Sir Simon Rattle

a Drücken Sie irreale Folgen mithilfe eines irrealen Folgesatzes in der Gegenwart aus.

1. Sir Simon Rattle findet klassische Musik zu wichtig, als dass … (er sie nur für ein elitäres Publikum aufführen).
2. Klassische Musik ist zu wertvoll, als dass … (sie nur im Konzertsaal aufgeführt werden sollen)
3. Seiner Meinung nach hat Musikerziehung eine zu große Bedeutung für die Entwicklung von Kindern, als dass … (sie ausschließlich Aufgabe des Musikunterrichts sein sollen)
4. Musikprojekte außerhalb der Schule sind noch zu wenig anerkannt, als dass … (finanziell ausreichend gefördert werden)

> 1. *Sir Simon Rattle findet klassische Musik zu wichtig, als dass er sie nur für ein elitäres Publikum aufführen würde.*

b Welche Bedeutung haben die irrealen Folgesätze? Kreuzen Sie die richtige Lösung an.

1. Er führt sie ☐ nur ☒ nicht nur für ein elitäres Publikum auf.
2. Sie soll ☐ nicht nur ☐ nur im Konzertsaal aufgeführt werden.
3. Sie soll ☐ nicht ausschließlich ☐ ausschließlich im Musikunterricht stattfinden.
4. Sie werden finanziell ☐ ausreichend ☐ nicht ausreichend gefördert.

c Drücken Sie die irrealen Folgen aus Übungsteil a mithilfe einer Infinitivkonstruktion mit „um… zu" aus. Beachten Sie, dass das Modalverb wegfällt.

> 1. *Er findet klassische Musik zu wichtig, um sie nur für ein elitäres Publikum aufzuführen.*

3 Der Choreograph Royston Maldoon

B2-GT, Kap. 4.2
Modalverben –
subjektiver Gebrauch

B2-GT, Kap. 4.7
Plusquamperfekt

Bilden Sie irreale Folgesätze in der Vergangenheit wie im Beispiel. Achten Sie auf die Negation.

> Irreale Folgesätze der Vergangenheit stehen im Konj. II der Vergangenheit. Achtung: Den Zeiten Präteritum, Perfekt und Plusquamperfekt im Indikativ entspricht nur eine Vergangenheitsform im Konjunktiv.
> Die Regeln zur Rolle der Negation in realen Folgesätzen gelten nicht nur für die Negation eines Satzes bzw. Satzteils, sondern auch für die Negation von Artikeln, Pronomen und Indefinitpronomen, z. B. „jemand" → „niemand".

1. Maldoons eigene Jugend war zu schwierig, als dass *er sie vergessen hätte.* _____ (Maldoon hat seine eigene Jugend nicht vergessen.)
2. Er war eine zu starke Persönlichkeit, als dass _____ (Er ist trotzdem seinen Weg gegangen.)
3. Seine ersten Tanzprojekte mit Kindern waren zu neu, als dass _____ (Seine ersten Tanzprojekte mit Kindern wurden nicht beachtet.)
4. Alle seine Choreografien waren zu beeindruckend, als dass _____ (Seine Choreographien konnten auf Dauer nicht übersehen werden.)

1.3 Indirekte Rede

1 Betrug mit EC-Karte: Ingo Baum will sein Geld zurück

a Ingo Baum wurde Opfer eines Betrugs. Sein Erlebnis wird in drei Texten aus unterschiedlichen Perspektiven erzählt. Lesen Sie die drei Texte. Was fällt Ihnen auf? Ergänzen Sie dann die Regeln.

A

Ingo Baum im Gespräch mit einem Kriminalbeamten:

Ingo Baum: „[…] Gestern Morgen war ich bei meiner Bank und habe Kontoauszüge geholt. Mir war aufgefallen, dass von meinem Konto Geld aus Frankreich abgebucht wurde. Ich weiß nicht, wie das hatte geschehen können. Ich bin doch überhaupt nicht in Frankreich gewesen. Ich hatte auch meine Karte nicht verloren und die Geheimzahl habe ich immer im Kopf. Dennoch wurden mir insgesamt 6700 Euro von meinem Konto abgebucht. Ich habe daher heute Morgen das Konto sperren lassen. Trotzdem werde ich morgen und nächste Woche wieder Kontoauszüge holen. Hoffentlich wird nichts mehr abgebucht. Nun bin ich hier bei Ihnen im Betrugsdezernat und ich frage mich, wie diese Abbuchungen erfolgen konnten. Können Sie mir weiterhelfen?"

Der zuständige Krimimalbeamte: „Haben Sie öfter Geld am Geldautomaten im Supermarkt Karo in der Lindenstraße geholt? (Herr Baum nickt.) Der Geldkartenleser muss dort manipuliert worden sein. Das muss aber noch genauer untersucht werden. Es gab im Supermarkt nämlich eine Reihe von Einbrüchen, bei denen aber nichts gestohlen wurde. Dabei wurden aber die Kundendaten ausspioniert und ins Ausland transferiert. Aus diesem Grund sind die Abbuchungen auf Ihrem Konto auch aus Frankreich erfolgt. Heute haben sich übrigens noch 10 weitere geschädigte Bankkunden bei uns gemeldet. Erfahrungsgemäß kommen noch weitere Meldungen hinzu. Wir vom Betrugsdezernat haben deshalb eine Sondereinheit gebildet und arbeiten eng mit unseren Kollegen aus dem benachbarten Ausland zusammen. Der Täter wird gefasst werden, da sind wir uns sicher. Ein erster großer Erfolg dieser Teamarbeit ist jedenfalls die Festnahme einer internationalen Betrügerbande, die in Europa allein im letzten Jahr mehr als 500.000 Euro erbeutet hat und gerade in Frankfurt vor Gericht steht."

B

In der Wochenendbeilage einer Lokalzeitung wird detailliert über den Vorfall berichtet:

„[…] Ein geschädigter Bankkunde berichtete dem zuständigen Beamten, er sei am Morgen vorher bei seiner Bank gewesen und habe Kontoauszüge geholt. Ihm sei aufgefallen, dass von seinem Konto Geld aus Frankreich abgebucht worden sei. Er wisse nicht, wie das habe geschehen können. Er sei doch überhaupt nicht in Frankreich gewesen und seine Karte habe er auch nicht verloren. Die Geheimzahl habe er immer im Kopf. Dennoch seien ihm insgesamt 6700 Euro von seinem Konto abgebucht worden. Er habe daher an diesem Tag das Konto sperren lassen. Trotzdem werde er am folgenden Tag und in der kommenden Woche wieder Kontoauszüge holen. Hoffentlich werde nichts mehr abgebucht. Nun sei er dort im Betrugsdezernat und er frage sich, wie diese Abbuchungen hätten erfolgen können und ob der Beamte ihm weiterhelfen könne. Der zuständige Beamte fragte ihn, ob er öfter Geld am Geldautomaten im Supermarkt Karo in der Lindenstraße geholt habe. Als das Betrugsopfer bejahte, habe er ihm gesagt, sie würden vermuten, dass der Geldautomat dort manipuliert worden sein müsse. Das müsse aber noch genauer untersucht werden. Es habe im Supermarkt nämlich eine Reihe von Einbrüchen gegeben, bei denen nichts gestohlen worden sei. Dabei seien aber die Kundendaten ausspioniert und ins Ausland transferiert worden. Aus diesem Grund seien die Abbuchungen auf seinem Konto auch aus Frankreich erfolgt. Übrigens hätten sich an diesem Tag noch 10 weitere geschädigte Bankkunden bei ihnen gemeldet. Erfahrungsgemäß kämen noch weitere Meldungen hinzu. Die Beamten vom Betrugsdezernat hätten deshalb eine Sondereinheit gebildet und würden eng mit ihren Kollegen aus dem benachbarten Ausland zusammenarbeiten. Der Täter werde gefasst werden, da seien sie sich sicher. Ein erster großer Erfolg dieser Teamarbeit sei jedenfalls die Festnahme einer internationalen Betrügerbande, die in Europa allein im letzten Jahr mehr als 500.000 Euro erbeutet habe und gerade in Frankfurt vor Gericht stehe."

C

B-Ingo | 4.10 | 15:08

Hallo Leute,
stellt euch vor, heute war ich bei der Kripo. Echt wahr! Das war wie im Krimi. Von meinem Konto ist nämlich 'ne Menge Geld abgehoben worden, und zwar aus Frankreich. Dabei war ich in den letzten Monaten gar nicht in Frankreich. Ich kann doch kein Wort Französisch. Der Kommissar meinte, dass ich nicht der einzige bin. Da haben sich heute noch andere Opfer gemeldet und er würde der Sache nachgehen und mich dann informieren. Ist euch so was schon mal passiert? Würde mich echt interessieren. Na hoffentlich bekomme ich bald meine Kohle wieder! Halte euch auf dem Laufenden, euer B-Ingo

1. Bei formellem Sprachgebrauch, z. B. in Zeitungstexten, wird die indirekte Rede oft im _____ formuliert. Wenn sich die Form nicht vom Indikativ unterscheidet, dann verwendet man den _____.

2. Auf informeller Ebene, also in der Umgangssprache, wird die indirekte Rede häufig mit _____ + Infinitiv oder mit dem _____ ausgedrückt.

b Schauen Sie sich die Texte A und B genauer an und markieren Sie die Possessivartikel, Personal-pronomen, Zeit- und Ortsangaben mit verschiedenen Farben. Tragen Sie Ihre Ergebnisse dann in die Tabelle ein.

	Text A	Text B
Personalpronomen	ich, …	er, …
Possessivartikel	meiner, …	
Zeitangaben	Gestern Morgen, …	
Ortsangaben	bei meiner Bank, aus Frankreich, hier, …	bei seiner Bank, aus Frankreich, dort, …

c Vergleichen Sie Ihre Ergebnisse im Kurs und ergänzen Sie dann die Regeln.

Mit der Wiedergabe der direkten Rede ist ein Perspektivenwechsel verbunden, bei dem man folgende Veränderungen beobachten kann:
- bei den Personalpronomen: ich → _____ / _____, wir → _____
- bei den Possessivartikeln: mein → _____ / _____, unser → _____
- bei den Zeitangaben: gestern → _____, morgen → _____
- bei Ortsangaben: hier → _____, dort → _____

d Schauen Sie sich nun die Verb-formen in Text B aus Übungsteil a genauer an. Bestimmen Sie die Formen und ergänzen Sie die Tabelle.

Im Konjunktiv I gibt es nur eine Vergangenheitsform. Beispiel:
„Er war bei der Bank."
„Er ist / war bei der Bank gewesen." → „Er sei bei der Bank gewesen."
„Er verlor die Karte."
„Er hat / hatte die Karte verloren." → „Er habe die Karte verloren."

Konjunktivform	Bildung	Beispiel
1. Konj. I Gegenwart	Konj. I-Form des Verbs	*Der Zeuge wisse nicht,…*
2. Konj. I Vergangenheit	*„haben" / „sein" im Konj. I + Partizip II*	sei … gewesen / habe … verloren
3. Konj. I Futur	werden in Konj. I + Infinitiv	
4. Konj. I Gegenwart Passiv		*werde … abgebucht*
5. Konj. I Vergangenheit Passiv	„sein" in Konj. I + Partizip II + worden	
6. Konj. I Futur Passiv		werde gefasst werden
7. Konj. I Gegenwart mit Modalverb	Modalverb in Konj. I + Infinitiv	
8. Konj. I Vergangenheit mit Modalverb		habe erfolgen können
9. Konj. I Gegenwart Passiv mit Modalverb	Modalverb in Konj. I + Partizip II + werden	
10. Konj. I Vergangenheit Passiv mit Modalverb		habe repariert werden müssen

2 Ein Gerichtsreporter bei der Arbeit

a Lesen Sie die Situationsbeschreibung und lösen Sie die Aufgabe.

Udo Trux, ein junger Gerichtsreporter, muss in seinem ersten Artikel über den Prozess gegen die Betrügerbande berichten. Der Redakteur möchte, dass der Artikel überarbeitet wird. Es soll ganz klar werden, dass es sich nicht um die Meinung der Redaktion handelt, sondern nur wiedergegeben wird, was im Gericht gesagt wurde. Korrigieren Sie den Artikel für Udo und setzen Sie dafür die unterstrichenen Verbformen in den Konjunktiv I.

Internationale Betrügerbande vor Gericht

Frankfurt. Die Unterwelt schläft nicht, sondern sie erfindet immer subtilere Methoden den Bürgern das Geld aus der Tasche zu ziehen. Die neueste Masche *ist* (sei) das sogenannte „Skimming". Der Begriff leitet sich von dem als „Skimmer" bekannten Lesegerät ab, das sich so modifizieren lässt, dass es auf dem Kartenschlitz des Geldautomaten gesteckt, das Datenmaterial der Geldkarte lesen kann, so Kommissar Holger Pausch von der Kriminalpolizei Frankfurt. Die PIN wird dabei durch eine Minikamera ausspioniert. Das Datenmaterial wird dann auf eine Dublette, eine unbedruckte Plastikkarte mit Magnetstreifen, kopiert. Da die Dublette in Deutschland aufgrund verschiedener Sicherheitsmaßnahmen nicht funktionieren kann, wird sie im Ausland benutzt. Von dort aus wird auf die Konten in Deutschland zugegriffen. Der geschädigte Kunde bemerkt den Betrug häufig erst bei genauer Überprüfung seiner Kontoauszüge. Ein besonders schwerwiegender Fall von Kartenbetrug wird gerade in Frankfurt verhandelt. Dort steht eine internationale Betrügerbande vor Gericht. Man macht ihr zum Vorwurf, durch Skimming mehrere Hunderttausend Euro erbeutet zu haben, so ein Pressesprecher des Gerichts. Gleich zum Auftakt des dritten Sitzungstages meldete sich Dr. Frey, der engagierte Anwalt der Geschädigten, wieder zu Wort. Ein weiteres Opfer hat sich bei ihm gemeldet und ihm Kontoauszüge mit Abbuchungen in Gesamthöhe von 6700 Euro aus Frankreich vorgelegt. Er kann Beweismaterial vorlegen, das dokumentiert, dass sich sein Mandant zur fraglichen Zeit nicht in Frankreich aufgehalten hat und der Fall zu Lasten der angeklagten Betrüger geht. […]

b Udo Trux hat sich Notizen zur Aussage des Hauptangeklagten gemacht. Er möchte sie nun in seinen Artikel einfügen. Wann muss er in dem Zeitungsbericht den Konjunktiv I bzw. den Konjunktiv II benutzen? Formen Sie die Sätze um wie im Beispiel. Denken Sie auch an den Perspektivenwechsel.

> Wenn die Formen des Konjunktivs I mit den Formen des Indikativs identisch sind, z. B. bei der 3. Person Plural, benutzt man den Konjunktiv II. Beispiel: „Die Daten werden kopiert." → „Die Daten würden kopiert." „Es haben sich weitere Opfer gemeldet." → „Es hätten sich weitere Opfer gemeldet."

Der Hauptangeklagte sagt aus:

1. Ich will eines klar stellen: Ich bin nicht kriminell.
2. Die Banken haben mich zum Skimming gebracht.
3. Nach meinem Informatikstudium habe ich eine Firma mit 15 Mitarbeitern aufgebaut.
4. Durch die Wirtschaftskrise ist meine Firma in Schwierigkeiten geraten.
5. Ich musste meine Mitarbeiter entlassen.
6. Die Banken haben mich damals abgewiesen.
7. Da bin ich auf die Idee mit dem Skimming gekommen.
8. Ich habe als Angestellter einer Reinigungsfirma in Banken und Supermärkten geputzt.
9. Wir, also ein ehemaliger Mitarbeiter und ich, haben dabei den Skimmer installiert.
10. Mit dem erbeuteten Geld habe ich meine Schulden bezahlen können.
11. Später habe ich meine Mitarbeiter wieder eingestellt.
12. Wir haben also nichts Unrechtes getan und niemandem geschadet.
13. Die Banken müssen doch den Schaden ihrer Kunden bezahlen.
14. Wir haben uns nur selbst aus der Misere geholfen.

> Der Hauptangeklagte, ein gebildeter Mann mit Ausstrahlung, meldete sich zu Wort. Er leugnete seine Tat nicht, ließ aber jegliches Unrechtsbewusstsein vermissen. Er wolle eines klar stellen: Er sei nicht kriminell. Die Banken hätten ihn zum Skimming gebracht, ...

c Der Gerichtsreporter will in seinem Artikel auch von der Zeugenvernehmung berichten. Lesen Sie seine Notizen und bilden Sie Sätze in der indirekten Rede wie im Beispiel. Achten Sie auf den Perspektivenwechsel.

> Die Subjunktion „dass" kann in der indirekten Rede wegfallen. Beispiel: „Er sagt, dass er ihm weiterhelfen könne." → „Er sagt, er könne ihm weiterhelfen."

1. Richter: Das Gericht wird heute mit der Zeugenbefragung fortfahren.
2. Ein Zeuge: Gestern wurden hohe Geldbeträge aus Paris von meinem Konto abgebucht.
3. Eine Zeugin: Ich habe gesehen, wie der Angeklagte den Skimmer montiert hat.
4. Die Komplizin: Wir mussten das abgehobene Geld immer auf ausländische Konten einzahlen.
5. Kriminalbeamter: Wir haben das Geld nicht gefunden.
6. Der Verteidiger: Mein Mandant hat niemanden schädigen wollen.
7. Der Angeklagte: Der Schaden muss doch von den Banken ersetzt werden.
8. Der Richter: Wir werden den Sachverständigen zu diesem Thema hören.
9. Der Sachverständige: Den Kunden kann der Schaden nicht in jedem Fall erstattet werden.
10. Die Nebenklägerin: Ich habe meinen Job bei der Bank verloren.
11. Staatsanwalt: Das Gericht muss bald zu einem Urteil kommen.

> 1. *Der Richter sagte, dass das Gericht an diesem Tag mit der Zeugenbefragung fortfahren werde. / Der Richter sagte, das Gericht werde an diesem Tag mit der ... fortfahren.*

d Indirekte Rede auf einen Blick. Sehen Sie sich die Übungen 1 und 2 noch einmal an. Welche Aussagen zur indirekten Rede sind richtig (r) oder falsch (f)?

1. Indirekte Rede bedeutet, man gibt wieder, was andere gesagt haben.   **X**   f
2. In schriftlichen Texten muss man immer den Konjunktiv benutzen.   r   f
3. Auf der formellen Ebene benutzt man häufig den Konjunktiv.   r   f
4. In der gesprochenen Sprache wird oft der Indikativ gebraucht.   r   f
5. Den Konjunktiv II gebraucht man, wenn es keine passende Form im Indikativ gibt.   r   f
6. Bei der indirekten Rede muss man den Perspektivenwechsel beachten.   r   f
7. Für die Bildung von Passiv benutzt man immer den Konjunktiv II.   r   f
8. Die Formen des Konjunktivs I werden meist nur in der 3. Person benutzt.   r   f
9. Die Subjunktion „dass" darf nicht wegfallen.   r   f

e Korrigieren Sie die falschen Aussagen und nennen Sie ggf. Beispiele.

> 2. *In schriftlichen Texten, wie z. B. E-Mails oder Beiträgen in Internetforen, die eher informell sind, kann man auch den Indikativ oder „würde" + Infinitiv verwenden.*

3 Die Kriminalpolizei rät...

Kapitel 1.1
Aufforderungssätze

a Sie arbeiten bei einer Verbraucherzentrale. Auf Ihrem Internet-Portal haben die Nutzer viele Fragen zum Thema Betrug mit Kreditkarten gestellt, die Sie nun an Herrn Pausch von der Kripo Frankfurt richten. Geben Sie die Fragen in indirekter Rede wieder.

> Indirekte Fragen werden mit „ob" oder dem Fragepronomen eingeleitet. Das Fragezeichen und Modalpartikeln wie „denn, eigentlich, ..." fallen dann weg: „Kann ich helfen?" / „Was soll ich denn tun?" → „Er fragt, ob er helfen könne." / „... was er tun solle."

Viele Verbraucher wollten wissen, ...

1. *wie das Skimming funktioniere.* (Wie funktioniert das Skimming denn eigentlich?)
2. *ob ...* _____ (Kann das eigentlich an jedem Geldautomaten vorkommen?)
3. _____ (Wie kann man sich denn vor Kartenbetrügern schützen?)
4. _____ (Wo soll denn die PIN aufbewahrt werden?)
5. _____ (Muss der Kunde denn für den Schaden haften?)
6. _____ (Oder leistet die Bank Schadenersatz?)

b Formulieren Sie die Tipps von Kommissar Pausch in der indirekten Rede.

> *Aufforderungen gibt man häufig in der indirekten Rede mit Modalverben wieder. Beispiel: „Arzt: Rauchen Sie bitte nicht mehr. → Der Arzt sagt, er solle nicht mehr rauchen."/ „Hören Sie mit dem Joggen auf." → „Er dürfe nicht mehr joggen." Formulierungen mit „Sie" oder „du" kann man in der indirekten Rede z. B. mit „man"-Konstruktionen wiedergeben.*

1. Meiden Sie Geldautomaten direkt an einer Straße.
2. Decken Sie das Tastenfeld mit der Hand ab, wenn Sie die PIN am Automaten eingeben.
3. Sie können ein zweites Konto anlegen, auf dem kein Dispositionsrahmen eingetragen ist.
4. Die PIN darf nie in der Nähe der EC-Karte aufbewahrt werden.
5. Sie müssen es Ihrer Bank so schnell wie möglich melden, wenn Sie Ihre Karte vermissen.

> *1. Er hat zum Beispiel gesagt: Man solle Geldautomaten direkt an der Straße meiden.*

4 Lauter Beschwerden

a Lesen Sie die Situationen. Markieren Sie in den Beschwerdebriefen die Textstellen, in denen die indirekte Rede stilistisch passender wäre, und formulieren Sie sie entsprechend um.

Situation A: Sie haben die Telefongesellschaft gewechselt, aber das neue Modem passt nicht zu Ihrem Anschluss. Sie wollten es im Telefonladen zurückgeben, doch die Mitarbeiterin weigerte sich. Sie schicken das Modem zurück und verweisen auf das Verkaufsgespräch im Telefonladen.

> Sehr geehrte Damen und Herren,
> [...] anbei sende ich Ihnen das von Ihnen gelieferte Modem XG 350 zurück, denn es passt nicht zu meinem Anschluss. Ihre Mitarbeiterin Frau Lechterbeck aus Ihrem Telefonladen Kölner Straße jedoch behauptete auch nach mehrmaligem Nachfragen: „Dies ist das passende Modem. Ich nehme das Gerät hier auf keinen Fall zurück. Schicken Sie das Modem bitte direkt an den Vertrieb. Dort wird die Angelegenheit geprüft und dann wird man sich mit Ihnen in Verbindung setzen. [...]"

> *... Ihre Mitarbeiterin Frau Lechterbeck aus Ihrem Telefonladen Kölner Straße jedoch behauptete auch nach mehrmaligem Nachfragen, dass dies das passende Modem sei. Sie ...*

Situation B: Sie haben Ihre Kinder fristgerecht für einen Krippenplatz angemeldet. Da erhalten Sie einen Bescheid, dass Sie keinen Krippenplatz bekommen haben, weil Sie die Anmeldefristen nicht eingehalten haben. Sie legen Widerspruch ein.

> Sehr geehrte Damen und Herren,
> wir haben Ihren Bescheid vom 02.07. erhalten. Es ist uns völlig unklar, wie Sie zu der Behauptung kommen, wir haben unsere Zwillinge nicht rechtzeitig für einen Krippenplatz angemeldet. Am 11.05. dieses Jahres haben wir während eines Termins bei Frau Wille, die entsprechenden Unterlagen ausgefüllt und eingereicht. Ihre Mitarbeiterin sagte uns: „Sie haben große Chancen auf einen Krippenplatz, da Sie sogar vier Wochen vor Ablauf der Frist den Antrag gestellt haben." Wir erklärten ihr, dass wir beide berufstätig und daher auf den Krippenplatz angewiesen sind. Sie sagte sogar wortwörtlich: „Machen Sie sich bloß keine Sorgen, denn Berufstätige werden bevorzugt behandelt. [...]"

> *... Ihre Mitarbeiterin sagte uns, ...*

b Lesen Sie folgende Angaben und verfassen Sie einen Beschwerdebrief.

Situation: Sie waren 6 Monate in Neuseeland. Vor Ihrem Umzug haben Sie das Zeitungsabonnement durch einen Anruf bei der Service-Hotline ruhen lassen. Als Sie zurückkommen, sehen Sie, dass Ihnen die Zeitung weiterhin geliefert wurde bzw. die Kosten abgebucht wurden.

> *Sehr geehrte Damen und Herren,*

1.4 Nominalisierung von Infinitivsätzen und dass-Sätzen

LB / AB
Lek. 7

1 Nominal- und Verbalstil

Lesen Sie die Zitate. Zu welcher Quelle könnten sie gehören? Tragen Sie ein, ob sie im Nominalstil (N) oder im Verbalstil (V) verfasst sind. Eine Quelle bleibt übrig.

> *Erläuterungen zum Nominalstil finden Sie im C1-Arbeitsbuch, Lektion 7.*

> a Verwaltungsverordnung   ~~b Beitrag in einem Internetforum~~   c wissenschaftliche Veröffentlichung   d Klageschrift eines Anwalts   e Beschwerdebrief   f mündlicher Bericht

1. „Also echt! Ich bin so was von sauer…" ☹   *b (V)*
2. „Theoretische Überlegungen zum Glücksbegriff"   _____
3. „Gut, dass wir was zu essen mithatten!"   _____
4. „Berechnung der Abgaben und Erläuterungen"   _____
5. „Ich fordere eine unverzügliche Regelung dieser Angelegenheit." _____

2 Nominalstil: strukturell betrachtet

Kapitel 4.1
Das Genitivattribut

a Unterstreichen Sie in den Sätzen 1a – 7a (Verbalstil) die Wörter, die den markierten Elementen in 1b – 7b (Nominalstil) entsprechen. Ergänzen Sie dann die Regeln.

1. **a.** Uns war es wichtig, Prof. Ben-Shahar zu der Konferenz einzuladen, denn es ist bekannt, dass er sich schon viele Jahre mit dem Thema „Glück" beschäftigt.
   b. ___*Die Einladung*___ von Herrn Ben-Shahar zu der Konferenz war uns wichtig, denn seine langjährige ___*Beschäftigung*___ mit dem Thema „Glück" ist bekannt. → **Regel:** Der Infinitiv des Infinitivsatzes bzw. das konjugierte Verb des dass-Satzes wird zu einem ___*Nomen*___. *Bei einem reflexiven Verb fällt das „*_____*" weg.*

2. **a.** Er versteht unter Glück, Bedeutung und Spaß gleichzeitig zu erleben. Bei der Berufswahl sei es z. B. wichtig, dass die drei Faktoren „Stärken", „Bedeutung", „Freude" beachtet werden.
   b. Er versteht unter Glück das gleichzeitige Erleben von Bedeutung und Spaß. Bei der Berufswahl sei z. B. die Beachtung der drei Faktoren „Stärken", „Bedeutung", „Freude" wichtig. → **Regel:** Das Subjekt / Akkusativobjekt des dass-Satzes bzw. des Infinitivsatzes werden durch einen _____ oder eine Konstruktion mit „_____" an das Nomen angeschlossen.

3. **a.** An der Uni erwartet man, dass seine Assistenten über die Konferenz informieren.
   b. An der Uni erwartet man Informationen über die Konferenz durch seine Assistenten. → **Regel:** Ein „Agens", also wer oder was etwas tut bzw. bewirkt, kann auch mit „_____" angeschlossen werden, wenn „von" zu Missverständnissen führen könnte.

4. **a.** Es überrascht viele, dass Prof. Ben-Shahars Aussagen praxisnah und verständlich sind.
   b. Die Praxisnähe und Verständlichkeit von Prof. Ben-Shahars Aussagen überraschen viele. → **Regel:** Nicht nur Verben, sondern auch _____ können nominalisiert werden.

5. **a.** Er betont z. B., wichtig sei es, Ziele stringent zu verfolgen. Das erfordere manchmal auch, dass man sich sehr anstrengt.
   b. Prof. Ben-Shahar betont z. B., wichtig sei die stringente Verfolgung von Zielen. Das erfordere manchmal auch große Anstrengungen. → **Regel:** Adverbien bzw. als Adverbien verwendete Adjektive beim Verb werden bei dessen Nominalisierung zu _____. Dabei muss man manchmal eine neue Formulierung finden. Beispiele: Er strengt sich sehr an. → eine _____ Anstrengung; viele Monate → monatelang

6. **a.** In einem Artikel legt er dar, dass er überzeugt ist, dass man Glücklichsein lernen kann.
   b. In einem Artikel legt er seine Überzeugung dar, dass man Glücklichsein lernen kann. → **Regel:** Das Subjekt ist ein Personalpronomen: Im nominalen Satz wird es zum _____.

7. **a.** Es ist empfehlenswert, Freunden und Bekannten diesen Artikel weiterzugeben.
   b. Die Weitergabe dieses Artikels an Freunde und Bekannte ist empfehlenswert. → **Regel:** Das Dativobjekt wird durch _____, z. B. „an", „für", an das Nomen angeschlossen.

Kapitel 4.1
s Genitivattribut

b Erstellen Sie eine Liste wie im folgenden Beispiel und ergänzen Sie diese, indem Sie die Regeln aus Übungsteil a in Kurzform notieren und jeweils das passende Beispiel in Kurzform dazu schreiben. Diese Liste können Sie als Checkliste verwenden, wenn Sie im Nominalstil schreiben wollen.

Achtung: Akkusativ- und Dativobjekt werden auch als „Akkusativ- bzw. Dativ-Ergänzung" bezeichnet.
Zum Unterschied zwischen „von" und „durch" beim Genitivattribut (auch Genitiv-Ergänzung genannt), siehe Kap. 4.1.

Checkliste – Nominalisierung

1. Verb des dass-Satzes / Infinitiv des Infinitivsatzes → Nomen
   Bei reflexiven Verben → kein „sich"
   einladen → Einladung; sich beschäftigen→ Beschäftigung
2. Subjekt / Akkusativobjekt → Genitivattribut / Konstruktion mit „von"
   die drei Faktoren beachten → die Beachtung der drei Faktoren
   Bedeutung und Spaß erleben → das Erleben von Bedeutung und Spaß
3. Wenn bei Konstruktion mit „von" Missverständnis möglich → „durch"
   seine Assistenten informieren → die Information durch seine Assistenten
4.

5.

6.

7.

3 Nominalstil: Schritt für Schritt

Erweitern Sie die Sätze schrittweise wie in den Beispielen und beachten Sie dabei die Regeln auf Ihrer Checkliste von Übungsteil 2b.

Adverb → Adjektiv
Beispiele: „heute" → „heutig"; „hier" → „hiesig"; „immer mehr" → „größer", ...; „kaum / nicht" → „mangelnd / fehlend"
Temporalangaben → Adjektiv
Beispiele: „viele Jahre lang" → „langjährig"; „mehrere Monate" → „mehrmonatig"; „seit Tagen" → „tagelang"; „jedes Jahr" → „jährlich"

1. **a.** Prof. Ben-Shahars Vortrag wurde rechtzeitig angekündigt. → *die rechtzeitige Ankündigung von Prof. Ben-Shahars Vortrag*
   b. Vortrag: heute → *die rechtzeitige Ankündigung von Prof. Ben-Shahars heutigem Vortrag*
   c. Die Presse von hier hat ihn angekündigt. → *die rechtzeitige Ankündigung von Prof. Ben-Shahars heutigem Vortrag durch die hiesige Presse*
2. **a.** Seine Ideen wurden verbreitet. → _____
   b. Sie wurden weltweit verbreitet. → _____
   c. Das Internet hat sie verbreitet. → _____
3. **a.** Man bietet Prof. Ben-Shahar Unterstützung an. → _____
   b. Es ist eine finanzielle Unterstützung. → _____
   c. Das Land bietet die Unterstützung an. → _____
4. **a.** Er arbeitet mit Forschern aus anderen Ländern zusammen. → _____
   b. Er arbeitet eng … zusammen. → _____
   c. Er arbeitet seit Jahrzehnten … zusammen. → _____
5. **a.** Über diese Kooperation wird kaum informiert. → _____
   b. Deutsche Journalisten informieren kaum. _____
   c. mehrere Monate kaum → _____

B2-GT, Kap. 10.1
Nomen

B2-GT, Kap. 4.2
Modalverben –
subjektiver Gebrauch

4 Nominalisierung: inhaltlich betrachtet

Was passt inhaltlich besser: ein nominalisierter Infinitiv oder eine andere Art von Nomen? Streichen Sie das nicht passende Nomen, ergänzen Sie ggf. auch fehlende Adjektivendungen. Begründen Sie Ihre Auswahl.

> Durch einen nominalisierten Infinitiv wird eher eine Aktivität oder eine Handlung betont als durch andere Nominalisierungen von Verben oder Adjektiven.
> Beispiel: „Das Sprechen fällt mir schwer." → die physische Aktivität selbst ist schwierig.
> „Die Besprechung" / „das Gespräch" → das Resultat des miteinander Sprechens
> Unterschiedliche Nominalisierungen können jeweils auch eine leicht unterschiedliche Bedeutung annehmen und man muss sich – je nach Kontext – entscheiden, welches Nomen man wählt.

Professor Ben-Shahar forscht seit Jahren über Glück und verbringt viel Zeit im Labor. [1] Das Forschen / Die Forschung macht ihm immer noch Spaß. Er erforscht u.a. [2] das Wirken / die Wirkung der „Glückshormone" Serotonin und Melatonin auf die menschliche Psyche. Diese kann man über [3] das Auswerten / die Auswertung von Gehirnscans feststellen. [4] Laufen / Lauf verstärkt zum Beispiel die Ausschüttung dieser Hormone. Auch durch [5] kräftig__ Lachen / Gelächter wird das Glückszentrum im Gehirn stimuliert. Es gibt sogar einen direkten Zusammenhang zwischen Gerüchen, dem Immunsystem und der Stimmungslage. So bewirkt z. B. schon [6] der Duft / das Duften von Schokolade, dass im Körper mehr Abwehrstoffe gegen Krankheiten gebildet werden. Aber [7] übertrieben__ Genießen / Genuss von Süßigkeiten schadet wiederum. Gestärkt wird das Immunsystem und damit das Wohlbefinden ebenfalls durch [8] intensiv__ Erinnern / Erinnerung von angenehmen Ereignissen.

5 Stichpunkte für einen Freund

Kapitel 4.1
Das Genitivattribut

Sie haben einem Freund versprochen, ihn über die Hauptinhalte des Vortrags zum Thema „Glück" zu informieren, und machen dafür Stichpunkte. Achten Sie dabei darauf, wann Sie den Genitiv, „von" bzw. „durch" verwenden.

> Wenn Sie nicht sicher sind, arbeiten Sie zunächst das Kapitel 4.1 „Das Genitivattribut" durch.

1. Man sollte nicht vergessen, täglich das Positive zu betonen. → *die tägliche Betonung des Positiven*

2. Glücklich macht auch, Freundschaften zu pflegen. → _____

3. Es erzeugt Glücksgefühle, von anderen anerkannt zu werden. → _____

4. Wir müssen lernen, persönliche Interessen zu berücksichtigen. → _____

5. Sehr wichtig ist es auch, dass wir Ziele definieren. → _____

6. Es ist positiv, häufiger zu scheitern. → _____

7. Aber es ist negativ, den einfachsten Weg zu wählen. → _____

8. Es ist nämlich bewiesen, dass man durch Fehler effektiver lernt. → _____

9. Übrigens trägt auch zum Glück bei, regelmäßig Sport zu treiben. → _____

10. Und schließlich rät er dazu, genug zu schlafen. → _____

6 Die Zufriedenheit unserer Einwohner – Ein Bericht im Amtsblatt

a Im Gemeinderat einer ländlichen Gemeinde wurden Vorschläge zur Verbesserung der Lebensbedingungen diskutiert. Formulieren Sie Stichpunkte aus den Vorschlägen. Achten Sie dabei auf den Genitiv bzw. auf „von" oder „durch" und auf die Veränderung von Adjektiven und Adverbien.

1. Es ist nötig, das Hallenbad bald zu sanieren. → *baldige Sanierung des Hallenbads*

2. Wir müssen daran arbeiten, dass die Bürger stärker mitwirken. → _____

3. Es ist notwendig, dass Entscheidungsprozesse beschleunigt werden. → _____

4. Es ist sinnvoll, sich häufiger mit den Bürgervertretern zu treffen. → _____

5. Es wäre gut, örtliche Betriebe um Unterstützung zu bitten. → _____

6. Es ist sinnvoll, dass die Gemeinde die Entscheidungen von heute veröffentlicht. → _____

b Weitere Vorschläge sollen im Amtsblatt dargestellt werden. Formulieren Sie dafür die Nebensätze in nominale Konstruktionen um wie im Beispiel.

1. Es wurde beschlossen, 100.000 € in die Infrastruktur zu investieren.
2. Es wurde vorgeschlagen, einen „Bürgerbus" mithilfe Ehrenamtlicher einzuführen.
3. Örtliche Betriebe sagten zu, Bäume entlang der Hauptstraße anzupflanzen.
4. Die Buchhandlung „Klinger" versprach, Kinderbücher für die Gemeindebibliothek zu spenden.
5. Der Bürgermeister sagte zu, sich stärker mit dem Thema „Müll im Zentrum" auseinanderzusetzen.
6. Die Bürgervertreterin verlangte, dass die Umweltbeauftragte zurücktreten solle.
7. Sie forderte, dass die Bürger stärker an den Entscheidungsprozessen beteiligt werden.
8. Sie versprach, dass man der Gemeinde bald Verbesserungsvorschläge zusenden werde.
9. Die Verwaltung stellte in Aussicht, dass die besprochenen Maßnahmen rasch umgesetzt werden.

> *1. Die Investition von 100.000 € in die Infrastruktur wurde beschlossen.*

7 Dass-Satz oder Infinitivsatz?

B2-GT, Kap. 3.18
Der Infinitivsatz

Lesen Sie die Beispielsätze, unterstreichen Sie, wo möglich, jeweils das Subjekt im Haupt- und im Nebensatz und ergänzen Sie die Regeln.

1. Die Bürgervertretung hat zugesagt, dass sie für mehr Beteiligung der Bürger werben will.
2. Die Bürgervertretung hat zugesagt, für mehr Beteiligung der Bürger zu werben.
3. Der Bürgermeister hat die Bürger darum gebeten, dass sie sich stärker engagieren.
4. Der Bürgermeister hat die Bürger darum gebeten, sich stärker zu engagieren.
5. Der Bürgermeister hat darum gebeten, sich stärker zu engagieren.
6. Die Sekretärin hat berichtet, dass sich bereits viele Interessenten gemeldet haben.

> **!** Statt eines dass-Satzes kann man einen Infinitivsatz verwenden,
> 1. wenn das _____ im Einleitungssatz und das logische _____ im Infinitivsatz gleich sind.
> 2. wenn das _____ im Einleitungssatz und das (oft implizite) logische _____ im Infinitivsatz gleich sind.
> 3. Ein dass-Satz muss verwendet werden, wenn der Haupt- und der dass-Satz _____ _____ haben.

8 Worum ging es denn? – Vom Nominal- zum Verbalstil

a Ein Ratsmitglied erzählt zu Hause, worum es bei der Sitzung ging. Vergleichen Sie die Sätze in nominaler und in verbaler Form und ergänzen Sie die Informationen.

1. Die Investition eines hohen Betrages wurde beschlossen. – Es wurde beschlossen, einen hohen Betrag zu investieren. / Es wurde beschlossen, dass ein hoher Betrag investiert wird. → **Regel:** Im Aktiv wird der Genitiv zur Akkusativ-_____, im Passiv zum _____.

2. Die sofortige Ausschreibung der Maßnahme wird angestrebt. → Es wird angestrebt, dass die Maßnahme schnell ausgeschrieben wird. → **Regel:** Das Adjektiv wird zu einem _____

3. Die Bürgervertretung hat sich über die starken Schäden am Schulgebäude beklagt. – Die Bürgervertretung hat sich darüber beklagt, dass es am Schulgebäude starke Schäden gibt. → **Regel:** Manchmal muss im Nebensatz ein _____ ergänzt werden.

b Lesen Sie die Sätze in Übungsteil a noch einmal und besprechen Sie, welcher Stil in dieser Situation angemessener ist und warum?

9 **Wir fordern euch zu mehr Engagement auf!**

Sie waren auf einer Versammlung der Studentenvertretung und erzählen einer Kommilitonin davon. Formulieren Sie dafür die Appelle der Studentenvertretung in Infinitiv- und / oder „dass-Sätze" um wie im Beispiel.

1. Wir fordern euch zu mehr Engagement auf. → *Sie haben uns dazu aufgefordert, uns mehr zu engagieren. / Sie haben uns dazu aufgefordert, dass wir uns mehr engagieren.*

2. Eure aktive Beteiligung an der Diskussion über die Studienbedingungen ist wichtig.
   → Sie haben gesagt, es ist wichtig, _____

3. Wir schlagen die Betreuung der Seminarbibliothek durch Freiwillige am Wochenende vor.
   → Sie haben vorgeschlagen, _____

4. Wir bitten euch um pünktlichere Rückgabe von Büchern.
   → Sie haben darum gebeten, _____

5. Wir regen eine bessere Betreuung der Studienanfänger durch Tutoren an.
   → Sie haben angeregt, _____

6. Wir bedauern das geringe Interesse der Kommilitonen an dieser Versammlung.
   → Sie haben bedauert, _____

10 **Unsere Schule verbessern – Ein Maßnahmenkatalog von Schülern**

a Lesen Sie zuerst die Situationsbeschreibung. Formulieren Sie die Aussagen der Schüler mithilfe der Elemente im Schüttelkasten. Entscheiden Sie, ob Sie jeweils einen dass-Satz und / oder einen Infinitivsatz verwenden können.

Die Schüler haben einen Maßnahmenkatalog zusammengestellt und tragen ihre Ideen vor.

> Es wäre wichtig, ...   Wir schlagen vor, ...   Wir meinen, ...   Es würde sich lohnen, ...
> Die Schulleitung sollte die Eltern auffordern, ...   Wir möchten dazu anregen, ...
> Wir haben vor, ...

1. Ausweitung der Mittagsbetreuung für die Unterstufenschüler
2. Gründung einer Theatergruppe durch die Schülervertretung
3. Gestaltung einer Graffiti-Wand durch Schüler
4. Anbau von eigenem Gemüse in einem Schulgarten
5. Beteiligung an dem Gartenprojekt
6. Suche interessierter Sponsoren
7. Einrichtung einer Webseite für die Schule

1. *Es wäre wichtig, die Mittagsbetreuung für die Unterstufenschüler auszuweiten. / Es wäre wichtig, dass die Mittagsbetreuung für die Unterstufenschüler ausgeweitet wird.*

b Erarbeiten Sie in Gruppen weitere Verbesserungsvorschläge. Wenn Sie allein arbeiten, formulieren Sie den Maßnahmenkatalog anhand Ihrer eigenen Vorschläge. Gehen Sie dabei vor, wie folgt.

- Sammeln Sie Ideen und formulieren Sie sie als Vorschläge aus.
- Tauschen Sie dann Ihre Vorschläge mit denen einer anderen Gruppe und ergänzen Sie den Maßnahmenkatalog aus Übungsteil a mit diesen Vorschlägen.

1.5 Nominalisierung von anderen Haupt- und Nebensätzen

1 Rettet das Metropol!

LB / AB
Lek. 1, 2, 3

a Lesen Sie, wie sich unterschiedliche Personen zur Problematik des Kinos „Metropol" äußern. Kreuzen Sie richtig (r) oder falsch (f) an.

1. **Aus einer Stadtführung:** „Hier kommen wir jetzt auf den Bonner Marktplatz. Gleich hier rechts sehen Sie das 1928 erbaute Kino „Metropol". Als im Januar 1929 der erste Film vorgeführt wurde, wurde die Vorführung von einem hauseigenen Orchester und einer Orgel begleitet. [...] Heute ist sein „Großer Saal" mit 864 Plätzen der letzte größere Kinosaal im Art-Déco-Stil in Deutschland. Viele kämpfen für seinen Erhalt, denn dieses Denkmal ist einmalig. Nachdem man das Gebäude in den 80er-Jahren an eine Versicherung verkauft hatte, sollte es abgerissen werden, um ein Geschäftshaus zu errichten. Weil es damals heftige Bürgerproteste und Gerichtsverfahren gab, wurde der begonnene Abriss gestoppt. 1983 wurde das Gebäude unter Denkmalschutz gestellt. Der Abriss wurde nun endgültig vom Gericht verboten. Aus diesem Grund wurde das Gebäude Ende der 80er-Jahre teilweise wieder aufgebaut und renoviert. Seitdem diese Renovierung stattgefunden hat, befindet sich das Gebäude wieder in einem dem Original von 1928 entsprechendem Zustand. [...] Die Richter werden bald neu entscheiden, deshalb könnte sich dies wieder ändern."

2. **Aus einem Informationsvortrag über das Metropol von einem Mitglied der Bürgerinitiative „Rettet das Metropol":** „Im Dezember 2005 ging das Metropol in die Hand eines neuen Besitzers über. Danach wurde es bald geschlossen. Dies sei unvermeidbar, da die Auslastung des Kinos zu gering sei. Um „ein zukunftsträchtiges Konzept" zu realisieren, müsse man das Gebäude umbauen, war die Begründung. Während die Stadt Bonn anfänglich den Umbauplänen zustimmte, änderte sie später ihre Einstellung. Unsere Bürgerinitiative jedoch kämpfte von Anfang an dafür, das Gebäude in seiner jetzigen Bauweise und Funktion für Gegenwart und Nachwelt zu erhalten. Dadurch, dass wir ständig aktiv waren, sammelten wir mehr als 40.000 Unterschriften für unsere Initiative „Rettet das Metropol". [...] Obwohl wir nun schon jahrelang gekämpft haben, ist der Erhalt des Kinos leider immer noch nicht gesichert. Wir wollen unsere Bemühungen weiter intensivieren, um das Kino zu retten. Aber bis wir wirklich Erfolg haben, wird es wahrscheinlich noch länger dauern."

3. **Auf dem Marktplatz:** „Hallo, ich heiße Sven Berger und bin Mitglied der Initiative „Rettet das Metropol". Die rechtliche Lage ist immer noch sehr unklar; trotzdem wollen wir ja jetzt schon ein Bürgerbegehren starten, damit das Denkmal erhalten wird. Wir bitten Sie darum, möglichst zahlreich zu unterschreiben, um den Druck auf die Verantwortlichen zu erhöhen."

4. **Ein Mitglied der Initiative zu einem Reporter:** „Wir hatten zwar wenig erwartet, aber unser Erfolg war riesengroß. Wir hatten 10.000 Unterschriften erhofft. Stattdessen sind mehr als 16.000 zusammengekommen. Tja, anstatt lange zu klagen, ist es besser zu handeln!"

5. **Aus einem Interview mit einem Ratsmitglied:** „Es gibt keine Klarheit über die rechtliche Situation. Folglich können wir immer noch keine Entscheidung über die Zukunft des „Metropol" verkünden." Der Reporter: „Aha! Es gibt also kaum Informationen, sodass ich über nichts Neues berichten kann. Tja...!"

6. **Aus dem Ratsinformationssystem der Stadt Bonn:** „Der Rat wird über die Zulässigkeit des Bürgerbegehrens beschließen, sofern eine rechtskräftige Entscheidung zur Denkmaleigenschaft des Metropol-Kinos vorliegt."

		r	f
1.	Wegen seiner Einmaligkeit kämpfen viele für die Rettung dieses Denkmals.	X	f
2.	Das Gebäude wurde in den 80er-Jahren teilweise abgerissen.	r	f
3.	Aufgrund des Denkmalschutzes und des Abrissverbots durch das Gericht wurde das Gebäude wieder aufgebaut.	r	f
4.	Heute sieht das Gebäude ganz anders aus als 1928.	r	f
5.	Die Bürgerinitiative organisiert ein Bürgerbegehren zum Erhalt des Metropols.	r	f
6.	Sie hat so viele Stimmen bekommen, wie sie erwartet hatte.	r	f
7.	Wegen der unklaren rechtlichen Situationen kann der Rat keinen Beschluss zum Metropol fassen.	r	f
8.	Erst nach Vorliegen einer richterlichen Entscheidung wird der Rat darüber entscheiden, ob das Bürgerbegehren zulässig ist.	r	f

1 Satzstrukturen

B2-GT, Kap. 3.1 – 3.12
Konnektoren

b Lesen Sie die Texte aus Übungsteil a noch einmal, markieren Sie die Konnektoren und ordnen Sie sie nach ihrer Bedeutung in die Tabelle unten ein.

Wenn Sie nicht sicher sind, schauen Sie zunächst im Grammatiktrainer B2, Kap. 3.1. – 3.12 nach. Dort finden Sie ausführliche Übungen zu den Konnektoren.

Bedeutung	Verbale Konstruktionen Hauptsätze mit Konjunktionen Nebensätze mit Subjunktionen Hauptsätze mit Verbindungsadverbien	Nominale Konstruktionen Präpositionen (+ Nomen)
Zeit (temporal)	*als, ...*	*bei, ...*
Grund (kausal)	*denn, ...*	
Gegengrund (konzessiv)		
Gegensatz (adversativ)		
Alternative		
Art und Weise (modal)		
Folge (konsekutiv)		
Bedingung (konditional)		
Ziel, Zweck (final)		

Kapitel 6
Präpositionen

c Ordnen Sie die Präpositionen und präpositionalen Ausdrücke im Schüttelkasten nach ihrer Bedeutung in die Tabelle in Übungsteil b ein.

> anstelle   aufgrund   außer   ~~bei~~   bei   binnen   bis zu   durch   entgegen
> im Falle   für   im Gegensatz zu   infolge   mit   innerhalb   nach   seit
> statt   trotz   um ... willen   ungeachtet   unter der Voraussetzung   vor
> während   wegen   zu   zwecks

2 Ein kurzer Zeitungsbericht über das Metropol

LB / AB
Lek. 7

Kapitel 1.4
Nominalisierung
von Infinitivsätzen
und dass-Sätzen

Falls Sie nicht sicher sind, arbeiten Sie zunächst das Kapitel 1.4 durch, schauen Sie sich dann Ihre Checkliste (Kap. 1.4, Üb. 2b) mit der Kurzform der Regeln noch einmal genau an.

a Für diesen Zeitungsbericht müssen Sie die Informationen bündeln. Formulieren Sie im Nominalstil, indem Sie die Sätze aus Text 1 in Übungsteil 1a wie im Beispiel umformen. Beachten Sie, dass Subjunktionen, Konjunktionen und Verbindungsadverbien durch Präpositionen ersetzt werden.

1. Als im Januar 1929 der erste Film vorgeführt wurde, wurde die Vorführung von einem hauseigenen Orchester und einer Orgel begleitet. → *Bei der Vorführung des ersten Films im Januar 1929 wurde diese von einem hauseigenen Orchester und einer Orgel begleitet.*

2. Viele kämpfen für seinen Erhalt. Denn dieses Denkmal ist einmalig. → *Wegen der Einmaligkeit dieses Denkmals kämpfen viele für seinen Erhalt.*

3. Nachdem man das Gebäude in den 80er-Jahren an eine Versicherung verkauft hatte, sollte es abgerissen werden, um ein Geschäftshaus zu errichten. → Nach _____ an eine Versicherung in den 80er-Jahren sollte es zur _____ abgerissen werden.

4. Weil es damals Bürgerproteste und Gerichtsverfahren gab, wurde der begonnene Abriss gestoppt. → Aufgrund _____ und Gerichtsverfahren wurde der begonnene Abriss gestoppt.

5. Der Abriss wurde nun endgültig vom Gericht verboten. Aus diesem Grund wurde das Gebäude Ende der 80er-Jahre teilweise wieder aufgebaut und renoviert. → Wegen _____ Abrissverbots _____ das Gericht wurde das Gebäude Ende der 80er-Jahre teilweise wieder aufgebaut und renoviert.

6. Seitdem diese Renovierung stattgefunden hat, befindet sich das Gebäude wieder in einem dem Original von 1928 entsprechenden Zustand. → Seit _____ befindet sich das Gebäude wieder in einem dem Original von 1928 entsprechenden Zustand.

3 **Gegensätze: Bedeutungsnuancen**

a Lesen Sie zunächst den Spickzettel und ergänzen Sie dann jeweils die Aussage im ersten Satz durch einen zweiten Satz, den Sie aus den Elementen in Klammern bilden.
Das markierte Element soll jeweils betont werden.
Variieren Sie die Stellung der Verbindungsadverbien entsprechend.

> Verbindungsadverbien machen die logische Beziehung zwischen zwei Aussagen / Textteilen explizit. Sie beziehen eine neue Aussage auf eine vorher gemachte Aussage. Sie können auf Position 1 oder im Mittelfeld stehen.
> Beispiel: „Kinder sind Weltmeister im SMS-Schreiben. Demgegenüber sind Erwachsene Anfänger." / „..., Erwachsene sind demgegenüber Anfänger."
> „Dagegen", „hingegen" und „indessen" können zusätzlich betonen, welches Element für den Gegensatz besonders wichtig ist. Dann stehen sie direkt hinter diesem Element auf Position 1.

1. Die Handynutzung nimmt ständig zu, (das Festnetz – Kunden – verlieren – hingegen)
   → _hingegen verliert das Festnetz Kunden._

2. Mobiles Telefonieren in der Stadt ist kein Problem, (gibt es – auf dem Land – lästige – häufiger – „Funklöcher" – hingegen) → _auf dem Land hingegen gibt es häufiger lästige „Funklöcher"._

3. Mobiles Telefonieren ist preiswert, (teuer – dagegen – Internetnutzung über Handy – oft – sein – sehr) → _Internetnutzung über Handy dagegen ..._

4. Die Bedienung der ersten Mobiltelefone war kompliziert, (heute – durch Touchscreens – sie – ist – geworden – einfacher – indessen) → _heute indessen ist sie durch ..._

5. Junge Menschen würden nie auf ihr Handy verzichten. (die ältere Generation – hingegen spielt – eine – es – weit geringere – für – Rolle) → _Für die ältere Generation hingegen_

b Formulieren Sie die Sätze 1–5 aus Übungsteil a neu, indem Sie das Verbindungsadverb „demgegenüber" verwenden.

> 1. _Die Handynutzung nimmt ständig zu, demgegenüber verliert das Festnetz Kunden._

c Verbinden Sie die Sätze mit „vielmehr", achten Sie auf die Wortstellung und notieren Sie, ob der Satz der Bedeutung 1 oder 2 im Spickzettel entspricht.

> Im schriftlichen Sprachgebrauch wird „vielmehr" verwendet:
> 1. ähnlich wie „sondern" zur Korrektur einer Aussage; manchmal kann man „sondern" und „vielmehr" kombinieren. Beispiele: „Nicht die eigentliche Handynutzung stört, vielmehr ist der rücksichtslose Umgang damit das Problem." / „... der rücksichtslose Umgang damit ist vielmehr das Problem." / „Nicht das Telefonieren ist das Problem, sondern vielmehr die Lautstärke."
> 2. im Sinn von „mehr noch". Beispiel: „Lautes Telefonieren in der Öffentlichkeit ist unhöflich, vielmehr ausgesprochen rücksichtslos." / „Es ist ein unhöfliches, vielmehr rücksichtsloses Verhalten."

1. Die Preise für Internetnutzung über Handy werden nicht weiter steigen. Sie werden sinken.
2. Die Entwicklung neuer Software ist komplex. Mehr noch, sie ist äußerst komplex.
3. A. Meyerdorff ist eine begabte Softwareentwicklerin. Sie ist sogar genial. _2 „vielmehr"_
4. Sie wird nicht allein in ihrer Firma geschätzt. Die gesamte Fachwelt bewundert sie. _1_
5. Die Vernetzung durch Mobiltelefone bringt nicht allein Vorteile. Sie birgt auch Gefahren. _1_
6. Datenschützer sind hier nicht nur gefordert, aktiv zu werden. Sie sind sogar verpflichtet dazu. _2_

> 1. _Die Preise für die Internetnutzung über Handy werden nicht weiter steigen, vielmehr werden sie sinken / sie werden vielmehr sinken. (Bedeutung 1)_
>
> 2. _Die Entwicklung neuer Software ist komplex, vielmehr äußerst komplex. (Bedeutung 2)_

4 Entschuldigen Sie, wenn ich hier kurz unterbreche.

Ordnen Sie zu, welche der Bedeutungen im Schüttelkasten „hier" in den folgenden Sätzen hat.

> a. an diesem Ort   b. an dieser Stelle des Manuskripts
> c. in diesem Geschäft   d. an dieser Stelle des Vortrags

1. Hier stand früher der Server. _a._
2. Sie könnten hier noch deutlicher auf die Risiken von Netzwerken hinweisen. _____
3. Entschuldigen Sie, wenn ich Sie kurz unterbreche und hier mal kurz nachfrage. _____
4. Hier spricht man Deutsch. _____

5 Und zwar heute noch! – Nähere Erläuterungen

Erläutern Sie die Sachverhalte in den folgenden Sätzen genauer, indem Sie die Informationen in Klammern wie im Beispiel mit „und zwar" anschließen.

1. Mein Computer funktioniert nicht mehr. (gestern – Anhang – öffnen – einer Mail – seitdem – ich)
   → _Mein Computer funktioniert nicht mehr, und zwar seitdem ich gestern den Anhang einer Mail geöffnet habe._
2. Man sollte den Rechner auf Viren prüfen. (ab und zu – nicht nur)
   → _, und zwar nicht nur ab und zu_
3. Leider ist der Rechner viel langsamer geworden. (nachdem – installieren – neues Virenschutzprogramm – ich)
   → _und zwar nachdem ich_
4. Ich brauche unbedingt professionelle Hilfe. (bis – Ende – spätestens – Woche)
   → _und zwar bis spätestens Ende der Woche_

2.2 Konjunktionen (beziehungsweise, es sei denn, ...)

1 Alternativen

LB / AB
Lek. 1

a Lesen Sie den Spickzettel und erklären Sie den Unterschied zwischen den Sätzen a und b.

> „oder" ↔ „beziehungsweise" / „respektive"
> „Wir schauen uns den Film im Internet oder auf DVD an." =
> Die Entscheidung ist noch offen, beides ist möglich.
> „Wir schauen uns den Film im Internet bzw. / resp. auf DVD an."
> = Es ist möglich, dass wir ihn uns eher auf DVD anschauen, d. h.,
> das Element, das nach „beziehungsweise / respektive" steht, wird
> etwas stärker gewichtet bzw. konkretisiert.

1. a. Die Betreiber von Netzwerken wollen möglichst viele Nutzer gewinnen bzw. die Profile vermarkten. Erklärung: Den Betreibern ist es wichtiger, _die Profile zu vermarkten_.
   b. Die Betreiber von Netzwerken wollen die Profile der Nutzer vermarkten bzw. möglichst viele Nutzer gewinnen. Erklärung: Die Betreiber wollen vor allem _viele Nutzer gewinnen_
2. a. Die Mitglieder von „Xing" wollen nützliche Kontakte knüpfen respektive einen Job finden. Erklärung: Die Mitglieder von „Xing" wollen eher _einen Job finden_
   b. Die Mitglieder von „Xing" wollen einen Job finden bzw. nützliche Kontakte knüpfen. Erklärung: Mitglieder von „Xing" haben hauptsächlich Interesse daran, _nützliche Kontakte zu knüpfen_

bzw. →

b Ergänzen Sie die Sätze mit den Elementen und entscheiden Sie, ob Sie sie mit „beziehungsweise / respektive" oder mit „oder" verbinden. Vergleichen Sie Ihre Ergebnisse im Kurs. Wenn Sie allein lernen, dann schauen Sie bitte im Lösungsschlüssel nach.

1. (persönliche Daten – angeben – keine / möglichst wenig)
   Der beste Schutz vor Internetbetrügern ist, *keine beziehungsweise möglichst wenig persönliche Daten anzugeben* . Manchmal muss man bestimmte Daten eingeben.

2. (sich einloggen – mit – Spitzname / Kunstwort)
   Es ist besser, *sich mit Spitzname oder kunstwort* als unter dem wirklichen Namen.

3. (von Fremden – können – kopiert werden / verändert werden)
   Informationen, die man ins Internet stellt, *können kopiert ~~oder~~ verändert* *bzw.* , wobei Letzteres sogar gefährlich sein kann.

4. (Arbeitgeber / Versicherungen – persönliche Daten – suchen – Internet – im – z. B.)
   Es ist schon häufiger passiert, dass _____ .

5. (Nachteile / sehr unangenehme Folgen – Arbeitnehmer – haben – für)
   Dies kann *für Arbeitnehmer Nachteile bzw. sehr unangenehme Folgen haben* .

2 Nur unter der Bedingung...

a Vergleichen Sie die Sätze a und b und markieren Sie jeweils die verneinten Teile.

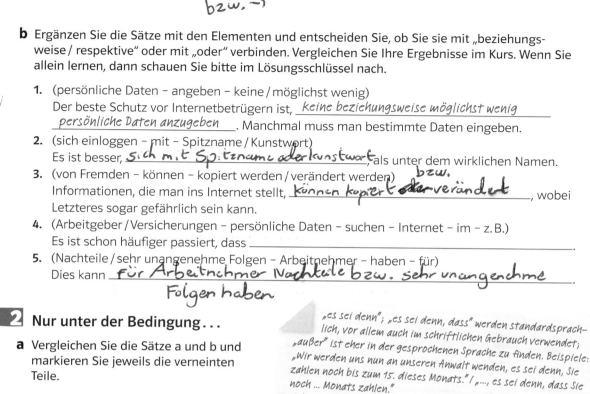

„es sei denn"; „es sei denn, dass" werden standardsprachlich, vor allem auch im schriftlichen Gebrauch verwendet; „außer" ist eher in der gesprochenen Sprache zu finden. Beispiele: „Wir werden uns nun an unseren Anwalt wenden, es sei denn, Sie zahlen noch bis zum 15. dieses Monats." / „..., es sei denn, dass Sie noch ... Monats zahlen." „Ich spreche kein Wort mehr mit Sven, außer er entschuldigt sich."

1. **a.** Nur unter der Bedingung, dass Sie den Allgemeinen Geschäftsbedingungen zustimmen, können Sie das Programm herunterladen.
   b. Sie können das Programm nicht herunterladen, es sei denn, Sie stimmen den Allgemeinen Geschäftsbedingungen (AGBs) zu.

2. **a.** Nur wenn Sie den Virenscanner regelmäßig aktualisieren, ist Ihr Computer geschützt.
   b. Ihr Computer ist nun geschützt, es sei denn, Sie aktualisieren den Virenscanner nicht regelmäßig.

3. **a.** Nur wenn Peter mir hilft, komme ich mit dem Programm zurecht.
   b. Ich komme mit dem Programm nicht zurecht, außer Peter hilft mir.

4. **a.** Sollten Sie Glück bei eBay haben, finden Sie noch einen DOS-Rechner.
   b. Sie finden keine DOS-Rechner mehr, es sei denn, dass Sie Glück bei eBay haben.

b Lesen Sie die Sätze in Übungsteil a noch einmal, achten Sie dabei auf die Wortstellung und ergänzen Sie die Regel.

 Nach „es sei denn" und „außer" ist die Wortstellung wie in einem _____ ; nach „es sei denn, dass" ist die Wortstellung wie in einem _____ .

B2-GT, Kap. 3.7
→ Konditionale Nebensätze

c Formulieren Sie die Sätze um wie im Beispiel. Verwenden Sie dabei abwechselnd „es sei denn", „es sei denn, dass" bzw. „außer" in den stilistisch passenden Sätzen. Achten Sie besonders auf die Negation und die Wortstellung.

1. Falls Sie die Rechnung nicht innerhalb einer Woche begleichen, werden wir klagen.
2. Wenn sie das Gerät nicht bei uns gekauft haben, sind wir nicht zu einem Umtausch bereit.
3. Nur wenn ihr die Rechnung noch habt, werden die euch das Gerät umtauschen.
4. Falls Sie die Rechnung nicht mehr haben, kann die Reparatur nicht auf Garantie erfolgen.
5. Wenn du die Rechnung nicht findest, ist da leider nichts mehr zu machen.
6. Nur wenn Sie die Geräte beruflich nutzen, können Sie sie von der Steuer absetzen.

1. *Wir werden klagen, es sei denn, Sie begleichen die Rechnung innerhalb einer Woche.*

2.3 Subjunktionen (außer dass, wie ... auch, ...)

1 Positiv mit Einschränkungen

Lesen Sie die Meinungen zu Vor- und Nachteilen von sozialen Netzwerken im Internet und ergänzen Sie die Lücken mit „außer dass" bzw. „nur dass".

1. Soziale Netzwerke im Internet sind schon nützlich, _nur dass_ man ihre Gefahren häufig unterschätzt.
2. _Außer dass_ sie auch Gefahren bergen, sind soziale Netzwerke sehr nützlich.
3. Mitglied werden? Ganz einfach: _____ man ein Profil anlegen muss, braucht man nichts zu tun.
4. Ich bin jeden Tag online. _nur dass_ mein Computer so langsam ist, ist ein Problem.
5. Soziale Netzwerke sind toll, _außer/nur dass_ sie ziemlich viel Zeit kosten.
6. Mich mit meinen Leuten online zu treffen, macht mir Spaß, _nur dass_ ein Streit viel schlimmer werden kann als im wirklichen Leben, finde ich schrecklich.

2 Je nachdem, wann, wie, ob, wofür ...

a Verbinden Sie die Sätze mit „je nachdem" wie im Beispiel.

1. Im Internet kann man viele Informationen finden. Es kommt darauf an, wofür man sich interessiert.
2. Die Qualität der Texte schwankt. Das hängt davon ab, wer die Autoren sind.
3. Die Suche kann einfacher oder kompliziert sein. Das hängt davon ab, wie erfahren man im Umgang mit Suchmaschinen ist.
4. Die Seiten bauen sich schneller oder langsamer auf. Das kommt darauf an, zu welcher Tageszeit man surft.

> 1. _Je nachdem, wofür man sich interessiert, kann man im Internet viele Informationen finden._

b Arbeiten Sie in Gruppen. Stellen Sie sich Fragen zu Themen Ihrer Wahl und beantworten Sie diese mit „je nachdem" wie im Beispiel.

> Was machst du am Wochenende?

> Je nachdem, ob ich arbeiten muss oder nicht, fahre ich weg.

3 Pro und contra E-Book

Schreiben Sie die Sätze um, indem Sie „auch wenn / selbst wenn" und „wenn ... auch" verwenden. Achten Sie dabei auf die Wortstellung.

> „wenn" in Verbindung mit „auch" und „selbst" kann zusätzlich zur konditionalen eine konzessive Bedeutung erhalten.
> „Obwohl das E-Book sehr praktisch ist, ziehe ich echte Bücher vor." → „Auch / selbst wenn das E-Book sehr praktisch ist, ziehe ich echte Bücher vor." / „Wenn das E-Book auch sehr praktisch ist, ziehe ich echte Bücher vor."

1. Das E-Book hat viele Vorteile. Trotzdem kann es ein gedrucktes Buch nicht ersetzen.
2. Es wird sich durchsetzen. Man wird die Ausstrahlung echter Bücher vermissen.
3. Dieser Reiseführer ist sehr gut gemacht. Trotzdem ist ihm das E-Book überlegen.
4. Man hat nur ein winziges Zimmer. Trotzdem hat man mit dem E-Book eine Riesenbibliothek zur Verfügung.

> 1. _Auch / Selbst wenn das E-Book viele Vorteile hat, kann es ein gedrucktes Buch nicht ersetzen. / Wenn ein E-Book auch viele Vorteile hat, kann es ein gedrucktes Buch nicht ersetzen._

4 Egal, wann, wie, wo – das E-Book kommt

> Die Konstruktion „wie / was / wohin / ... auch (immer)" bedeutet „Egal wie, was, wohin ...", es gilt die Aussage des Hauptsatzes." Beispiel: „Was die Gegner auch (immer) sagen, das E-Book hat viele Vorteile."

a Kombinieren Sie die passenden Satzteile.

1. Wo man auch immer ist,	A das E-Bock wird sich durchsetzen.	1. [B]
2. Was auch immer man sucht,	B man hat seine Bibliothek dabei.	2. ☐
3. Wie sehr die Gegner auch schimpfen,	C alle reden vom E-Book.	3. ☐
4. Wem auch immer man begegnet,	D man findet es sehr schnell.	4. ☐

b Bilden Sie Sätze mit „wie / wer / was / auch (immer)" und variieren Sie dabei die Wortstellung des Subjekts wie in Übungsteil a.

1. was / sagen / die Leute // das E-Book / großer Markterfolg / werden
   Was auch immer die Leute sagen, das E-Book wird ein großer Markterfolg werden.

2. wie / schwierig / sein / es // die Verlage / sich umstellen / müssen
   _____

3. mit wem / sprechen / man // alle / gespannt / sein / die Entwicklung / auf
   mit wem man auch immer spricht, alle sind gespannt auf die Entw.

4. für / sich interessieren / man / welches Buch // herunterladen / man / werden / können / es
   _____

2.4 Textkohärenz: Rückbezug durch Pronomen

1 Pronomen im Text: Rück- / Vorwärtsbezüge und Verweise

LB / AB
Lek. 8

Lesen Sie zunächst die Regeln und dann die Beispielsätze. Unterstreichen Sie dort die Pronomen und markieren Sie mit Pfeilen, auf welchen Textteil sie sich beziehen. Ordnen Sie dann den Beispielsätzen die Regeln zu.

> **Pronomen im Text: Bezüge und Verweise**
> 1. Durch Personalpronomen, z. B. „er, es, sie", kann man in Texten Bezüge zu bestimmten Personen bzw. Sachen herstellen.
> 2. Mit Demonstrativartikeln und Demonstrativpronomen, wie z. B. „dies-; der, die, das; solch- / solch ein", kann man die Aufmerksamkeit auf eine bestimmte Person / eine bestimmte Sache im Text lenken bzw. auf bestimmte Textteile zurückverweisen.
> 3. „Dieses" kann verkürzt werden zu „dies". Es bezieht sich dann auf die ganze Aussage davor.
> 4. Durch die Indefinitpronomen „einige, alle, jeder, niemand, …" bezieht man sich auf eine oder mehrere Personen / Gegenstände im Text, die nicht konkret identifizierbar sind.
> 5. Durch Präpositionalpronomen, wie „darüber, darauf, damit, dabei…" kann sowohl auf einen vorausgegangenen Textteil verwiesen werden als auch auf einen (später) folgenden.

a. Über Gentechnik führen Fachleute seit langem eine sehr kontroverse Diskussion. Viele weisen darauf hin, dass die Risiken noch nicht geklärt sind, manche sehen nur die Vorteile. *4*

b. Diese sind z. B. vor allem für die Landwirtschaft und die Pharmabranche interessant. _____

c. Prof. Goldberg, Geschäftsführer einer Firma für „grüne Gentechnik", sieht keine Probleme bei der Nutzung von Gentechnik. Er hält die Nutzung von genveränderten Pflanzen für ungefährlich. _____

d. Dies könne er aufgrund der umfangreichen Tests mit Recht behaupten. _____

e. Kritiker weisen darauf hin, dass die Tests nicht ausreichend sicher seien. _____

f. Dazu werden sie sich noch ausführlich in der Presse äußern. _____

2 **Pro und contra Grüne Gentechnik**

a Unterstreichen Sie in dem Auszug aus einem Artikel im Wissenschaftsteil einer Wochenzeitung alle Pronomen und markieren Sie mit Pfeilen, auf welchen Textteil sie sich jeweils beziehen.

[…] Erwin Sebald ist Biobauer. Er ist absolut gegen den Anbau von GVO (gentechnisch veränderter Organismen). „Sobald GVO im Freiland angebaut werden und eine Vermischung mit Naturpflanzen stattfindet, kann man dies nicht mehr rückgängig machen", sagt er. Dieses Problem sei im Freiland wesentlich größer als bei gentechnischen Versuchen im Labor. Die Ausbreitung der gentechnisch manipulierten Pflanzen geschehe im Freiland nämlich völlig unkontrolliert. Davon seien auch Wildpflanzen betroffen. Dies würde von Anhängern der Gentechnik nicht genügend berücksichtigt. „Manche behaupten sogar, die Ausbreitung spiele keine wichtige Rolle und dabei werden sie von der Chemielobby unterstützt. Wir müssen uns überlegen, was wir als Fortschritt definieren. Solche Fragen müssen erst geklärt werden, bevor wir GVO freisetzen, denn niemand weiß, welche Folgen dies hat", betont er abschließend.

b Der folgende Auszug aus dem Artikel ist sehr umständlich geschrieben. Ersetzen Sie die unterstrichenen Teile durch die Wörter im Schüttelkasten. Manchmal passen zwei.

> dagegen   damit   ~~das~~   das   dies
> dieser   manche   diese

[…] Prof. Goldberg betont, eine mögliche Vermischung von zugelassenen GVO mit konventionell gezüchteten Pflanzen sei nicht gefährlich. [1] Dass er konventionell gezüchtete Pflanzen für nicht gefährlich halte, hätten ausführliche Tests ergeben. Gegner brächten ideologische Gründe gegen die Technologie vor. [2] Gegen das Vorbringen ideologischer Gründe müsse man angehen, denn so würden nur Innovationen verhindert. Stattdessen sollte man die besten Ideen aus allen Bereichen kombinieren. Zum Beispiel wird schon heute durch die Kombination des Anbaus von GVO mit pfluglosem Anbau – [3] der pfluglose Anbau ist eine Idee aus dem Bio-Landbau – sehr viel Co2 eingespart. Grüne Kritiker sollten also sehen, dass sich GVO-Technik und Biotechnik nicht widersprechen. [4] Dass GVO-Technik und Biotechnik sich nicht widersprechen, wollen aber [5] verschiedene Kritiker nicht wahrhaben. Die Co2-Einsparung im oben genannten Beispiel entspricht der Menge, die vier Millionen Autos durchschnittlich im Jahr ausstoßen. Trotz solcher positiven Effekte werden in Europa weiter Ängste geschürt. Würde man [6] mit dem Schüren von Ängsten aufhören, würde das Innovationen fördern, die für die Schaffung von Arbeitsplätzen in der Landwirtschaft und der chemischen Industrie nötig sind. [7] Die Arbeitsplätze in der Landwirtschaft und der chemischen Industrie werden andernfalls in andere, fortschrittlichere Länder abwandern. [8] Und dass die Arbeitsplätze abwandern, können wir nicht wollen.

> […] Prof. Goldberg betont, eine mögliche Vermischung von zugelassenen GVO mit konventionell gezüchteten Pflanzen sei nicht gefährlich. Das hätten ausführlichen Tests ergeben.

3 Verbale Gruppen

3.1 Modalverben: Objektiver und subjektiver Gebrauch

1 Nichts als Vorsätze? – Modalverben *etwas was man plant*

LB Lek. 5, 9
AB 12

a Lesen Sie den Text und markieren Sie die Modalverben. Verwenden Sie für die Modalverben mit subjektiven und objektiven Gebrauch verschiedene Farben.

– obj
sub

Alle wussten, dass Vorsätze nichts für Paula Panter waren, denn sie konnte sich einfach nicht daran halten. Das mag daran gelegen haben, dass ihre Eltern sie immer verwöhnt haben – die Erziehung könnte aber auch keinen Einfluss gehabt haben. Paula wollte es einfach nicht wahrhaben – sie war mehr als undiszipliniert! Wenn sie das eingesehen hätte, dann hätte sie sich viel Ärger erspart. Vor einiger Zeit wurde Paula von ihrem Lehrer zu einem persönlichen Gespräch gebeten. Wenn sie das Schuljahr schaffen wollte, durfte sie nach der Schule nicht mehr rausgehen, sondern musste bis zum Abend lernen. Nur ein wenig Sport machen durfte sie, aber höchstens zwei Mal in der Woche! Paula war voller guter Vorsätze und gelobte ihrem Lehrer Besserung! Dabei dürfte das schon von Anfang an ein zum Scheitern verurteiltes Vorhaben für einen Faulpelz wie Paula gewesen sein. Sie muss sich dabei selbst völlig überschätzt haben, denn sonst hätte sie nie in diesen Handel eingewilligt. Schon eine Woche später hat sie einer unserer Freunde zufällig gesehen … sie soll am Nachmittag heimlich ins Kino gegangen sein, obwohl sie zwei Monate durchgehalten haben will. Ihre Freunde haben nichts gesagt – sie wird schon einen Grund gehabt haben, warum sie sich und anderen etwas vorgemacht hat! Aber diese Erfahrung könnte der Grund gewesen sein, warum sie ihren Freunden nichts mehr von ihren Vorsätzen erzählt.

b Hier sind einige Kommentare und ein Tipp zu Paula. Ordnen Sie zu, welche Bedeutung die Modalverben und das modale „werden" in den Sätzen haben.

1. Sie will früher oft Vorsätze eingehalten haben.	**A** Jemand bekommt einen Rat. *proposal*	1. F
2. Paula könnte uns alle eines Tages überraschen – und doch durchhalten.	**B** Der Sprecher hält es vielleicht für möglich.	2. E
3. Sie dürfte der undisziplinierteste Mensch sein, den ich kenne.	**C** Der Sprecher nimmt es stark an.	3. D
4. Es müsste doch möglich sein, ihr zu helfen.	**D** Der Sprecher hält es für wahrscheinlich.	4. C
5. Letztes Jahr soll sie Nachhilfestunden bekommen haben.	**E** Der Sprecher hält es für möglich.	5. G
6. Sie wird wohl bald keine Lust mehr haben.	**F** Der Sprecher glaubt nicht, was jemand behauptet.	6. H
7. Vielleicht sollte sie sich kleinere Ziele setzen.	**G** Der Sprecher hat ein Gerücht gehört und gibt es weiter.	7. A
8. Sie mag ihren Freunden nichts mehr erzählen, aber meistens merken sie es trotzdem.	**H** Der Sprecher vermutet, das es so ist / war.	8. B

c Lesen Sie noch einmal die Übungsteile a / b und ergänzen Sie dann die Regel.

! Modalverben im _____ Gebrauch modifizieren eine Aussage, das kann z. B. ein Wunsch, eine Notwendigkeit oder eine Fähigkeit sein. Werden die Modalverben _____ gebraucht, dann drücken die Sprecher damit ihre _____ Vermutung, Meinung oder Einschätzung eines Sachverhaltes aus. Die Modalverben im objektiven und subjektiven Gebrauch unterscheiden sich nicht nur in ihrer _____ sondern auch in den _____.

2 Ralf arbeitet zu viel!

a Notieren Sie, ob die Modalverben objektiv (o) oder subjektiv (s) gebraucht werden.

1. Ralf konnte seinen Alltag nicht so ändern, wie er sich vorgenommen hatte. *o*
2. Leider musste er nämlich weiterhin so viel arbeiten, dass ihm keine Zeit für die Familie blieb. *O*
3. Das dürfte auch der Grund gewesen sein, warum ihn seine erste Frau verlassen hat. *S*
4. Es mag auch so gewesen sein, dass seine erste Frau einfach einen Grund gesucht hat. *S*
5. Seiner zweiten Frau hat er versprechen müssen, dass er sich ändert. *o*
6. Aber das sollen ja schon viele Workaholics getan haben – ohne Erfolg. *S*
7. Er hätte sein Arbeitspensum schon längst reduzieren können, denn Geld hatten sie genug. *O*
8. Eigentlich müsste selbst er verstanden haben, dass es so keine Frau mit ihm aushält. *S*
9. Ihr Eheleben hätte so schön sein können, wenn er Rücksicht genommen hätte. *O*
10. So bleiben ihm nur Vorsätze und ihr nur Versprechen – können sie so glücklich werden? *o*

b Welche Form passt? Ordnen Sie die Verbformen aus dem Schüttelkasten in die Tabelle nach objektivem und subjektivem Gebrauch ein.

> ~~musste machen~~   muss gemacht haben   hätte gemacht haben müssen   hat machen
> müssen   hätte machen müssen   müsste gemacht haben   hatte machen müssen

Modalverben: objektiver Gebrauch	Modalverben: subjektiver Gebrauch
musste machen, ...	

c Bestimmen Sie die Formen aus Übungsteil b.

> *musste machen = Präteritum des Modalverbs „müssen", 1. oder 3. Pers. Singular (ich/er, sie, es), objektiver Gebrauch*

d Haben Sie das auch schon erlebt? Ergänzen Sie die Lücken mit den Verben im Klammern. Die Angaben zum Gebrauch helfen Ihnen.

1. Als Kind (machen wollen – objektiv) *wollte* ich oft genau das Gegenteil von dem *machen*, was ich (sollen – objektiv) *sollte*.
2. Schon als ich in die Schule kam, (verstehen können – objektiv) *haben* mich meine Mitschüler nicht immer *verstehen können*.
3. Meine Reaktionen (sein dürfen – subjektiv) *dürften* für sie oft unterhaltsam *gewesen sein*.
4. Anders für die Lehrer – für sie (sein mögen – subjektiv) *mag* mein Verhalten eine wahre Herausforderung *gewesen sein*.
5. Die Lehrer (sagen sollen – subjektiv) *soll* zu meiner Mutter *gesagt haben*, dass sie keinen Ausweg mehr wüssten.
6. Das (auslösen müssen – subjektiv) *müsste* etwas in mir *ausgelöst haben*, denn nun beschloss ich selbst, dass ich etwas (ändern müssen – objektiv) *ändern müsste*.
7. Heimlich lernte ich den versäumten Stoff und (verbessern können – objektiv) *konnte* so meine Noten innerhalb kürzester Zeit *verbessern*.
8. Meine Mutter (merken wollen – subjektiv) *will* von meinem Eifer nichts *gemerkt haben*, aber das glaube ich rückblickend nicht so recht.
9. Sie (vorspielen können – subjektiv) *könnte* mir auch nur etwas *vorgespielt haben*, um mir nicht meine Motivation zu nehmen.
10. In den ersten Studienjahren (lernen müssen – objektiv) *habe* ich viel *lernen müssen*.
11. Die Abschlussexamen (ablegen können – objektiv) *konnte* ich dann ohne großen Aufwand erfolgreich *ablegen*.

AB
Lek. 12

3 **Wie sicher können Sie das schon einschätzen?**

Näheres zu Redemitteln, mit denen man Vermutungen ausdrücken kann, und dem Grad der Sicherheit, mit dem diese Vermutungen geäußert werden, finden Sie im Arbeitsbuch, Lektion 12.

a Formulieren Sie die Aussagen über Kurt Tucholsky um, indem Sie statt der unterstrichenen Wörter Modalverben verwenden.

1. Kurt Tucholsky ist <u>höchstwahrscheinlich</u> bis heute ein populärer Autor in Deutschland. (müssen) *müsste sein*
2. Aufgrund seines politischen Engagements war er <u>wahrscheinlich</u> nicht bei allen beliebt. (dürfen)
3. <u>Es ist vorstellbar, dass</u> er bei Zeitgenossen mit seinen kritischen Ansichten aneckte. (werden)
4. Die politischen Veränderungen in Deutschland trafen ihn <u>bestimmt</u> sehr stark. (müssen)
5. <u>Es scheint, dass</u> sein Umzug nach Schweden ihm keine neuen Hoffnungen brachte. (mögen)
6. <u>Man sagt, dass</u> er sein inneres Gleichgewicht nicht mehr gefunden hat. (sollen)
7. Obwohl er selbst <u>vermutlich</u> sehr unter seiner Situation gelitten hat, schrieb er in Schweden eine seiner bekanntesten Erzählungen „Schloss Gripsholm". (dürfen)
8. <u>Vielleicht</u> hat ihn die fremde Umgebung zu diesem Werk angeregt. (können) *kann ihn angeregt haben*

> 1. *Kurt Tucholsky müsste / muss bis heute ein populärer Autor in Deutschland sein.*

b Lesen Sie die Sätze und markieren Sie – ist es sehr wahrscheinlich (s) oder weniger wahrscheinlich (w), dass die Aussage im Hauptsatz eintritt?

Verwendet man in einem Konditionalsatz „sollen" im Nebensatz, kann das Verb im Hauptsatz im Indikativ oder im Konjunktiv stehen. Durch den Indikativ wird eine größere Wahrscheinlichkeit ausgedrückt als durch den Konjunktiv.
Beispiel: „Sollten Sie den Vertrag kündigen, können Sie das Handy behalten." / „..., könnten Sie das Handy behalten."

1. Sollten Sie sich nicht umgehend melden, werde ich juristische Schritte einleiten. __s__
2. Sollte er nicht rechtzeitig antworten, könnte das für ihn problematisch werden. ____
3. Falls er sein Verhalten nicht ändern sollte, würde seine Firma ihm kündigen. ____
4. Falls Sie meine Wünsche nicht berücksichtigen sollten, kündige ich meine Mitgliedschaft. ____
5. Falls Sie unsere Unterstützung benötigen sollten, können Sie unsere Hotline anrufen. ____
6. Sollten Sie noch Fragen haben, stehe ich Ihnen gerne zur Verfügung. ____

c Vervollständigen Sie die Aussagen und formulieren Sie die Hauptsätze mit den Stichwörtern in Klammern. Schreiben Sie Variante a (sehr wahrscheinlich) und Variante b (weniger wahrscheinlich).

1. Sollte die Bestellung nicht rechtzeitig eintreffen, (wir – unseren Vertrag – kündigen – umgehend)
2. Sollten Sie keine Zeit haben, (Sie – einen Kollegen – schicken – können)
3. Falls Sie die Bestellung umgehend faxen sollten, (wir – die Ware – heute noch – verschicken)
4. Sollten Sie uns einen Rabatt geben, (wir – den Auftrag – Ihnen – geben)

> 1. *a. Sollte die Bestellung nicht rechtzeitig eintreffen, kündigen wir unseren Vertrag umgehend. / b. ..., würden wir unseren Vertrag umgehend kündigen.*

d Formulieren Sie die Sätze besonders höflich.

1. Wenn Sie bei uns Mitglied werden, dann freuen wir uns sehr.
2. Wenn Sie die Premium-Mitgliedschaft wählen, können Sie von allen Angeboten profitieren.
3. Wenn Sie Hilfe brauchen, können Sie sich jederzeit an mich wenden.
4. Wenn Sie sich gleich entscheiden, können wir sofort den Vertrag abschließen.
5. Wenn Sie sich nicht zurechtfinden, kann ich Ihnen einige Tipps geben.

> 1. *Sollten Sie bei uns Mitglied werden, würden wir uns sehr freuen.*

3.2 Futur I und Futur II

1 „Es wird schon klappen" – Das Futur I und seine Bedeutungen

LB / AB
Lek. 6

Zur Verdeutlichung der Vermutung werden häufig Wörter wie „wohl, wahrscheinlich, vielleicht" u.a. verwendet. Die Bedeutung „Zuversicht" wird mit der Partikel „schon" verdeutlicht.

a Welche Bedeutung hat das Futur I in den folgenden Situationen? Ordnen Sie die Bedeutungen im Schüttelkasten den Situationen zu.

Vorhersage (2x) Vermutung (2x) Zuversicht (2x) Absicht (2x) Aufforderung

1. ▶ Ich habe solche Angst vor der Prüfung!
   ▷ Du hast doch so viel gelernt! Es wird schon klappen. ___Zuversicht___

2. ▶ Grausam, schrecklich, furchtbar …
   ▷ Wirst du jetzt aufhören zu jammern! _____

3. ▶ Wo bleibt Elsa denn so lange?
   ▷ Weiß ich auch nicht so genau. Sie wird wohl noch im Seminar sein. _____

4. ▶ Sie wollte mir doch noch was erklären!
   ▷ Keine Sorge! Sie wird schon noch kommen. _____

5. ▶ Wie immer werden wieder zwei von drei in der Maschinenbauklausur durchfallen. _____
   ▷ Ja, aber du wirst nicht dabei sein! _____

6. ▶ Genau, ich werde noch mehr lernen, ich muss die Prüfung einfach schaffen! _____

7. ▷ Dann werdet ihr wohl groß feiern, oder? _____
   ▶ Na klar, und dich werde ich als Ehrengast dazu einladen. _____

b Maren ist bei einer Wahrsagerin gewesen. Sie hat ihr ein unglaubliches Ereignis vorhergesagt, das Maren ihrer Freundin Tabea erzählt. Ergänzen Sie die Futurformen der Verben im Schüttelkasten.

Futur I:
ich werde gehen → wir werden gehen
du wirst gehen → ihr werdet gehen
er / es / sie wird gehen → sie werden gehen

dauer finden fliegen kommen notlanden retten überleben versuchen

Maren: Tabea, stell dir vor, ich war bei der Wahrsagerin, von der alle in der Klasse sprechen.
Tabea: Echt? Glaubst du etwa an so was?! Na gut, was hat sie denn vorhergesagt?
Maren: Sie hat gesagt, dass ich in ein fernes Land __fliegen__ werde. Das Flugzeug _____ mitten in einem Urwaldgebiet _____ müssen, aber alle _____ _____. Wir _____ _____, aus dem Urwald hinauszukommen, und das _____ Tage _____. Und jetzt kommt der Hammer: Du _____ mit einem Rettungsteam dorthin _____ und ihr _____ uns _____.
Tabea: Was soll denn der Quatsch?! Wie soll ich denn das machen und woher kommt das Team?
Maren: Sie hat gesagt: „Eine sehr gute Freundin mit langen roten Haaren _____ Sie _____." Das kannst doch nur du sein, oder?

c Bilden Sie Sätze aus den Elementen in Klammern und wählen Sie ggf. passende Wörter aus dem Spickzettel in Übungsteil a.

1. Hoffentlich schaffe ich den Führerschein! (klappen) → Es _wird schon klappen!_
2. Warum ruft Manuel nur nicht an. (keine Zeit haben) → Er _____
3. Hilfst du mir jetzt oder nicht? (dir / helfen) → Bestimmt _____
4. Mama, ich trag' den Müll später raus. (jetzt sofort / raustragen) → Du _____
5. Hoffentlich kommt Manuel noch. (noch kommen) → _____

2 Das Futur II und seine Bedeutungen

a In den folgenden Sätzen werden Ereignisse beschrieben, die in der Zukunft schon abgeschlossen sind. In welchen Sätzen wird zusätzlich eine Vermutung ausgedrückt? Kreuzen Sie diese an.

1. Morgen Abend wird die Prüfung endlich überstanden sein! ☐
2. Doro wird wohl wie immer zu wenig gelernt haben. ☒
3. Ihr Freund wird ihr wahrscheinlich geholfen haben. ☐
4. Im Juli werden alle ihre Resultate erhalten haben und das Warten wird vorbei sein. ☐
5. Im Herbst wird wohl der Umbau der Mensa abgeschlossen sein. ☐
6. Dann werden wir hoffentlich die längste Zeit zur Frittenbude gegangen sein. ☐

b Schauen Sie sich die Formen des Futurs II in Übungsteil a an und erstellen Sie dazu eine Konjugationstabelle analog zum Spickzettel von Übungsteil 1b.

> In der Umgangssprache benutzt man – besonders zusammen mit Zeitangaben – häufig für das Futur I das Präsens und für das Futur II das Perfekt.

c Formulieren Sie die Sätze in Übungsteil a passend zu den Informationen im Spickzettel um.

> 1. *Morgen Abend ist die Prüfung endlich überstanden.*

3.3 Passiv

3.3.1 Perspektivenwechsel: Aktiv – Passiv

1 Aktiv oder Passiv? Perspektive und Satzstruktur

AB Lek. 5, 8

B2-GT, Kap. 4.8
Passiv und
Ersatzformen

a Lesen Sie die folgenden Aktivsätze und formulieren Sie anschließend den jeweiligen Sachverhalt in Form des Passivs. Beachten Sie dabei, dass das Agens wegfallen kann. Falls nötig, lesen Sie vorab den Spickzettel zur Bildung und Satzstruktur des Passivs.

> Das Passiv wird mit einer konjugierten Form von „werden" und dem Partizip II gebildet. Will man den Inhalt eines Aktivsatzes im Passiv formulieren, so wird bei der Umformung die Akkusativ-Ergänzung des Aktivsatzes – das sog. Patiens, d. h. die Person oder Sache, die von einer Handlung betroffen ist – zum Subjekt des Passivsatzes. Das Subjekt des Aktivsatzes – das sog. Agens, d. h. der Handelnde – fällt dabei häufig weg, kann aber mithilfe der Präpositionen „von" oder „durch" angeschlossen werden. Beispiel: „Der Professor hat den Text mit gut bewertet. → Der Text ist (von dem Professor) mit gut bewertet worden."

1. **a.** Wissenschaftler benutzen den Begriff der Evaluation für jede Art von Bewertung.
   b. Sie sammeln und bewerten Informationen, um Entscheidungshilfen anzubieten.
   c. Auf dieser Grundlage können sie die Qualität des jeweiligen Produktes sichern oder verbessern.
2. **a.** Die verfassunggebende Nationalversammlung verabschiedete am 27. Mai 1849 die Verfassung des Deutschen Reiches.
   b. Am 11. August 1919 beschloss man die Weimarer Verfassung.
   c. In Bonn verkündete der Parlamentarische Rat das Grundgesetz und Bundeskanzler Adenauer unterzeichnete es am 23. Mai 1949.
3. **a.** Der Bundesrat will Verbraucherinnen und Verbraucher vor irreführender Kennzeichnung im Bereich der ökologischen Landwirtschaft schützen.
   b. Der Bundesrat bezweifelt, dass man mit dem vorgelegten Verordnungsvorschlag diese Ziele erreichen kann.
   c. Der Verordnungsvorschlag weist in vielen Bereichen Lücken auf, die man durch weitere Durchführungsverordnungen schließen muss.

> 1. a. *Der Begriff der Evaluation wird für jede Art von Bewertung benutzt.*

b Vergleichen Sie Ihre Lösungen im Kurs und überlegen Sie gemeinsam Antworten auf die folgenden Fragen. Falls Sie allein lernen, vergleichen Sie Ihre Antworten mit dem Lösungsschlüssel.

- Unterscheiden sich die Aktivsätze und die Passivsätzen aus Übungsteil a grundsätzlich vom Inhalt her oder nicht?
- Was ist im Aktivsatz, was im Passivsatz wichtig?
- Worauf wird in einigen Sätzen zusätzlich die Aufmerksamkeit gelenkt?

Aktiv

Passiv

2 **Aktiv oder Passiv? Funktion von Passivkonstruktionen im Text**

a Lesen Sie die folgenden Texte, aus denen die Sätze in Übungsteil 1a sinngemäß stammen, und markieren Sie alle Passivformen.

> Man kann nicht grundsätzlich jeden Aktivsatz zu einem Passivsatz umformen und umgekehrt – selbst wenn das Verb passivfähig ist. Wichtig ist vielmehr, was betont werden soll. Eine Umformung kann auch den Sinn eines Satzes verändern. Beispiel: „Wissenschaftler benutzen den Begriff der Evaluation allgemein für jede Art von Bewertung." – „Der Begriff der Evaluation wird allgemein für jede Art von Bewertung benutzt."
> Bestimmte Textsorten erfordern besonders häufig das Passiv.

A

Evaluation
Der Begriff der Evaluation wird allgemein für jede Art von Bewertung benutzt und meint deshalb je nach Kontext sehr unterschiedliche Dinge. Als ein kleinster gemeinsamer Nenner, so kann man sagen, handelt es sich um ein Verfahren zur Beurteilung des Wertes eines Produkts, Prozesses oder Programms. Werden dabei Informationen mit dem Ziel gesammelt und bewertet, Entscheidungshilfen anzubieten, auf deren Grundlage die Qualität des jeweiligen Produktes gesichert oder verbessert werden kann, dann ist die Evaluation handlungsorientiert. Ihre Ergebnisse sollen in diesem Fall Eingang in die Praxis finden. […]

B

2009 – ein Verfassungsjahr
Das Jahr 2009 ist ein Verfassungsjahr – drei Jubiläen fallen zusammen: Am 27. Mai 1849 wurde die Verfassung des Deutschen Reiches, die erste demokratisch beschlossene Verfassung, von der verfassunggebenden Nationalversammlung verabschiedet. Am 11. August 1919 wurde die Weimarer Verfassung beschlossen. Sie war die erste praktizierte demokratische Verfassung von Deutschland. Am 8. Mai 1949 nahm der Parlamentarische Rat das Grundgesetz an. Es wurde am 23. Mai 1949 in Bonn verkündet und unterzeichnet. Die Veranstaltungsreihe „Nachgedacht – 60 Jahre Grundgesetz" thematisiert exemplarisch die juristischen, gesellschaftlichen, politischen Dimensionen des Grundgesetzes. […]

C

Der Bundesrat hat in seiner 821. Sitzung am 7. April 2006 gemäß §§ 3 und 5 EUZBLG die folgende Stellungnahme beschlossen:
Es ist auch in Zukunft sicherzustellen, dass Verbraucherinnen und Verbraucher vor irreführender Kennzeichnung im Bereich der ökologischen Landwirtschaft umfassend geschützt werden. Die Verbraucherinnen und Verbraucher müssen sich darauf verlassen können, dass Lebensmittel, die als Ökolebensmittel gekennzeichnet werden, eindeutig aus ökologischer Erzeugung stammen.
Der Bundesrat bezweifelt, dass diese Ziele mit dem vorgelegten Verordnungsvorschlag erreicht werden können. Der Verordnungsvorschlag weist in vielen Regelungsbereichen Lücken auf, die durch weitere Durchführungsverordnungen geschlossen werden müssen, sodass materielle Vereinfachungen fraglich sind.

b Lesen Sie die Texte noch einmal genauer. Arbeiten Sie anschließend in Gruppen und beantworten Sie die folgenden Fragen, indem Sie die Antworten in die Tabelle eintragen. Die Begriffe im Schüttelkasten können Ihnen dabei helfen.

- Welche Themen werden in den Texten angesprochen?
- Aus welchen Bereichen des öffentlichen Lebens stammen die Texte?
- Um welche Textsorten handelt es sich?
- Wie wird das Thema jeweils entfaltet?

deutsche Geschichte　Verbraucherschutz wissenschaftliche Methode	Rechtsverordnung　historischer Bericht wissenschaftlicher Artikel
~~Administration/Politik~~　Wissenschaft Journalismus	… führt Definitionen an　… formuliert Vorschriften/Gesetze　… beschreibt Vorgänge

	Text A	Text B	Text C
1. Thema			
2. Bereich, aus dem der Text stammt			*Administration/ Politik*
3. Textsorte			
4. Textstruktur	Der Text _____ _____ _____.	Der Text _____ _____ _____.	Der Text _____ _____ _____.

c Überlegen Sie, warum die Texte so viele Passivformen enthalten und welche Wirkung die gehäufte Verwendung des Passivs in den Texten hat? Lesen Sie dazu die folgenden Aussagen und entscheiden Sie, welche Aussagen richtig (r) oder falsch (f) sind.

1. Die Verfasser der Texte möchten die handelnden Personen ausdrücklich nennen.　　r　☒
2. Die Verfasser der Texte wollen den Blick auf die Handlung bzw. den Vorgang lenken und nennen den Handelnden bewusst nicht.　　r　f
3. Die Texte sollen unpersönlich und sachlich wirken.　　r　f
4. Die Texte sollen anschaulich und lebendig wirken.　　r　f
5. Es soll der Eindruck erweckt werden, dass das, was beschrieben wird, eine allgemein anerkannte, objektive Tatsache ist.　　r　f

d Lesen Sie die Ergebnisse aus den Übungsteilen a–c noch einmal und erklären Sie dann Funktion und Verwendungsbereich des Passivs mit eigenen Worten.

_____

_____

_____

3 **Aktiv oder Passiv – mit oder ohne Agens?**

a Lesen Sie den folgenden Text und entscheiden Sie für jeden einzelnen Satz, worauf jeweils die Aufmerksamkeit gelenkt wird.

[1] Schüler eines Gymnasiums im bayerischen Fürstenzell haben mehr als 500 Erfindungen gemacht. [2] Viele seltsame Dinge, wie z.B. eine Zahnbürste ohne Zahnpasta, wurden im Laufe der Jahre von ihnen entwickelt. [3] So wurde in der Schule auch ein verstellbares Bett gegen Wundliegen konstruiert. [4] Ein Vierzehnjähriger hat kürzlich eine Handtaschenbeleuchtung ausgetüftelt. [5] Und von den Schülern einer fünften Klasse wurde ein Automatikschuhtrockner entworfen und gebaut. [6] Dieser Schuhtrockner konnte im vergangenen Jahr sogar zum Patent angemeldet werden. [7] Die kreativen Gymnasiasten stellen ihre Erfindungen seit Jahren auf der Internationalen Erfinder- und Neuheiten-Ausstellung (IENA) aus. [8] Von verschiedenen Institutionen wurden sie für ihre Ideen mit Preisen ausgezeichnet. [9] Inzwischen wird die Forschungstätigkeit der fleißigen Erfinder auch von der Industrie, und zwar durch Fördergelder, unterstützt.

Im Mittelpunkt der Aussage steht ...	Satz 1	Satz 2	Satz 3	Satz ...
a. derjenige, der handelt	wer die Erfindungen gemacht hat			
b. dass etwas geschieht				
c. dass etwas geschieht und wer dies tut		dass etwas entwickelt wurde und von wem		
d. dass etwas geschieht und wodurch es geschieht				

b Betrachten Sie die Passivsätze im Text noch einmal genauer und begründen Sie, warum das Agens jeweils genannt wird oder nicht. Wo ist die Erwähnung des Agens notwendig, wo fakultativ, wo überflüssig?

Satz 2: Die Erwähnung des Agens ist eigentlich nicht notwendig, weil der Leser im vorhergehenden Satz erfährt, wer die Erfindungen gemacht hat. Durch die Nennung des Agens sollen die Erfinder noch einmal besonders hervorgehoben werden.
Satz 3: Die Erfindergruppe wird eingegrenzt. Deshalb muss sie genannt werden.

c Überlegen Sie, wann in Passivsätzen das Agens mit „von", wann mit „durch" angeschlossen wird. Ergänzen Sie dann die Regeln und notieren Sie einen Beispielsatz aus Übungsteil a.

!

1. Wenn neben der Handlung auch die Personen als „Täter" betont werden, d.h. diejenigen, von denen die Handlung ausgeführt wird, wird „_____" verwendet, z.B. Satz _____

2. Wenn neben der Handlung auch das Mittel, das Instrument oder eine Institution betont werden, durch die eine Handlung geschieht, wird „_____" verwendet, z.B. Satz _____

3.3.2 Unpersönliches Passiv („Subjektloses Passiv")

AB
Lek. 5, 8

1 **Mit oder ohne Subjekt? – Passiv bei transitiven und intransitiven Verben**

a Lesen Sie die folgenden Zeitungsmeldungen und markieren Sie, falls möglich, in den Sätzen jeweils das Subjekt.

1. Verbesserung der Lehrerausbildung
   a. Im Studienseminar soll zukünftigen Lehrern ab diesem Jahr auch von Logopäden geholfen werden.
   b. Den Referendaren wird vor allem zu einer langsamen und deutlichen Sprechweise geraten.

3. Papst betet für Opfer der Erdbebenkatastrophe
In einem Gottesdienst in Rom wurde gestern vom Papst der Erdbebenopfer von L´Aquila gedacht.

2. Fettnäpfchen in Zukunft vermeiden
   a. Am Institut für interkulturelle Kommunikation wird über das unterschiedliche Kommunikationsverhalten von Europäern und Asiaten geforscht.
   b. In den multi-kulturell besetzten Seminaren soll stärker auf kulturell bedingte Tabus geachtet werden.
   c. In einem Workshop wurde bereits mit praktischen Übungen zur Vermeidung von sogenannten Fettnäpfchen begonnen.

4. Fest von Rotstift bedroht
   a. Auf dem traditionellen Neustädter Sprachenfest wurde vielleicht zum letzten Mal ausgiebig gefeiert.
   b. Laut Oberbürgermeister Jung muss nämlich in Zukunft gespart werden.
   c. „Aber jetzt wird weiter geschwoft!", so Jung zum Abschluss seiner Rede.
   d. Wie schon seit 25 Jahren wurde also auch diesmal bis tief in die Nacht getanzt und gelacht.

5. Täglich ein Krimi
   a. In der Krimi-Redaktion des Münchner XY-Verlages müssen jährlich viele Kriminalromane gelesen werden.
   b. Beinahe täglich werden Manuskripte eingereicht.
   c. Als Erstes werden Thema und Qualität der Texte in der Redaktion bewertet.
   d. Außerdem wird der potentielle Erfolg beim Publikum eingeschätzt.

b Lesen Sie die Texte aus Übungsteil a noch einmal und erstellen Sie eine Tabelle wie im Beispiel. Tragen Sie die Verben jeweils in der Infinitivform in die Tabelle ein und markieren Sie, welche Ergänzung das jeweilige Verb erfordert.

Verb	Akkusativ-Ergänzung	Dativ-Ergänzung	Genitiv-Ergänzung	Präpositional-Ergänzung	ohne Ergänzung
1. a. helfen		X			

c Vergleichen Sie Ihre Ergebnisse aus den Übungsteilen a und b ggf. im Kurs und überlegen Sie, warum nicht in allen Passivsätzen ein Subjekt vorhanden ist.

2 Mit oder ohne „es"? – Das unpersönliche Passiv

a Lesen Sie die folgenden Fragen zu den Texten 1 bis 4 aus Übungsteil 1a und variieren Sie in Ihren Antworten die Sätze nach dem vorgegebenen Muster.

1. **a.** Wem soll geholfen werden? – *Zukünftigen Lehrern soll geholfen werden. / Es soll*
   zukünftigen Lehrern von Logopäden geholfen werden. / Ab diesem Jahre soll
   zukünftigen Lehrern von Logopäden geholfen werden.

   b. Wem genau wird denn zu einer langsamen und deutlichen Sprechweise geraten? –
   Den Referendaren. /

2. **a.** Worüber wird eigentlich am Institut für interkulturelle Kommunikation geforscht ?
   _____

   b. Worauf soll auch mehr geachtet werden? – _____
   _____

   c. Und womit wurde bereits begonnen? – _____

3. Wessen wurde gestern in Rom gedacht? – _____
   _____

4. **a.** Was wurde vielleicht zum letzten Mal gemacht? – *Gefeiert. / Es wurde vielleicht zum*
   letzten Mal gefeiert. / Vielleicht wurde zum letzten Mal gefeiert.

   b. Was muss in Zukunft gemacht werden? – _____
   _____

   c. Aber was wird jetzt gemacht? – _____
   _____

   d. Was wurde auch diesmal gemacht? – _____
   _____

b Überlegen Sie im Kurs, welche Funktion das unpersönliche „es" in den Sätzen in Übungsteil a hat?

– Welche Stelle nimmt das unpersönliche „es" in den Sätzen ein?
– Auf welcher Position kann es ausschließlich stehen?

c Lesen Sie anschließend die Fragen zum Zeitungsartikel 5. Verfahren Sie wie in Übungsteil a.

5. **a.** Was muss jährlich gelesen werden? – *Viele Kriminalromane. / Viele Kriminalromane*
   müssen jährlich gelesen werden. / Es müssen jährlich viele Kriminalromane gelesen werden.

   b. Und was wird beinahe täglich eingereicht? – _____
   c. Was wird bewertet? – _____
   d. Was wird außerdem eingeschätzt? – _____

d Besprechen Sie im Kurs, was das unpersönliche „es" in den Sätzen in Übungsteil c von denen in Übungsteil a unterscheidet. Welche Funktion könnte „es" hier haben? Lesen Sie dann die Regeln und notieren Sie einen Beispielsatz.

> **!**
> 1. Bei Verben ohne Akkusativ-Ergänzung, d. h. bei sogenannten intransitiven Verben, hat der Passivsatz kein grammatisches Subjekt. Die Stelle des Subjektes bleibt leer. An seine Stelle kann jedoch ein unpersönliches „es" treten. Dieses steht immer auf Position 1 im Satz.
>   Beispielsatz: _____.
> 2. Auch bei Verben mit Akkusativ-Ergänzung, d. h. bei sogenannten transitiven Verben, kann das unpersönliche „es" verwendet werden. Es steht dann zusätzlich zum Subjekt des Passivsatzes. Auch hier steht „es" ausschließlich auf Position 1 im Satz.
>   Beispielsatz: _____
> 3. Das unpersönliche Passiv kann auch für Aufforderungen benutzt werden,
>   Beispielsatz: _____

3.3.3 Passiv mit Modalverb im Nebensatz

1 So muss es gemacht werden

LB / AB
Lek. 5

a Lesen Sie die Sätze aus einem Gutachten und unterstreichen Sie die Passiv-Konstruktionen. Notieren Sie hinter jedem Satz, welches Tempus verwendet wird.

Im Gutachten Ihres Professors lesen Sie die folgenden Anmerkungen über Ihre Hausarbeit:
1. Die Hausarbeit muss überarbeitet werden. *(Passiv Präsens mit Modalverb)*
2. Die Gliederung könnte verbessert werden. _____
3. Es müssen Zwischenüberschriften eingefügt werden. _____
4. Die Hauptaspekte könnten deutlicher betont werden. _____
5. Einige Gedankengänge konnten von mir nicht nachvollzogen werden. _____
6. Fachbegriffe müssen unbedingt erläutert werden. _____
7. Es müssten mehr Beispiele angegeben werden. _____
8. Monotonie im Satzbau sollte vermieden werden. _____
9. Eine Hausarbeit muss sorgfältig geplant und geschrieben werden. _____
10. Die Arbeit konnte wirklich nicht mehr „ausreichend" genannt werden. _____

b Bilden Sie mithilfe der Sätze aus Übungsteil a Satzgefüge nach dem vorgegebenen Muster. Achten Sie dabei auf die Stellung des Verbs im Nebensatz.

> *Passivsätze mit Modalverb können auch im Nebensatz stehen. Wie in allen Nebensätzen steht das konjugierte Verb – hier also das Modalverb – am Ende. Beispiel: „Der Professor meint, dass die Hausarbeit überarbeitet werden muss."*

Die Kommentare des Professors haben bei Ihnen Unverständnis ausgelöst:
1. Ich verstehe nicht, *warum die Hausarbeit überarbeitet werden muss* .
2. Mir ist nicht klar, wie _____ .
3. Ich weiß nicht, ob noch mehr _____ .
4. Ich sehe auch nicht, auf welche Weise _____ .
5. Es ist mir unbegreiflich, wieso _____ .
6. Mir ist schon klar, dass _____ .
7. Findest du auch, dass _____ ?
8. Ich frage mich, wie _____ .
9. Ich weiß natürlich selbst, dass _____ .
10. Ich bezweifle, ob _____ .

2 So hätte es gemacht werden müssen

a Bilden Sie aus den folgenden Elementen und dem Modalverb „müssen" bzw. „können" Aktivsätze im Konjunktiv II der Vergangenheit.

Sie überlegen immer noch, was Sie bei Ihrer Hausarbeit falsch gemacht haben, und kommen zu folgendem Ergebnis:
1. Stoff / sorgfältiger gliedern → *Vielleicht hätte ich den Stoff sorgfältiger gliedern müssen.*
2. roten Faden / deutlicher machen → Sicher …
3. dann / den Professor / eher / überzeugen → Bestimmt hätte ich dann …
4. meine Thesen / durch mehr Diagramme / besser verdeutlichen → Vermutlich …
   _____
5. mehr Fremdwörter / verwenden → Wahrscheinlich …
6. die Arbeit / vor der Abgabe / noch einmal / auf Fehler durchlesen → Auf jeden Fall …
   _____

b Formulieren Sie die Sätze aus Übungsteil a nun im Passiv.

1. *Vielleicht hätte der Stoff sorgfältiger gegliedert werden müssen.*
2. *Sicher …*

c Ergänzen Sie die Satzanfänge, indem Sie die Sätze aus Übungsteil b als Nebensätze formulieren.

1. Mir ist jetzt klar, dass der Stoff besser …
2. Ich sehe inzwischen ein, dass …
3. Ich bin sicher, dass …
4. Ich frage mich, ob …
5. Mir leuchtet ein, dass in einer Hausarbeit ..
6. Es stimmt, dass …

1. *Mir ist jetzt klar, dass der Stoff besser hätte gegliedert werden müssen.*

d Nebensätze mit Passiv und Modalverb. Finden Sie die Regeln, indem Sie Sätze bilden.

!

1. **a. Präsens:** werden / Ich weiß nicht / der Antrag / muss / wann / abgegeben
   → *Ich weiß nicht, wann der Antrag abgegeben werden muss.*
   Reihenfolge: *Partizip II + werden + Modalverb im Präsens*
   b. Präteritum: warum / konnte / werden / Hast du eine Ahnung / zugestellt / der Brief / nicht → _____
   Reihenfolge: _____ + _____ + _____
   c. Konj. II der Gegenwart: könnte / dass / geliefert / schon morgen / das Paket / werden / Ich vermute → _____
   Reihenfolge: _____ + _____ + _____
2. **Konj. II der Vergangenheit:** ob / Ich frage mich / müssen / sofort / werden / hätte / nicht / das Protokoll / geschrieben → _____
   Reihenfolge: _____ + _____ + _____

3.4 Partizipialkonstruktionen

3.4.1 Das Partizip als Adjektiv / Das erweiterte Partizip als Attribut

1 **Abenteuer Arbeitsplatz**

LB / AB Lek. 3

B2-GT, Kap. 5.2
Partizipien als
Adjektive

Partizipien als Adjektive können je nach Art des Verbs eine aktive oder passive Bedeutung haben. Verschaffen Sie sich einen ersten Überblick, indem Sie die entsprechenden Relativsätze bilden.

> Transitive Verben sind Verben mit einer Akkusativ-Ergänzung, z.B. „bauen", „einkaufen". Intransitive Verben hingegen fordern keine Akkusativ-Ergänzung, z.B. „bleiben", „ankommen", „helfen".

1. Partizip I	→ Relativsatz im Aktiv
ständig zunehmender Arbeitsstress	→ *Arbeitsstress, der ständig zunimmt*
auf eine Lohnerhöhung hoffende Arbeiter	→ _____
2. Partizip II (transitives Verb)	→ Relativsatz im Vorgangspassiv mit „werden"
endlich fortgesetzte Gespräche	→ *Gespräche, die endlich fortgesetzt werden*
nach ihren Vorgesetzten befragte Mitarbeiter	→ _____
3. Partizip II (transitives Verb)	→ Relativsatz im Zustandspassiv mit „sein"
der seit Mai beschlossene Betriebsausflug	→ *der Betriebsausflug, der seit Mai beschlossen ist*
die nun neu eingerichteten Büroräume	→ _____
4. Partizip II (intransitives Verb, das das Perfekt mit dem Hilfsverb „sein" bildet)	→ Relativsatz im Aktiv Perfekt (oder Plusquamperfekt) mit „sein"
ein schnell vergangener Arbeitstag	→ *ein Arbeitstag, der schnell vergangen ist / war*
noch liegen gebliebene Briefe	→ _____
5. Partizip II (reflexives Verb)	→ Relativsatz mit „sein" + Partizip II oder im Aktiv
ein gut vorbereiteter Referent	→ *ein Referent, der gut vorbereitet ist*
um Mitsprache bemühte Kollegen	→ _____

2 Typisch Schriftsprache

a Lesen Sie die Textauszüge und ergänzen Sie das passende Partizip I oder II aus dem Schüttelkasten. Denken Sie daran, dass die Partizipien noch eine Endung benötigen.

> *Erweiterte Partizipien sind insbesondere in offiziellen schriftlichen Texten (Vertrag, Verordnung usw.) und in wissenschaftlichen Texten (Fachartikel, Diplomarbeit usw.) zu finden. Sie dienen vor allem der Informationsverdichtung. Im mündlichen Sprachgebrauch verwendet man eher Relativsätze.*

| auftretend | ausgefallen | bewertet | bezahlt | dauernd | erwartet | ~~vorangegangen~~ |

Aus einem Fachartikel über Kommunikation am Arbeitsplatz:

Die meisten Fehler am Arbeitsplatz sind auf unmittelbar [1] _vorangegangene_ Missverständnisse zurückzuführen. Ein Grund dafür ist, dass das in einer bestimmten Kommunikationssituation üblicherweise [2] _____ Verhalten von den Gesprächspartnern oft nicht richtig eingeschätzt wird. Auf diese Weise kommt es zu Fehlinterpretationen und zu vermehrt [3] _____ Fehlern.

Aus den allgemeinen Geschäftsbedingungen eines Kursanbieters:

§ 8 Rückerstattung
Falls ein ärztliches Attest innerhalb der Frist gemäß § 5, Absatz 3 vorliegt, werden bereits [4] _____ Kursgebühren vollständig rückerstattet.

§ 13 Unterrichtsausfall
Wegen Krankheit des Dozenten [5] _____ Unterrichtsstunden werden nachgeholt.

Aus einer Studienordnung:

Das Kreditpunktesystem:
Ein drei Studienjahre [6] _____ Bachelor-Studium umfasst 180 Kreditpunkte, die für Einzelnachweise und Abschlussprüfungen in den Studienmodulen vergeben werden. 1 Kreditpunkt entspricht etwa 30 Arbeitsstunden. Demgemäß wird bei einer mit 4 Kreditpunkten [7] _____ Prüfungsleistung eine Arbeitsleistung von etwa 120 Stunden vorausgesetzt.

b Welche Bedeutung haben die Partizipien als Adjektive aus Übungsteil a im Einzelnen? Lesen Sie die Regeln und notieren Sie die Nummer des Beispiels.

> 1. Das **Partizip I** hat eine aktive Bedeutung und bezeichnet eine andauernde Handlung oder einen andauernden Prozess. Zeitverhältnis zum Hauptsatz: gleichzeitig. Beispiele: _3_ und ___.
> 2. Das **Partizip II** eines **transitiven** Verbs hat oft eine passive Bedeutung. Die Handlung oder der Prozess sind abgeschlossen. Zeitverhältnis zum Hauptsatz: vorzeitig. Beispiele: ___ und ___.
>   Bei allgemeingültigen Regeln und Gesetzen hingegen liegt Gleichzeitigkeit vor. Beispiel: ___.
> 3. Das **Partizip II** eines **intransitiven** Verbs, das das Perfekt mit „sein" bildet, hat eine aktive Bedeutung. Die Handlung oder der Prozess sind abgeschlossen. Zeitverhältnis zum Hauptsatz: vorzeitig. Beispiele: ___ und ___.

c Verdeutlichen Sie sich noch einmal die Regeln.

– Erklären Sie die erweiterten Partizipien aus Übungsteil a mit einem Relativsatz im Aktiv oder Passiv.
– Achten Sie darauf, ob der Relativsatz gleichzeitig oder vorzeitig zum übergeordneten Satz steht.

> Die Zeitenfolge (1):
> Hauptsatz – Nebensatz
> Präsens – Präsens (gleichzeitig)
> Präsens – Perfekt (vorzeitig)
> Beispiel: „Das Thema des Vortrags, der heute um 16 Uhr gehalten wird, lautet ‚Kommunikation am Arbeitsplatz'. Leider muss der zweite Vortrag, den wir ursprünglich eingeplant haben, ausfallen."

1. Die meisten Fehler am Arbeitsplatz sind auf Missverständnisse, _die unmittelbar vorangegangen sind_, zurückzuführen.
2. Ein Grund dafür ist, dass das Verhalten, _____, von den Gesprächspartnern oft nicht richtig eingeschätzt wird.
3. Auf diese Weise kommt es zu Fehlinterpretationen und zu Fehlern, _____.
4. Falls ein ärztliches Attest vorliegt, werden Kursgebühren, _____, rückerstattet.
5. Unterrichtsstunden, _____, werden nachgeholt.
6. Ein Bachelor-Studium, _____, umfasst 180 Kreditpunkte.
7. Demgemäß wird bei einer Prüfungsleistung, _____, eine Arbeitsleistung von etwa 120 Stunden vorausgesetzt.

3 Gut vorbereitet ins Assessment Center

a Sie erhalten von einem Arbeitsberater mündlich Tipps zur Vorbereitung einer Selbstpräsentation. Wie würden die Tipps in der einschlägigen Ratgeberliteratur formuliert werden? Schreiben Sie die Sätze mit Partizipien als Adjektiven.

1. Die Selbstpräsentation, die meist am Anfang erwartet wird, kann man gut zu Hause vorbereiten.
2. Ein Vortrag über Ihren Werdegang, der gut strukturiert ist, wird seine Wirkung nicht verfehlen.
3. Sprechen Sie über Ihre Erfolge und belegen Sie sie mit Argumenten, die wirklich überzeugen.
4. Nennen Sie Beispiele für Projekte, die unter Ihrer Leitung entstanden sind.
5. Überlegen Sie, wie Sie die Medien, die Ihnen zur Verfügung stehen, sinnvoll nutzen könnten.
6. Sprechen Sie verständlich und vermeiden Sie zu viele Fachbegriffe, die oft als besserwisserisch empfunden werden.

> 1. _Die meist am Anfang erwartete Selbstpräsentation kann man gut zu Hause vorbereiten._

b Ein Erfahrungsbericht aus einem Assessment Center. Ergänzen Sie die Verben im Partizip I oder II.

> ~~bestimmen~~ dominieren einbeziehen finden folgen
> füllen geraten konstruieren veröffentlichen

Zuerst fand eine Gruppendiskussion statt. Im Kreis von etwa fünf Personen sollte über ein von den Teilnehmern vorher [1] _bestimmtes_ Thema diskutiert werden. Das schnell [2] _____ Thema „Tempolimit auf Autobahnen" war so gewählt, dass es kein spezielles Fachwissen erforderte. Zum Glück gab es in meiner Gruppe keine unangenehm [3] _____ Teilnehmer, sondern es fand eine ausgewogene, alle Gruppenmitglieder [4] _____ Diskussion statt. Bei der nach einer längeren Pause [5] _____ Gruppenarbeit erhielten wir eine auch schon im Internet [6] _____ Aufgabe, den „gemeinsamen Brückenbau". Bei dieser praktischen Aufgabe ging es darum, eine nur mittels Papier, Klebestift und Schere [7] _____ Brücke mit 70 cm Spannweite so stabil zu bauen, dass sie ein mit Wasser [8] _____ Glas tragen konnte. Das misslang unserer unter Zeitdruck [9] _____ Gruppe jedoch gründlich, und die Brücke stürzte ein.

c Wie lauten die entsprechenden Relativsätze? Achten Sie auf die Zeitformen.

Zuerst fand eine Gruppendiskussion statt. Im Kreis von etwa fünf Personen sollte über ein Thema diskutiert werden, das von den Teilnehmern vorher bestimmt worden war.

Die Zeitenfolge (2):
Hauptsatz – Nebensatz
Präteritum – Präteritum (gleichzeitig)
Präteritum – Plusquamperfekt (vorzeitig)
„Das Thema des Vortrags, der gestern gehalten wurde, lautete ‚Kommunikation am Arbeitsplatz'.
Leider musste der zweite Vortrag, den wir ursprünglich eingeplant hatten, ausfallen."

4 Ein Betriebsausflug zur Museumsinsel Hombroich

Nach der Lektüre eines Museumsführers bereiten Sie einen Vortrag für Ihre Kollegen vor. Damit der Vortrag für die Zuhörer leichter verständlich wird, formulieren Sie die Partizipialkonstruktionen in Relativsätze um.

Zur Entstehungsgeschichte

[1] Die von dem Kunstsammler Karl-Heinrich Müller gegründete Museumsinsel Hombroich entstand mit der Absicht, eine für seine große Kunstsammlung geeignete Präsentationsform zu schaffen. [2] Müller erwarb 1982 fünf Hektar Land im schönen Erfttal und schuf zusammen mit dem Landschaftsarchitekten Bernhard Korte ein einzigartiges, anfänglich nicht jeden überzeugendes Konzept. […]

Kunst und Natur im Einklang

[3] Sobald man die Museumsinsel erreicht, betritt man das von dem berühmten Bildhauer Erwin Heerich gebaute Eingangsgebäude. [4] Wieder im Freien richtet sich der Blick auf die äußerst abwechslungsreich angelegte Parklandschaft. [5] Überall ist das von Paul Cézanne stammende Motto „Kunst parallel zur Natur" auf dem inzwischen auf 33 Hektar angewachsenen Gelände zu sehen. [6] In der mit Kieswegen erschlossenen Landschaft durchwandert der Besucher durch ihre ungeheure Baumvielfalt beeindruckende Parks, aber auch Feuchtgebiete und verschiedene Gartenbereiche.

[7] Dazwischen stößt man immer wieder auf ebenfalls größtenteils von Heerich geschaffene Pavillons. [8] Die unaufdringlich in die Natur integrierten Gebäude sind selbst schon kleine Kunstwerke. [9] Die in den Pavillons ausgestellten Skulpturen und Gemälde stammen zum Teil von berühmten, aber auch von unbekannten Künstlern. [10] Das Besondere ist jedoch, dass es keine auf den Namen des Künstlers oder die Epoche hinweisende Beschilderung gibt. [11] Auf diese Weise befindet sich der Besucher auf einer zum Nachdenken und Verweilen einladenden Entdeckungsreise. […]

1. Die Museumsinsel Hombroich, die von dem Kunstsammler Karl-Heinrich Müller gegründet wurde, entstand mit der Absicht, eine Präsentationsform zu schaffen, die …

3 Verbale Gruppen

3.4.2 Das Partizip I mit „zu" (ein zu lösendes Problem)

1 Zeitmanagement

LB / AB
Lek. 3

a Welche Bedeutung hat das Partizip I mit „zu"? Markieren Sie die Konstruktion und entscheiden Sie, ob eine Notwendigkeit (N), eine Empfehlung (E) oder eine Möglichkeit (M) vorliegt.

> Folgende Paraphrasierungen können Ihnen die Entscheidung erleichtern:
> Notwendigkeit: „etwas muss / soll gemacht werden";
> Empfehlung: „es wäre gut, wenn etwas gemacht würde"; Möglichkeit / Fähigkeit: „etwas kann (nicht) gemacht werden".

1. Viele Menschen klagen über Zeitmangel und ein kaum zu bewältigendes Arbeitspensum. **M**
2. Ungeduld und Nervosität sind nicht zu unterschätzende Symptome für Zeitprobleme. ☐
3. Damit in Zusammenhang steht das überall zu hörende Wort „Zeitmanagement". ☐
4. Auch die VHS bietet Kurse an, in denen man lernt, wie man einzuhaltende Termine stressfrei bewältigen kann. ☐
5. Die dort zu lernenden Techniken sollen helfen, Zeitprobleme in den Griff zu bekommen. ☐
6. In diesem Zusammenhang gibt es zwei grundsätzlich von jedem zu beantwortende Fragen: ☐
7. Welche der zu erledigenden Aufgaben haben oberste Priorität? ☐
8. Was ist die wichtigste, nicht zu verschiebende Aufgabe? ☐
9. Das anzustrebende Ziel ist letztendlich die effektive Einteilung der eigenen Zeitabläufe. ☐

b Vergleichen Sie Ihre Ergebnisse in Ihrer Lerngruppe. Gibt es Sätze, die Sie unterschiedlich interpretiert haben? Diskutieren Sie darüber.

B2-GT, Kap. 4.8
Passiv und
Ersatzformen

c Erklären Sie die Konstruktionen aus Übungsteil a mit einem Relativsatz.

Variieren Sie Ihre Erklärungen, indem Sie im Relativsatz entweder
– das Passiv mit dem jeweils passenden Modalverb („sollen", „können", „müssen"),
– einen Aktivsatz mit „man" oder
– eine passende Passiversatzform verwenden.

> 1. Viele Menschen klagen über Zeitnot und ein Arbeitspensum, das kaum bewältigt werden kann. / ..., das man kaum bewältigen kann. / ..., das kaum zu bewältigen ist. / ..., das sich kaum bewältigen lässt.

2 Das Bewerbungsschreiben

Formulieren Sie die Tipps kürzer, indem Sie anstelle von Relativsätzen die Konstruktion Partizip I + „zu" verwenden.

1. Die Unterlagen, die für eine Bewerbung vorbereitet werden müssen, sind:
2. Ein Anschreiben. Es erklärt, warum man sich für die Stelle, die besetzt werden soll, eignet.
3. Ein tabellarischer Lebenslauf. Der Lebenslauf, der nach persönlichen Daten, Ausbildung und Berufspraxis zu gliedern ist, sollte nicht mehr als zwei Seiten umfassen.
4. Zeugniskopien, die in jeder Bewerbung beizulegen sind, müssen makellos sein.
5. Oft erwarten Firmen auch ein Fähigkeitsprofil, das auf einer Extraseite verfasst werden muss.
6. Die Fähigkeiten, die man stichwortartig aufzählen soll, beziehen sich auf die Berufserfahrung.
7. Es geht aber auch um andere persönliche Stärken, die im Arbeitsleben nicht unterschätzt werden sollten.
8. Schlüsselqualifikationen, die sich hierbei erwähnen lassen, sind vor allem soziale und methodische Kompetenzen.
9. Zum Beispiel, wie man mit den Problemen, die am Arbeitsplatz zu erwarten sind, umgeht.

> 1. Die für eine Bewerbung vorzubereitenden Unterlagen sind:

3.4.3 Das Partizip als reduzierter Nebensatz (In Koblenz angekommen , ...)

1 **Frauensprache – Männersprache**

a Die Bedeutung einer Partizipialkonstruktion lässt sich mithilfe eines Nebensatzes wiedergeben. Markieren Sie die Partizipialkonstruktion und wählen Sie im entsprechenden Nebensatz die passende Konjunktion.

1. Näher betrachtet, ist die Art und Weise, wie Männer und Frauen kommunizieren, recht unterschiedlich.
   → _Wenn_ man es näher betrachtet, ist die Art und Weise, wie ... (falls / wenn / da)
2. Verglichen mit Männern, haben Frauen eher eine kooperative kommunikative Orientierung.
   → _____ man sie mit Männern vergleicht, haben Frauen ... (damit / wenn / sobald)
3. Frauen schaffen lachend und scherzend ein harmonisches Gesprächsklima. Bei Männern hingegen ist das Lachen ein Mittel sozialer Kontrolle.
   → Frauen schaffen, _____ sie lachen und scherzen, ein harmonisches Gesprächsklima. (indem / bevor / nachdem)
4. Stärker auf den jeweiligen Gesprächspartner eingehend, verwenden Frauen mehr rückversichernde Sprachmittel, zum Beispiel Nachfragen.
   → _____ Frauen stärker auf den jeweiligen Gesprächspartner eingehen, ... (ehe / obwohl / da)
5. Von Rücksichtnahme geprägt, wird der Kommunikationsstil der Frauen bisweilen als unsicher abgestempelt oder als „Spielchen" empfunden.
   → _____ er von Rücksichtnahme geprägt wird, ... (obwohl / damit / da)
6. Einander richtig zuhörend, können Frauen und Männer jedoch Missverständnisse vermeiden.
   → _____ sie einander richtig zuhören, können Frauen und Männer ... (bis / sobald / als)

b Wie lauten die wichtigsten Regeln für Partizipialkonstruktionen? Entscheiden Sie mithilfe der Beispielsätze in Übungsteil a.

> **!**
> 1. Das Partizip erhält ☐ eine ☐ keine Endung.
> 2. Das Partizip I hat eine ☐ aktive ☐ passive Bedeutung.
> 3. Das Partizip II transitiver Verben, d.h. von Verben mit Akkusativ-Ergänzung, hat
>   ☐ immer eine passive Bedeutung ☐ eine aktive oder passive Bedeutung.
> 4. Das Partizip II intransitiver Verben, d.h. von Verben ohne Akkusativ-Ergänzung, hat
>   eine ☐ aktive ☐ passive Bedeutung.

c Diese Regeln gelten auch für Partizipialkonstruktionen als verkürzte Relativsätze. Erklären Sie die Konstruktionen mit einem Relativsatz im Aktiv oder Passiv.

1. Frau Prof. Weiß, befragt nach den Verhaltensmustern von Frauen und Männern, erklärt Folgendes. → Frau Prof. Weiß, _die nach den Verhaltensmustern von Frauen und Männern befragt wird, / die man nach den Verhaltensmustern ... befragt,_ erklärt Folgendes:
2. Bei Männern dominiert ein Verständnis von Beziehungen, beruhend auf Hierarchien und Streben nach Unabhängigkeit. → Bei Männern dominiert ein Verständnis von Beziehungen, _____.
3. Die eigene Wissensdarstellung, von Frauen oft als belehrend empfunden, überwiegt bei Männern. → Die eigene Wissensdarstellung, _____.
4. Frauen, eher zu einem kooperativen Verhalten neigend, möchten Gespräche lieber gemeinsam vorwärts bringen. → Frauen, _____, möchten ...
5. Der Stil der Frauen, oft am Konsens orientiert, hat allerdings den Nachteil, dass sie im Gespräch oft zu kurz kommen. → Der Stil der Frauen, _____, hat ...

2 Tabus thematisieren

a Sie möchten ein schriftliches Referat über Tabus verfassen. Ihre erste Version ist jedoch ein wenig lang. Verkürzen Sie die Nebensätze, indem Sie eine Partizipialkonstruktion verwenden.

1. Wenn man es genau nimmt, sollte man in manchen Situationen lieber schweigen.
2. Doch es gibt zahlreiche sprachliche Möglichkeiten, die man „Tabudiskurse" nennt, Tabus zu thematisieren, ohne diese zu verletzen.
3. Indem es beschönigt oder nur angedeutet wird, lässt sich Unangenehmes aussprechen.
4. Wenngleich sie dem Muttersprachler bekannt sind, hat ein Fremder Schwierigkeiten, Tabus zu erkennen.
5. So gilt es in vielen Kulturen als unhöflich, wenn jemand, der laut schmatzt, neben einem isst.

> 1. *Genau genommen, sollte man in manchen Situationen lieber schweigen.*

b Ein Freund, der Ihre fertige Arbeit gelesen hat, versteht einige der Partizipialkonstruktionen nicht. Erklären Sie sie, indem Sie adverbiale Nebensätze und Relativsätze verwenden.

1. Nicht wissend, wie man sich verhalten soll, vermeiden viele Menschen, über Tabus zu reden.
2. Gekonnt angewendet, können sprachliche Mittel dabei helfen, Tabuthemen anzusprechen.
3. Ein Beispiel, oft in Stellenanzeigen verwendet, ist „Raumpflegerin" statt „Putzfrau".
4. Von Fremden oft nicht wahrgenommen, verursachen Tabuverletzungen bei ihnen keinerlei Schuldgefühle.
5. Verglichen mit Grammatikregeln, sind Tabus nicht kodifiziert, also schwer zu erlernen.
6. Fremdsprachenlerner, für Tabus sensibilisiert, können Kommunikationsbarrieren überwinden und angemessen handeln.

> 1. *Weil sie nicht wissen, wie man sich verhalten soll, vermeiden viele Menschen, über Tabus zu reden.*

c Vergleichen Sie Ihre Lösungen mit einem Lernpartner. Haben Sie unterschiedliche Konjunktionen verwendet oder Passiv statt Aktiv? Falls Sie allein lernen, schauen Sie im Lösungsschlüssel nach.

3.5 Nomen-Verb-Verbindungen

> Nomen-Verb-Verbindungen werden häufig in offiziellen schriftlichen oder wissenschaftlichen Texten verwendet und sind eines der Kennzeichen des Nominalstils. Weitere Erläuterungen und Übungen zum Nominal- und Verbalstil siehe Kap. 1.4 und 1.5. Eine Liste mit häufigen Nomen-Verb-Verbindungen und „einfachen Verben", die ihnen entsprechen, finden Sie im Anhang.

1 Nominalstil – Verbalstil: Schriftliche und mündliche Berichte

LB / AB
Lek. 1, 11

Kapitel 1.4
Nominalisierung von Infinitivsätzen und dass-Sätzen

Kapitel 1.5
Nominalisierung von anderen Haupt- und Nebensätzen

a Lesen Sie die Sätze aus einem Tagungsbericht und markieren Sie die Nomen-Verb-Verbindungen.

1. Die Forschungsergebnisse der Gruppe von Prof. Menge finden internationale Anerkennung.
2. Prof. Menge hat mit diesem Projekt eine sehr gute Auswahl getroffen.
3. Die Gruppe hat große Anstrengungen unternommen, den Zeitplan einzuhalten.
4. Sie haben unter Beweis gestellt, dass dies trotz großer Schwierigkeiten möglich ist.
5. Das Projekt hat von Anfang an eine gute Entwicklung genommen.
6. Prof. Menge hat auf die Arbeitsweise der Gruppe keinen Einfluss ausgeübt.
7. Für das Projekt hat er finanzielle Förderung vom Forschungsministerium erhalten.
8. Im letzten Jahr musste die Gruppe noch eine Korrektur an der Zielsetzung vornehmen.
9. Bis jetzt hat das Projekt einen äußerst positiven Verlauf genommen.

b Ergänzen Sie jetzt für eine Radiosendung das Manuskript, das aus dem Tagungsbericht in Übungsteil a entstehen soll, mit den Verben im Schüttelkasten. Achten Sie darauf, ob Sie im Aktiv oder Passiv schreiben.

> ~~anerkannt werden~~   korrigieren   sich anstrengen   verlaufen   sich entwickeln
> ~~auswählen~~   beweisen   gefördert werden   beeinflussen

1. Die Forschungsergebnisse der Gruppe von Prof. Menge _werden international anerkannt_.
2. Prof. Menge _hat_ dieses Projekt sehr gut _ausgewählt_.
3. Die Gruppe _____ _____ _____, den Zeitplan einzuhalten.
4. Sie _____ _____, dass dies trotz großer Schwierigkeiten möglich ist.
5. Das Projekt _____ _____ von Anfang an gut _____.
6. Prof. Menge _____ die Arbeitsweise der Gruppe nicht _____.
7. Das Projekt _____ vom Forschungsministerium finanziell _____ _____.
8. Im letzten Jahr musste die Gruppe noch die Zielsetzung _____.
9. Bis jetzt _____ das Projekt äußerst positiv _____.

c Ordnen Sie zunächst die Verben (A–G) den passenden Nomen-Verb-Verbindungen (1–7) zu. Falls Sie nicht sicher sind, schauen Sie auf der Liste im Anhang nach.

> Für viele Nomen-Verb-Verbindungen gibt es keine direkte verbale Entsprechung, wie in Übungsteil b, weil das Verb, von dem das Nomen ursprünglich abgeleitet ist, eine andere Bedeutung hat als die Nomen-Verb-Verbindung. Beispiel: „in Angriff nehmen" → nicht „angreifen", sondern „beginnen"

1. in Angriff nehmen	A	erwägen	1.	B
2. in Betracht ziehen	B	beginnen	2.	
3. auf der Hand liegen	C	verantwortlich machen	3.	
4. zu Rate ziehen	D	gelingen	4.	
5. zur Rechenschaft ziehen	E	klar sein	5.	
6. zum Vorschein kommen	F	sich beraten lassen	6.	
7. zu Stande kommen	G	auftauchen	7.	

d Formulieren Sie die folgenden Sätze im Nominalstil, indem Sie die Verben durch die jeweils passende Nomen-Verb-Verbindung aus Übungsteil c ersetzen.

1. Die Gruppe hat das Projekt am 15. März begonnen.
2. Das Ministerium hat eine Verlängerung des Projekts erwogen.
3. Die Vorteile dieser Idee sind klar.
4. Die Gruppe hat sich durch Finanzexperten beraten lassen.
5. Der Projektleiter wurde für das Verschwinden von Unterlagen verantwortlich gemacht.
6. Die Unterlagen sind dann aber wieder aufgetaucht.
7. Schließlich ist eine Einigung gelungen.

1. _Die Gruppe hat das Projekt am 15. März in Angriff genommen._

LB
Lek. 4

2 Perspektivenwechsel

a Ergänzen Sie die Sätze mit den Nomen-Verb-Verbindungen in Klammern. Entscheiden Sie jeweils, ob Sie im Aktiv oder Passiv formulieren.

1. (zur Sprache kommen) → Das Projekt _ist zur Sprache gekommen_.

2. (zur Sprache bringen) → Das Projekt _ist zur Sprache gebracht worden_.

3. (zur Sprache bringen) → Die Forscher _haben das Projekt zur Sprache gebracht_.

4. (zur Anwendung bringen) → Folgende Methoden _____.

5. (zur Anwendung kommen) → Folgende Methoden _____.

6. (in Kontakt bringen) → Alle am Projekt Mitwirkenden _____ rechtzeitig _____.

7. (in Kontakt kommen) → Die Mitwirkenden _____ rechtzeitig _____.

8. (zu Ende kommen) → Das Projekt _____ gerade _____.

9. (zu Ende bringen) → Die Wissenschaftler _____ das Projekt gerade _____.

b Formulieren Sie die Sätze aus Übungsteil a um, indem Sie statt der Nomen-Verb-Verbindungen Verben verwenden. Achten Sie wieder auf Aktiv und Passiv.

> _1. Man hat das Projekt besprochen. 2. Das Projekt wurde besprochen. 3. Die Forscher haben das Projekt besprochen._

c Bilden Sie mit den Nomen-Verb-Verbindungen Satzpaare wie im Beispiel.

1. zur Verfügung stellen / stehen – Mittel – Forschungsministerium

2. zur Diskussion stellen / stehen – Thema – jetzt

3. unter Druck setzen / stehen – Angestellter – Firma

4. zu Ende bringen / sein – Diskussion – jetzt

5. in Schwierigkeiten bringen / geraten – hoher Kredit – Käufer

6. unter Strafe stellen / unter Strafe stehen – Besitz von Dopingmitteln

> _1. Die Mittel stehen am 1. März zur Verfügung. / Die Mittel werden vom Forschungs-ministerium zur Verfügung gestellt._

3.6 Wortbildung: Semantik von nicht-trennbaren Präfixen (be-, zer-, ...)

1 Zur Funktion von Präfixen

a Lesen Sie den Lückentext und setzen Sie die Präfixe „be-", „ent-", „er-", „ver-", „zer" oder „miss-" ihrem Sinn entsprechend vor die Verben. Manchmal ist kein Präfix nötig.

> Die Präfixe „be-", „ent-", „er-", „ver-", „miss-", „zer-" sind nicht-trennbare Präfixe. In der gesprochenen Sprache kann man dies daran erkennen, dass die Betonung bei den meisten Verben auf dem Verbstamm liegt. Indem die genannten Präfixe vor ein Verb gesetzt werden, können sie dieses grammatisch und / oder semantisch verändern. Diese Präfixe können auch mit Adjektiven oder Nomen kombiniert werden und so neue Verben bilden.

ein Reich kann zerfallen

~~beerben~~ enterben vererben erben	befallen zerfallen missfallen verfallen

1. Franz Meier, der Chef des Familienunternehmens DHF, hat mitgeteilt, dass seine Tochter Sylvia ihn einmal _beerben_ wird. Sie wird nicht nur die Firma, sondern auch sein Vermögen von ihm _erben_. Er plant auch, seiner Tochter seine wertvolle Bildersammlung zu _vererben_. Sein Sohn Carl dagegen ist von seinem Vater _enterbt_ worden.

2. Als Historiker weiß Prof. Buchwald, dass alle großen Reiche einmal _zerfallen_. Doch wird auch Europa in naher Zukunft in die Bedeutungslosigkeit _verfallen_? Diese Vorstellung _missfällt_ ihm außerordentlich. Deshalb _befällt_ den alten Professor von Zeit zu Zeit eine seltsame Melancholie.

2 Verben mit dem Präfix „be-": Grammatik und Semantik

a Setzen Sie die Verbpaare aus dem Schüttelkasten an der richtigen Stelle ein.

> lehren / belehren ~~atmen / beatmen~~ enden / beenden rechnen / berechnen leuchten / beleuchten

1. **a.** Der Verunglückte _atmete_ kaum noch.
   b. Der Notarzt musste ihn _beatmen_.
2. **a.** Die Fernsehdiskussion _endete_ gestern schon um 22:30 Uhr.
   b. Die Moderatorin musste sie wegen einer Sondersendung vorzeitig _beenden_.
3. **a.** Professor Wegener _lehrt_ an der Universität Innsbruck.
   b. Auch im Privatleben gefiel er sich in der Rolle, seine Zuschauer zu _belehren_
4. **a.** Hunderte von Kerzen _leuchten_ den großen Saal.
   b. Sie _beleuchten_ viele Stunden lang.
5. **a.** Schon als Kind konnte Rita schnell _rechnen_.
   b. Einmal _berechnete_ sie die Kosten der Renovierung im Handumdrehen.

b Ersetzen Sie die markierten Verben durch ein Verb mit dem Präfix „be-". Welches Verb erhält durch das Präfix „be-" eine andere Bedeutung?

1. Auf der Abiturfeier sprechen die Abiturienten über ihre Pläne.
2. Einige von ihnen schimpfen immer noch über ihre Lehrer. _beschimpfen ... ihre Lehrer_
3. Marcel zweifelt an seiner Fähigkeit zu studieren.
4. Jan staunt über Verenas kunstvolle Frisur. _Jan bestaunt Verenas ..._
5. Silvia will ein paar Monate ehrenamtlich in einer Suppenküche für arme Leute kochen. _bekochen_

bewundert ← (handschriftlich, neben 4.)

> 1. _Auf der Abiturfeier besprechen die Abiturienten ihre Pläne._

Bei folgendem Verb ändert sich die Bedeutung: _____

c Schauen Sie sich die Übung 2 noch einmal an. Ergänzen Sie dann die Regeln.

> **!**
> 1. Das Präfix „be-" macht intransitive Verben, also Verben ohne Ergänzung, transitiv, d.h. diese erfordern nun eine _____ Ergänzung.
>   Beispiel: _____
> 2. Auch Verben mit Präpositional _____ werden durch das Präfix „be-" transitiv.
>   Beispiel: _____
> 3. Die Bedeutung der meisten Verben ändert sich dadurch _____.
>   Beispiel: _____
> 4. Einige wenige Verben nehmen allerdings eine andere _____ an.
>   Beispiel: _____

d Welche Bedeutung haben die Verben? Von welcher Wortart sind sie abgeleitet?

Verb	abgeleitet von ...	Wortart	Bedeutungsumschreibung
1. beantragen	r Antrag	Nomen	einen Antrag stellen
2. begründen	r Grund	Nomen	einen Grund nennen
3. sich bedanken	r Dank	Nomen	danken für / bei
4. beabsichtigen	e Absicht	Nomen	die Absicht haben
5. befreien von / aus	frei	Adjektiv	frei machen
6. beschönigen	schön	Adj	schöner machen
7. beunruhigen	unruhig	Adj	jdn in Unruhe versetzen
8. befähigen	fähig	Adj	fähig machen

do sth. intentionally ← (handschriftlich, neben 4.)

Ich befähige meine Kinder, deutsch zu lernen (handschriftlich unten)

e Vervollständigen Sie die beiden folgenden Texte mit den Verben aus der Tabelle. Ergänzen Sie auch das jeweilige Nomen oder Adjektiv.   *Finanzmittel, Kapital*

1. Eine Gruppe junger Wissenschaftler will <u>Gelder</u> für ein neues Projekt [1] _beantragen_ . Sie müssen den [2] _Antrag_ rechtzeitig stellen. Im Projektantrag müssen sie ihr Vorhaben ausführlich [3] _begründen_ . Sie müssen den [4] _Grund_ dafür angeben, warum sie gefördert werden wollen. Die Politikwissenschaftler [5] _beabsichtigen_ , das Wissen ausländischer Studenten über Deutschland und die Deutschen zu untersuchen. Sie haben die [6] _Absicht_ , 300 Studierende zu befragen. Nach Ablauf des Projektes [7] _bedankt_ sich der Institutsleiter für die gute Arbeit seines Teams. Er spricht dem Team auch öffentlich seinen [8] _Dank_ aus.

2. Folgendes wussten die befragten Studenten über Deutschland: Die Alliierten [1] _befreiten_ Deutschland 1945 von der Diktatur. Nun ist das Land wieder [2] _frei_ und eine Demokratie. Die große Armut [3] _beunruhigte_ damals viele Menschen. Auch die ungewisse Zukunft machte sie [4] _unruhig_ . Die schlechte Wirtschaftslage konnte man nicht [5] _beschönigen_ , d.h., man konnte sie nicht [6] _schön_ reden. Der Marshall-Plan [7] _befähigte_ die Deutschen, das Land wieder aufzubauen. Zu welcher Leistung sie [8] _fähig_ waren, beweist das Wirtschaftswunder.

3 Bitten und Tipps – Verben mit dem Präfix „ent-" und ihre Bedeutungen

a Formulieren Sie die Sätze um wie im Beispiel, indem Sie die Verben aus dem Schüttelkasten verwenden.

> ~~entgiften~~ entstören enttabuisieren entkorken entmachten

1. Wir müssen das Gift aus Ihrem Körper holen.
2. Wir müssen dem Diktator die Macht nehmen.   *ihn entmachten*
3. Seit gestern ist mein Radio gestört. Können Sie die Störung in meinem Radio beheben?
4. Genforschung ist in unserem Land tabuisiert. Wir sollten sie von diesem Tabu befreien.   → *enttabuisieren*
5. Sie müssen den Korken aus der Flasche entfernen.   *Wir müssen die Flasche entkorken*

> 1. *Wir müssen Ihren Körper entgiften.*

b Lesen Sie die Sätze in Übungsteil a noch einmal und tragen Sie die Verben an der richtigen Stelle in die Tabelle ein.

etwas wird weggenommen / entfernt (etwas Konkretes oder Abstraktes)	der vorhergehende Zustand / das Gegenteil wird wiederhergestellt
Gift → entgiften, ... entkorken, entmachten	*entstören, enttabuisieren*

c Lesen Sie die Sätze. Notieren Sie, welche Bedeutung das Verb jeweils hat: sich wegbewegen von (w), etwas entfernen aus (e) oder etwas beginnt plötzlich (b).

1. Der Hubschrauber des Präsidenten entschwebte langsam unseren Blicken.   [w]
2. Bevor sie nach Hause gehen konnten, mussten sie noch den Lastwagen entladen.   [e]
3. Zwischen den Konkurrenten entbrannte ein heftiger Streit um den Führungsposten.   [b]
4. Der alten Dame von nebenan ist gestern Morgen ein <u>Wellensittich</u> entflogen.   [w]   *budgie*
5. Leider entflammte auch sein bester Freund für diese Frau.   [b]
6. Der Dieb kann seiner Strafe nicht entkommen.   [e] [w]

HW

4 Verben mit dem Präfix „er-": Ableitung von Verben, Nomen und Adjektiven

a Lesen Sie die Verbpaare und setzen Sie die Verben an der passenden Stelle ein. Welche Bedeutung erhält das Verb hier durch das Präfix „er-"?

Menschen können erfrieren.

> frieren / erfrieren   raten / erraten   streiten / erstreiten *,sehr kalt*
> rechnen / errechnen   schießen / erschießen

1. Während des Banküberfalls _schossen_ die Räuber wild um sich. Eine Geisel wurde _erschossen_.
2. Weißt du, was passiert ist? Da kannst du lange ~~erraten~~ _raten_ ! Diese Neuigkeit ~~rätst~~ _errätst_ du nie!
3. Heute Nacht soll es wieder heftig _frieren_ . Hoffentlich _erfrieren_ meine Blumen nicht.
4. Jana kann sehr gut _rechnen_ . Sie _errechnet_ jeden Betrag im Handumdrehen.
5. Li und ihr Chef _streiten_ _stritten_ viel. Nach ihrer Entlassung _erstreitet_ _erstritt_ sie vor Gericht eine Abfindung.

compensation

Durch das Präfix „er-" erhält das Verb die folgende Bedeutung: _____

b Lesen Sie die Handlungsbeschreibungen und überlegen Sie, wie das entsprechende Verb mit dem Präfix „er-" heißen könnte.

1. durch Fragen etwas erreichen → _etwas erfragen_
2. durch Kampf etwas erreichen → _etwas erkämpfen_
3. etwas erreichen, indem man einer Sache auf den Grund geht → _etwas ergründen_
4. durch Arbeiten etwas erreichen → _sich etwas erarbeiten_
5. durch Trotz etwas erreichen → _sich etwas ertrotzen_
6. durch Betteln etwas erreichen → _sich etwas erbetteln_

c Markieren Sie in den Sätzen alle Verben mit dem Präfix „er-". Welche Bedeutung haben die Verben? Notieren Sie.

1. Meine Großmutter erblindete mit 90 Jahren. → _blind werden_
2. Seit ihrer Operation ermüdet Carla rasch. → _müde werden_
3. Die Liebe zwischen Eva und ihrem ersten Ehemann erkaltete schnell. → _kalt werden_
4. Mit der neuen Studienordnung erschwerte man auch die Zulassungsprüfung. → _schwerer machen_
5. Schreibtrainings sollen das wissenschaftliche Schreiben erleichtern. → _leichter machen_
6. In den Hörsälen erneuerte man auch die technische Ausstattung. → _neu machen_

d Lesen Sie die Übungsteile a bis c noch einmal. Besprechen Sie ggf. im Kurs, welche Bedeutung das Präfix „er-" in dem jeweiligen Übungsteil hat. Lesen Sie anschließend die folgenden Regeln und notieren Sie jeweils ein Beispiel.

> **!**
> 1. Verben mit dem Präfix „er-" können von Verben abgeleitet werden. Sie haben dann die Bedeutung „etwas zu einem Ende bringen".
>   Beispiel: _____
> 2. Verben mit dem Präfix „er-" können auch von Nomen oder substantivierten Verben abgeleitet werden. Dann haben sie die Bedeutung „etwas durch eine Handlung erreichen".
>   Beispiel: _____
> 3. Verben mit dem Präfix „er-" können weiterhin von Adjektiven abgeleitet werden.
>   a. Wenn es sich um Verben ohne Ergänzung handelt, haben sie die Bedeutung „Adjektiv + werden".
>   Beispiel: _____
>   b. Wenn es sich um Verben mit Akkusativ-Ergänzung handelt, haben sie die Bedeutung „Adjektiv + machen".
>   Beispiel: _____

5 **Verben mit dem Präfix „ver-": Ableitung von Verben und Nomen bzw. Adjektiven**

a Das Präfix „ver-" kann verschiedene Bedeutungen haben. Ordnen Sie die Verben im Schüttelkasten ihrer Bedeutung entsprechend in die Tabelle ein.

verbiegen = etwas wird verbogen

| versalzen   sich vertun   verkaufen   vermieten |
| vergehen   verblühen   verbiegen   verbessern |

etwas falsch machen	Gegenteil der Bedeutung d. Verbs	etwas ändern bzw. etwas ändert sich	zu Ende bringen bzw. gehen
etwas versalzen, ... vertun verlaufen, verirren	verblühen verkaufen vermieten	Verbessern, ... verbiegen verschönern, verschieben	verkaufen vermieten verblühen vergehen verhindern

b Setzen Sie die Verben aus Übungsteil a in den folgenden Lückentext ein.

1. Oh Pardon, die Suppe habe ich ja total ___versalzen___ .
2. Ich möchte die Wohnung nicht mieten, ich möchte sie ___vermieten___ .
3. Ich liebe Pfingstrosen. Leider ___verblühen___ sie sehr schnell.
4. Nein, das haben Sie nicht richtig gemacht. Da haben Sie sich ___vertan___ .
5. Es war wieder so schön bei euch! Leider ist die Zeit viel zu schnell ___vergangen___ .
6. Ich möchte bei eBay nichts kaufen. Ich will etwas ___verkaufen___ .
7. Leonhard kann angeblich eine Eisenstange mit der Hand ___verbiegen___ . Glaubst du das?
8. Ihre Aussprache ist besser geworden, aber Ihre Vortragstechnik sollten Sie noch ___verbessern___ .

c Wie heißen die von einem Adjektiv bzw. Nomen abgeleiteten Verben mit dem Präfix „ver-"? Setzen Sie die Bedeutungsvarianten als Überschrift über die Rubriken.

| Bedeutung des Nomens als Tätigkeit   etwas mit einer Sache ausstatten   Zustandsveränderung   etwas verändert sich so, dass der Zustand, den das Nomen ausdrückt, erreicht wird |

1. ___Zustandsveränderung___

alt werden → ___veralten___
arm werden → ___verarmen___
deutlich machen → ___verdeutlichen___
einfacher machen → ___vereinfachen___

3. _____

mit Gittern versehen → ___vergittern___
mit Chrom versehen → ___verchromen___
mit einem Siegel versehen → ___versiegeln___
mit einer Hülle versehen → ___verhüllen___

2. _____

Abschied von jdm. nehmen → ___jdn. verabschieden___
Klage gegen jdm erheben → ___verklagen___
auf Reisen gehen → ___verreisen___

4. _____

jdn. zum Beamten machen → ___jdn. verbeamten___
zu Dampf werden → ___verdampfen___
etwas zu Schrott machen → ___verschrotten___

6 **Verben mit dem Präfix „zer-": Ableitung von Verben und Nomen**

Markieren Sie in den Sätzen alle Verben mit dem Präfix „zer-". Welche Bedeutung hat das Verb: Zerkleinern mittels einer bestimmten Tätigkeit (t) oder zerkleinern zu etwas (e)? Notieren Sie.

1. Kann ich dir beim Kochen helfen? Ich könnte z. B. die Zwiebeln zerschneiden. [t]
2. Hier sieht es ja aus wie nach einem Erdbeben, alles zertrümmert. Was ist passiert? [t] [e]
3. Die alten Briefe kannst du wegwerfen, aber du musst sie vorher zerreißen. [e]
4. Er benimmt sich wie ein Elefant im Porzellanladen. Er hat viel Porzellan zerschlagen. [t]
5. Wie sieht denn der Fußboden aus? Ihr habt ja die Chips total zerkrümelt! [t] [e]
6. Heute Nacht war ein schweres Gewitter. Der Blitz hat die große Eiche total zersplittert. [t] [e]
7. Kocht das Gemüse immer noch? Das ist bestimmt schon total zerkocht. [t]

7 Verben mit dem Präfix „miss-"

a Lesen Sie den Lückentext und setzen Sie die Verben im Schüttelkasten ein.

missachten ~~missbilligen~~ missfallen missglücken
missgönnen missraten misstrauen missverstehen

1. Ich _missbillige_ Ihre Äußerungen.
2. Sie haben meine Worte _____.
3. _____ Sie Herrn Svoboda etwa seinen Erfolg bei Frauen?
4. Immer _____ mir der Apfelkuchen! Ich kriege ihn einfach nicht hin!
5. Dein Verhalten _____ mir schon seit längerem.
6. Sabines Kinder sind vollkommen _____. Findest du das nicht auch?
7. 25 % Rendite! Solchen Versprechungen muss man doch _____.
8. Findest du nicht auch, dass John alle geltenden Regeln _____?

b Erklären Sie die Bedeutung der Verben aus dem Schüttelkasten, indem Sie die Sätze aus Übungsteil a umformulieren wie im Beispiel.

1. _Ich billige Ihre Äußerungen nicht._

> „Das Präfix „miss-" verleiht den Verben die Bedeutung von „nicht" oder „falsch". Beispiel: „Ich habe den Text missverstanden." → „Ich habe den Text falsch verstanden." „Er missgönnt ihr den Erfolg." → „Er gönnt ihr den Erfolg nicht."

3.7 Wortbildung: Präfixe – trennbar und nicht-trennbar

1 Verben: trennbar oder nicht-trennbar?

LB / AB
Lek. 12

Lesen Sie den Text und bilden Sie zu den unterstrichenen Verben die Infinitivform. Markieren Sie den betonten Teil des Verbs.

> Eine kleine Gruppe von Präfixen kann entweder trennbar oder nicht-trennbar sein. Zu dieser Gruppe gehören die Präfixe „durch-", „über-", „um-", „unter-", „voll-", „wider-" und „wieder-". Als trennbare Präfixe werden sie betont, als nicht-trennbare nicht betont.

1. Mara hat die Führerscheinprüfung wieder nicht geschafft: Sie ist zum zweiten Mal durchgefallen. → _durchfallen_
2. Es war derselbe Prüfer wie beim ersten Mal. Er hat sie von Anfang an mit seinem zweifelnden Blick durchbohrt. → _durchbohren_
3. Dann hat Mara die Situation an der Kreuzung nicht richtig überblickt. → _____
4. Ihre Emotionen sind übergekocht und sie hat geweint. → _____
5. Als Mara sich umblickt, entdeckt sie ihren Freund Leon. → _____
6. Er umarmt sie sofort und versucht, sie zu trösten. → _____
7. „Davon wird die Welt nicht untergehen", sagt er. → _____
8. „Du hast die nervliche Anspannung einfach unterschätzt." → _____
9. Doch Mara widerspricht ihm. → _____
10. Der Prüfer hat gesagt, dass ihr Fahrverhalten ihre Unsicherheit widerspiegelt. → _____
11. „Ich an Ihrer Stelle hätte die Prüfung nicht wiederholt. Sie sind ein hoffnungsloser Fall." → _____
12. Als Mara den Kommentar des Prüfers wiedergegeben hat, fängt sie wieder an zu weinen. → _____
13. Da hat Leon eine Idee. Er will zuerst das Auto volltanken und dann machen sie einen Ausflug ans Meer. → _____
14. Am Meer vollzieht sich in Mara ein Stimmungswechsel. Sie lacht wieder. → _____

trennbare Verben	nicht-trennbare Verben
durchfallen, …	durchbohren, …

2 **Immer trennbar und nie trennbar: Verben mit den Präfixen „durch-" und „über-"**

a Bilden Sie zu den Verben mit den Präfixen „durch-" und „über-" den Infinitiv und markieren Sie wieder den betonten Teil des Verbs. Ordnen Sie dann den Verben die entsprechende Umschreibung aus dem Schüttelkasten zu.

> einen Strich machen durch   von einem Punkt zum nächsten gehen
> ~~von vorne bis hinten lesen~~   ganz genau über etwas nachdenken
> flüchtig lesen   etwas beim Lesen nicht erkennen   sehr genau überprüfen
> von einem Ort zum anderen wechseln

1. **a.** ▶ Hat Prof. Klein deine Hausarbeit schon durchgelesen? → _durchlesen_ → _von vorne bis hinten lesen_

   b. ▷ Er hat sie geradezu durchleuchtet, so kritisch war er. → _____ → _____

   c. ▷ Einzelne Gliederungspunkte hat er durchgestrichen. → _____ → _____

   d. ▷ Ich hätte das Ganze nicht genug durchdacht, meint er. → _____ → _____

2. **a.** ▷ Er meint außerdem, ich hätte nicht richtig von einem Gliederungspunkt zum nächsten übergeleitet. → _____ → _____

   b. ▶ Wenn er das behauptet, hat er die Arbeit nur überflogen. → _____ → _____

   c. ▷ Dabei hat er wohl manches überlesen! → _____ → _____

   d. ▷ Ach weißt du, für mich ist das Thema erledigt. Im nächsten Semester wechsle ich sowieso an die Uni Bonn über. → _____ → _____

b Tragen Sie die Verben in die Tabelle ein und überlegen Sie, welche Bedeutung sie haben.

- Bei welchen Verben ist die räumlich-konkrete Bedeutung des Präfixes erhalten geblieben?
- Bei welchen Verben ist die räumlich-konkrete Bedeutung des Präfixes verloren gegangen, und das Verb hat eine übertragene – d.h., bildliche oder abstrakte – Bedeutung angenommen?

Verb	immer trennbar	nie trennbar	räumlich-konkrete Bedeutung	übertragene Bedeutung
1. a. durchlesen	X		X	

1. Bei _____ Verben mit dem Präfix „durch-" bzw. „über-" bleibt die räumlich-konkrete Bedeutung des jeweiligen Präfixes (meistens) erhalten:
„durch" → durch etwas (hin)durch
„über" → von ... zu

2. Bei nicht-trennbaren Verben mit dem Präfix „durch-" bzw. „über-" ist dagegen die _____ Bedeutung meist verloren gegangen, und das Verb hat eine übertragene – manchmal bildliche, manchmal völlig abstrakte – Bedeutung angenommen.

3 Immer trennbar und nie trennbar: Verben mit den Präfixen „um-" und „unter-"

a Lesen Sie zunächst die Sätze in der linken Spalte. Markieren Sie alle Verben mit den Präfixen „um-" und „unter-". Ordnen Sie dann den passenden Satz aus der rechten Spalte zu.

Beispielsätze

1. Die Krankenzimmer müssen dringend umgestaltet werden,
2. Man sollte die Klinik mit einem schönen Garten umgeben,
3. Das gesamte Gelände wird von einer hohen Mauer umfasst,
4. Das Schild am Eingang muss auch umgesetzt werden.
5. Auf der Station für Innere Medizin kann niemand mehr untergebracht werden,
6. Viele junge Schwestern unterschätzen die Schwierigkeiten ihres Berufs,
7. Beim ersten Spaziergang nach der OP muss der Patient untergefasst werden.
8. Der zukünftige Chefarzt hat seinen Vertrag noch nicht unterzeichnet,
9. Die neue Oberschwester unterrichtet jetzt auch die Schwesternschülerinnen.

Kontexte

A   Es sollte auf die andere Seite der Tür gesetzt werden.

B   d.h., sie sollten freundlicher gestaltet werden.

C   sodass die Patienten dann rund um die Klinik spazieren gehen können.

D   die schon vor 10 Jahren rund um die Klinik herum gebaut wurde.

E   d.h., sie schätzen die Probleme zu gering ein.

F   Das heißt, dass man seinen Arm unter den Arm des Patienten schiebt.

G   Sie bringt Ihnen bei, wie man einen Verband anlegt.

H   es sei denn, es fände sich ein Platz auf dem Flur.

I   also noch nicht seine Unterschrift unter den Vertrag gesetzt.

1. [B]
2. [ ]
3. [ ]
4. [ ]
5. [ ]
6. [ ]
7. [ ]
8. [ ]
9. [ ]

b Vergleichen Sie Ihre Ergebnisse mit einem Partner und erklären Sie sich gegenseitig mithilfe der Kontexte die Bedeutung der markierten Verben. Halten Sie Ihre Ergebnisse schriftlich fest.

> 1. *umgestalten = neu / anders gestalten*
> *Beispiel: Die Krankenzimmer sollen neu gestaltet werden.*

c Lesen Sie die Übungsteile a und b noch einmal und ergänzen Sie die folgenden Regeln.

1. Bedeutung von „um-":
   a. Als trennbare Verben drücken Verben mit dem Präfix „um-" oft eine **Zustandsveränderung** bzw. einen **Richtungswechsel** aus.
      Beispiele: *umgestalten = Zustandsveränderung*
   b. Als nicht-trennbare Verben haben Verben mit dem Präfix „um-" oft die Bedeutung von **„um etwas herum"** haben.
      Beispiele: _____
2. Bedeutung von „unter-":
   a. Bei trennbaren Verben mit dem Präfix „unter-" bleibt die **räumlich-konkrete Bedeutung** von „unter-" **(mehr oder weniger stark) erhalten**.
      Beispiele: _____
   b. Auch bei nicht-trennbaren Verben mit dem Präfix „unter" bleibt die **räumlich-konkrete Bedeutung** von „unter-" **manchmal erhalten**.
      Beispiel: _____
   c. Nicht-trennbare Verben mit dem Präfix „unter-" können auch die Bedeutung von **„nicht genug"** haben.
      Beispiel: _____
   d. Viele nicht-trennbare Verben mit dem Präfix „unter-" haben die räumlich-konkrete Bedeutung des Präfixes **verloren**, d.h. sie haben nun eine **übertragene Bedeutung**.
      Beispiel: _____

3   Verbale Gruppen

4   Verben, die sowohl trennbar als auch nicht-trennbar sein können

a Lesen Sie die folgenden Satzpaare, bilden Sie den Infinitiv und markieren Sie den betonten Verbteil.

> Während die meisten Verben mit den Präfixen „durch-", „über-", „um-" und „unter-" entweder trennbar oder nicht-trennbar sind, gibt es eine Gruppe von Verben, die – bei gleichlautendem Präfix –sowohl trennbar als auch nicht-trennbar sein können. Beispiel: „etwas, z.B. ein Schild, umfahren; etwas, z.B. die Stadt, großräumig umfahren"

1. **a.** Der Vater von Klaus und Sonja hat sein Testament gemacht. Danach <u>geht</u> das Haus an Klaus <u>über</u>.→ *übergehen*
   b. Tochter Sonja hat der Vater <u>übergangen</u>. Sie soll nichts erben.→ _____
2. **a.** Natürlich sind die Neuigkeiten auch schnell zu Sonja <u>durchgedrungen</u>. Sie ist sehr verärgert.→ _____
   b. Sie ist verärgert und wird von einem Gefühl der Neid und Wut <u>durchdrungen</u>.→ _____
3. **a.** Der alte Herr <u>hat</u> im Garten gerade organischen Dünger <u>untergegraben</u>, als Sonja bei ihm eintraf.→ _____
   b. Mit seinem letzten Willen habe der Vater das gute Verhältnis der Geschwister nachhaltig <u>untergraben</u>.→ _____
4. **a.** Sonja bittet ihn, das Testament <u>umzuschreiben</u>.→ _____
   b. Sie versucht, den Vater nicht direkt zu kritisieren, sondern ihre Gefühle nur zu <u>umschreiben</u>.→ _____

b Welche Bedeutung haben die Verben genau? Lesen Sie dazu die Synonyme bzw. Umschreibungen im Schüttelkasten und nehmen Sie die jeweils passende Zuordnung vor. Ist die Bedeutung eher konkret oder abstrakt? Notieren Sie.

zerstören gelangen zu ~~Besitz eines anderen werden~~ ~~absichtlich auslassen~~	
erfüllt sein von nicht direkt aussprechen neu schreiben mischen unter	

> 1. *a. übergehen → Besitz eines anderen werden (konkrete Bedeutung)*
>   *b. übergehen → absichtlich auslassen (abstrakte Bedeutung)*

5   Verben mit den Präfixen „voll-", „wider-" und „wieder-": trennbar oder nicht-trennbar

a Formulieren Sie die Sätze unten neu, indem Sie die unterstrichenen Ausdrücke durch die Verben im Schüttelkasten ersetzen.

wiederholen ~~sich vollziehen~~ widersprechen	
vollenden widerrufen vollstrecken widerlegen	

1. Die Vereidigung des Bundespräsidenten <u>wird</u> traditionsgemäß im Beisein der Spitzen des Staates <u>ausgeführt</u>.
2. Kurz vor seinem Tod 1832 gelang es Goethe, den „Faust" <u>zum Abschluss zu bringen</u>.
3. Um seine Gegner auszuschalten, ließ der Diktator das Todesurteil schnell <u>in die Tat umsetzen</u>.
4. Durch seine langjährigen Forschungsarbeiten konnte Prof. Moon die Theorien aus den 80er-Jahren <u>entkräften</u>.
5. Um dem Tod zu entgehen, musste Galileo Galilei seine Thesen <u>für ungültig erklären</u>.
6. Die Behauptungen des Angeklagten <u>entsprechen</u> nicht den Ergebnissen der Spurensicherung.
7. Im vergangenen Jahr mussten 32 Schüler des Albert-Einstein- Gymnasiums wegen schlechter Leistungen in Mathematik und Physik eine Klasse <u>noch einmal machen</u>.

> 1. *Die Vereidigung des Bundespräsidenten vollzieht sich traditionsgemäß im Beisein der Spitzen des Staates.*

b Formulieren Sie die Sätze unten neu, indem Sie die unterstrichenen Ausdrücke durch die Verben im Schüttelkasten ersetzen.

widerhallen	vollschmieren
wiedersehen	widerspiegeln
volltanken	wiederkommen

1. Wie sieht denn die Tafel aus? Die <u>habt</u> ihr ja schon wieder <u>von oben bis unten beschrieben und bemalt</u>.
2. Da vorne ist eine Tankstelle. Wir haben noch eine lange Fahrt vor uns. Ich glaube, ich <u>mache</u> den Tank noch mal <u>voll</u>.
3. Mensch, ist das laut in dieser Schlucht. Jedes Wort, das man spricht, <u>kommt als Echo zurück</u>.
4. Schau mal, wie schön dieser Bergsee ist! Die Wasseroberfläche <u>reflektiert</u> den blauen Himmel und die schneebedeckten Berge.
5. Jana, <u>komm</u> bitte heute Abend rechtzeitig <u>zurück</u>. Du bist schließlich erst 13.
6. Was ist eigentlich aus Gérard geworden, deinem französischen Freund aus der Schulzeit? <u>Hast</u> du ihn <u>noch einmal gesehen</u>, nachdem er Deutschland verlassen hat?

1. Die habt ihr ja schon wieder vollgeschmiert.

c Vergleichen Sie Ihre Ergebnisse aus den Übungsteilen a und b in Gruppen. Überlegen Sie, welche Verben eine eher konkrete, welche eine eher abstrakte Bedeutung haben.

1. Verben mit konkreter Bedeutung: _____
2. Verben mit abstrakter Bedeutung: _____
3. Verben, bei denen schwer zu entscheiden ist, ob die Bedeutung konkret oder abstrakt ist: _____

d Lesen Sie anschließend die folgenden Aussagen und kreuzen Sie an, ob diese richtig oder falsch sind.

1. Bei Verben mit dem Präfix „voll-" bleibt die konkrete Bedeutung von „voll" immer erhalten.   r   ☒
2. Nur bei trennbaren Verben mit dem Präfix „voll-" bleibt die konkrete Bedeutung des Präfixes erhalten.   r   f
3. Bei nicht-trennbaren Verben mit dem Präfix „voll-" ist die konkrete Bedeutung des Präfixes verloren gegangen und die Verben haben eine abstrakte Bedeutung angenommen. Verben dieser Art findet man fast ausschließlich in formalen Texten.   r   f
4. Das Präfix „wider-" verleiht sowohl trennbaren als auch nicht-trennbaren Verben die Bedeutung „zurück".   r   f
5. Nur trennbare Verben mit dem Präfix „wider-" haben die Bedeutung von „zurück".   r   f
6. Nicht-trennbare Verben mit dem Präfix „wider-" haben die Bedeutung von „gegen".   r   f
7. Nicht alle Verben mit dem Präfix „wieder-" haben die Bedeutung von „noch einmal" bzw. „zurück".   r   f
8. Die trennbaren Verben mit dem Präfix „wieder" haben eher eine konkrete, die nicht-trennbaren dagegen eine abstrakte Bedeutung.   r   f

e Besprechen Sie Ihre Ergebnisse im Kurs. Wenn Sie allein arbeiten, dann schauen Sie im Lösungsschlüssel nach.

4 Nominale Gruppen

4.1 Das Genitivattribut

1 **Wer tut was?**

LB / AB
Lek. 1

Kapitel 1.4
Nominalisierung
von Infinitivsätzen
und dass-Sätzen

Kapitel 1.5
Nominalisierung von
anderen Haupt- und
Nebensätzen

a Lesen Sie die Sätze und kreuzen Sie an, in welchen Beispielen die Genitivattribute bzw. die Konstruktionen mit „von" dem Subjekt (S), in welchen der Akkusativ-Ergänzung (A) im Ausgangssatz entsprechen.

> Zur Nominalisierung siehe
> Kap. 1.4 und 1.5.

1. Soziale Netzwerke im Internet weiten sich stark aus. → die starke Ausweitung sozialer Netzwerke im Internet ⑤
2. Freiberufler gründen Netzwerke. → die Gründung von Netzwerken durch Freiberufler ☐
3. Immer mehr Geld wird in Netzwerke investiert. → Investition von immer mehr Geld in Netzwerke ☐
4. Die Risiken und Chancen solcher Netzwerke werden öffentlich diskutiert. → öffentliche Diskussion der Risiken und Chancen solcher Netzwerke ☐
5. Man muss den Datenschutz verschärfen. → Die Verschärfung des Datenschutzes ist nötig. ☐

b Vergleichen Sie die Sätze aus einem Zeitungsartikel und die Überschriften. Welche Überschrift gibt den Inhalt des Artikels unmissverständlich wieder? Begründen Sie Ihre Wahl.

Auszug aus Artikel	Überschrift
1. Jobnet: Örtliche Firmen unterstützen das Netzwerk.	a. Jobnet: Unterstützung von örtlichen Firmen b̶. Jobnet: Unterstützung durch örtliche Firmen
2. Örtliche Firmen haben ein Netzwerk gegründet. Es wird von Angestellten gepflegt.	a. Firmennetzwerk: Pflege von Angestellten b. Firmennetzwerk: Pflege durch Angestellte

1. a. ist missverständlich, weil man denken könnte das Netzwerk besteht aus örtlichen Firmen.

c Schauen Sie sich die Übungsteile a und b noch einmal an und tragen Sie die Nummern der Sätze ein, auf die sich die folgenden Regeln beziehen.

!
1. Das Genitivattribut kann, je nach Inhalt, mit einem bestimmten, einem unbestimmten Artikel oder mit der Genitivform eines Adjektivs gebildet werden. Sätze: *Übg. a: 1,...*
2. Statt des Genitivattributs wird auch eine Konstruktion mit „von" + Dativ benutzt, wenn es sich um ein Nomen ohne Artikel handelt. Sätze: _____
3. Ein „Agens", also wer etwas tut oder bewirkt, kann mit „durch" angeschlossen werden, wenn der Anschluss mit „von" zu Missverständnissen führen könnte. Sätze: _____

2 **Aktiv oder Passiv?**

Markieren Sie, ob der Genitiv einen Aktiv- oder einen Passiv-Bezug zum Nomen hat.

	A	P		A	P
1. die Unterstützung des Nutzers	☐	☒	4. die Einrichtung eines Netzwerks	☐	☐
2. die Gefährdung des Nutzers	☐	☐	5. das Funktionieren eines Netzwerks	☐	☐
3. die Arbeit des Nutzers	☐	☐	6. die Pflege des Netzwerks	☐	☐

3 Verbalstil → Nominalstil

Ergänzen Sie die Sätze im Nominalstil. Bei zwei Sätzen gibt es zwei Varianten, mit Genitiv und mit „von" + Dativ. Formulieren Sie beide.

> In der Umgangssprache wird häufig statt des Genitivs auch „von" + Dativ benutzt. Beispiel:
> „Die Gründung des Netzwerks war teuer." /
> „Die Gründung von dem Netzwerk war teuer."

1. Die Künstlerinnen planen, ein Netzwerk zu gründen.
   → Sie planen die Gründung _eines Netzwerkes_____.
2. Es ist nicht leicht, finanzielle Mittel einzuwerben.
   → Die Einwerbung _____.
3. Es ist vorgesehen, dass eine von ihnen die Homepage gestaltet.
   → Die Gestaltung _____.
4. Es geht ihnen darum, neue Kunden zu akquirieren.
   → Es geht ihnen um die Akquisition _____.
5. Sie hoffen, dass ihre Bemühungen erfolgreich sind.
   → Sie hoffen auf den Erfolg _____.
6. Sie denken schon daran, ein Atelier anzumieten.
   → Sie denken schon an die Anmietung _____.

4.2 Wortbildung: Nomen aus Verben

1 Nomen aus Verben: Tätigkeit oder Prozess?

AB
Lek. 10

a Lesen Sie die Sätze und überlegen Sie, von welchem Verb die markierten Nomen abgeleitet wurden. Drücken sie eine Tätigkeit oder einen Vorgang aus? Zeichnen Sie eine Tabelle wie im Beispiel und tragen Sie die Verben in die passende Rubrik ein. Ergänzen Sie auch den Artikel.

> Durch Nominalisierung des Infinitivs oder Anhängen von Suffixen können aus Verben Nomen abgeleitet werden. Es gibt feminine, maskuline und neutrale Suffixe. Diese bestimmen den Artikel des neu gebildeten Nomens.

1. Während des Films ist das Telefonieren untersagt. Erst nach der Vorführung dürfen die Handys wieder eingeschaltet werden.
2. Die Handlung des Films war verworren und das Handeln der Hauptfigur war völlig unrealistisch.
3. Das Beschreiben dieses komplizierten Sachverhalts ist dem Autor nicht gelungen. Die Beschreibung war insgesamt zu wenig strukturiert.
4. Die Veranstaltung im Schlosspark war die vorläufig letzte in dieser Art, denn das Veranstalten weiterer Schlosskonzerte erlaubt unser Budget leider nicht.
5. Die Förderung durch EU-Mittel ist leider ausgelaufen. Das Fördern kultureller Veranstaltungen wird mehr und mehr der Privatwirtschaft überlassen.
6. Ein realistisches Wahrnehmen seiner Lage war dem exzentrischen Sänger nicht möglich. Seine Wahrnehmung war verzerrt.
7. Das Wirken im ehrenamtlichen Bereich gehört heute für viele Künstler zum Geschäft, weil die Wirkung auf das Publikum enorm ist.
8. Jedermann ist für sein Tun und Lassen selbst verantwortlich. Verantwortliches Handeln sollte eine selbstverständliche Verpflichtung sein.

Verb	Nomen ...	
	drückt eine Handlung / Tätigkeit aus	drückt einen Prozess bzw. ein Ergebnis einer Handlung aus
1. telefonieren vorführen	→ das Telefonieren	→ die Vorführung

b Vergleichen Sie Ihre Ergebnisse mit einem Partner / einer Partnerin und ergänzen Sie dann die Regeln. Wenn Sie allein arbeiten, dann schauen Sie im Lösungsschlüssel nach.

> **!**
>
> **1.** Die Nominalisierung von Verben zum Ausdruck einer Tätigkeit erfolgt durch Großschreiben der _____ form. Ein nominalisierter Infinitiv ist immer _____, trägt also den Artikel „das". Im Prinzip kann fast jeder Infinitiv nominalisiert werden. In der Sprachpraxis kommen jedoch einige nominalisierte Infinitive sehr häufig vor – zum Beispiel: „essen" → „das Essen", andere Formen sind dagegen eher unüblich – z. B.: „spazierengehen" → „das Spazierengehen" → häufigere Form: „der Spaziergang"
>
> **2.** Von Verben abgeleitete Nomen mit dem Suffix „-ung" drücken gegenüber dem nominalisierten Infinitiv stärker den Verlauf einer _____, d. h. einen Prozess aus. Beispiel: „verwalten" → „die Verwaltung". Nomen mit dem Suffix „-ung" sind immer _____. Manchmal drücken Nomen mit dem Suffix „-ung" auch das Ergebnis einer Handlung aus, z. B.: „zeichnen" → „die Zeichnung."

2 Nomen aus Verben: Suffixe und ihre Bedeutungen

a Lesen Sie die Sätze und ergänzen Sie sie mit den Nomen aus dem Schüttelkasten.

> Tanz Sprung Suche ~~Getue~~ Gerede Blüte Erzeugnis Gebäck Gebäude

1. ▸ Die Leute hier tun so vornehm. ▹ Ja. Das _Getue_ geht mir auf die Nerven!
2. ▸ Tanzt ihr immer noch Tango? ▹ Natürlich. Dieser _____ ist eine Obsession.
3. ▸ Suchst du einen neuen Job, oder warum liest du die Stellenanzeigen? ▹ Ja, ich bin auf der _____ nach einem neuen Job.
4. ▸ Frank Gehry, der berühmte Architekt, hat viel in der Stadt gebaut, steht hier im Reiseführer. ▹ Ja, das große _____ im Zentrum ist auch von ihm.
5. ▸ Du traust dich wohl nicht zu springen?! ▹ Ich weiß nicht. Einen _____ vom 3-m-Brett habe ich mir einfacher vorgestellt.
6. ▸ Blühen die Rosen noch in eurem Garten? ▹ Nein, die _____ war in diesem Jahr sehr kurz.
7. ▸ Super, Christiane! Hast du das alles gebacken? Nach einem Rezept aus deiner Heimat? ▹ Natürlich, es gibt nirgendwo so gutes _____ wie in Deutschland, finde ich.
8. ▸ Wird auf dieser Alm Käse erzeugt? ▹ Ja, wir Schweizer sind ja bekannt für dieses _____.
9. ▸ Die Leute reden schon über dich! ▹ Na und? Das _____ ist mir egal.

b Vergleichen Sie Ihre Lösung in der Gruppe oder schauen Sie im Lösungsschlüssel nach. Tragen Sie dann die Nomen in die Tabelle ein.

Das Nomen			
drückt aus ...		wird gebildet	hat das Genus
1. eine (neutrale) Handlung	tanzen → _der Tanz_ springen → _____	ohne Suffix	
2. eine störende Handlung	tun → _____ reden → _____	mit dem Präfix „Ge-" und dem Suffix „-e"	
3. eine andauernde Handlung	blühen → _____ suchen → _____	mit dem Suffix „-e"	
4. das Ergebnis einer Handlung	bauen → _____ backen → _____ erzeugen → _____	u. a. mit dem Suffix „-nis" bzw. dem Präfix „Ge-"	_verschiedene_

3 **Nomen aus Verben mit dem Suffix „-er" bzw. „-e"**

Ergänzen Sie die Definitionen, indem Sie das richtige Nomen bilden.

> Nomen aus Verben mit den Suffixen „-er" bzw. „-e" (selten!), die eine handelnde Person bezeichnen, können eine weibliche Form bilden. Beispiel: „tanzen" → „der Tänzer", „die Tänzerin"; „erben" → „der Erbe", „die Erbin".

Etwas, ...

1. womit man bohrt, ist _ein Bohrer_.
2. womit man hämmert, ist _____.
3. das einen weckt, ist _____.
4. womit man Wasser kocht, ist _____.
5. womit man Brot toastet, ist _____.
6. das die Haare trocknet, ist _____.
7. womit man den Rasen mäht, _____.
8. das den Staub aufsaugen kann, _____.

Jemand, ...

9. der forscht, ist _Forscher / Forscherin_.
10. der körperlich arbeitet, ist _____.
11. der in einer Fabrik arbeitet, ist _____.
12. der professionell tanzt, ist _____.
13. der hilft, ist _____.
14. der bei der Ernte hilft, ist _____.
15. der Fußball spielt, ist _____.
16. der professionell Musik macht, ist _____.

4.3 Wortbildung: Nomen aus Adjektiven (der Deutsche)

1 **Nominalisierung von Adjektiven zur Bezeichnung von Personen**

B2-GT, Kap. 10 →
Wortbildung

a Lesen Sie die Sätze und entscheiden Sie, ob die markierten Nomen von einem Adjektiv, einem Partizip I oder einem Partizip II abgeleitet wurden.

> Man kann Adjektive und Partizipien als Nomen verwenden. Sie können mit dem bestimmten und dem unbestimmten Artikel verwendet werden. Beispiel: „bekannt" – „der / die Bekannte" – „ein Bekannter / eine Bekannte" – „die Bekannten / Bekannte". Adjektive und Partizipien als Nomen werden wie ein Adjektiv dekliniert.

1. ▸ Wer ist denn die hübsche Blonde dahinten? ▷ Frau Maier? Das ist die Vorsitzende des Tennisvereins.
   ▸ Und wer ist die Dunkelhaarige daneben? ▷ Das ist Susanne, eine Bekannte meiner Frau.
2. ▸ Hier steht, der Angeklagte war Azubi. Was ist denn das? ▷ Als Azubi bezeichnet man einen Auszubildenden, also jemanden, der gerade eine Berufsausbildung absolviert.
3. ▸ Hat Frau Müller an der Arbeitssitzung teilgenommen? ▷ Schau mal ins Protokoll! Da sind alle Anwesenden und Abwesenden aufgeführt.
4. ▸ Schon wieder ein Artikel über den Konflikt zwischen Jungen und Alten. ▷ Alles Quatsch! Die Jüngeren und die Älteren sind für die Gesellschaft gleich wichtig.
5. ▸ Sind das alles deine Verwandten? ▷ Ja, wir sind eben eine große Familie. Mein Vater ist der Älteste des ganzen Clans.
6. ▸ Wer wird wohl diesmal die Wahl gewinnen, wieder die Konservativen? ▷ Ich hoffe nicht. Ich jedenfalls werde diesmal die Liberalen wählen.
7. ▸ Die Jugendlichen von heute sind schlecht erzogen. ▷ Das ist Unsinn. Heranwachsende haben es heute viel schwerer als wir früher.
8. ▸ Prof. Schmidt ist noch ein Gelehrter vom alten Schlag. ▷ Ja, er hat eine bewundernswerte Allgemeinbildung. Er war übrigens der Vorgesetzte von Uli.

b Zeichnen Sie eine Tabelle wie im Beispiel und tragen Sie die Nomen ein.

Nomen ist abgeleitet vom		
Adjektiv	Partizip I	Partizip II
blond → der / die Blonde		

4 Nominale Gruppen

2 Nominalisierung von Adjektiven zur Bezeichnung von Abstrakta

Bilden Sie zu den unterstrichenen Adjektiven und Partizipien die nominalisierte Form und setzen Sie diese in die Lücken ein. Achten Sie auf die Kasusendung.

> Nominalisierte Adjektive und Partizipien im Neutrum bezeichnen abstrakte Konzepte/Begriffe. Beispiel: „das Wahre", „das Schöne", „das Gute". Nach „viel", „wenig", „etwas" und „nichts" wird das Nomen wie mit dem unbestimmten Artikel dekliniert. Beispiel: „Auf ein Neues!", „etwas Gutes"

1. Was gefällt euch an Berlin?
   a. Ich finde die Theaterszene spannend. Das _Spannende_ an Berlin ist die Theaterszene.
   b. Ich finde die vielen Museen gut. Das _____ an Berlin sind die vielen Museen.
   c. Aber ich finde die Kneipen in Berlin am besten. Das _____ an Berlin sind doch die Kneipen.
   d. In Berlin ist vieles überraschend. Es gibt viel _Überraschendes_ in Berlin.

2. Was gefällt euch an Hamburg?
   a. Ich finde die Lage am Wasser schön. Das _____ an Hamburg ist die Lage am Wasser.
   b. Ich finde den Hafen am interessantesten. Das _____ an Hamburg ist der Hafen.
   c. Ich finde die Alster am schönsten. Das _____ an Hamburg ist die Alster.
   d. Ich finde an Hamburg nichts aufregend. Für mich gibt es nichts _____ in Hamburg.

3. Was gefällt euch an München?
   a. Ich finde das Oktoberfest am lustigsten. Das _____ ist das Oktoberfest.
   b. Ich finde den Englischen Garten mitten in der Stadt attraktiv. Das _____ an München ist der Englische Garten mitten in der Stadt.
   c. Am allerbesten schmeckt das bayerische Bier. Ja wirklich, das _____ in Bayern ist für mich das Bier.
   d. Ich komme oft nach München, aber jedes Mal ist etwas neu für mich. In München gibt es immer etwas _____.

4.4 Wortbildung: Nomen aus Adjektiven (die Gründlichkeit)

LB / AB
Lek. 11

B2-GT, Kap. 10
Wortbildung

1 Abstrakte Nomen aus Adjektiven: Die Suffixe „-heit", „-keit" und „-igkeit"

a Bilden Sie Nomen, indem Sie jedem Adjektiv das passende Suffix zuordnen. Nehmen Sie ggf. ein Wörterbuch zur Hilfe.

> Mithilfe der Suffixe „-heit" und „-keit" bzw. „-igkeit" kann man Adjektive zu Nomen machen. Die neu gebildeten Nomen bezeichnen abstrakte Konzepte. Beispiel: „schön" → „die Schönheit"; „heiter" → „die Heiterkeit"; „ernsthaft" → „die Ernsthaftigkeit". Alle diese Nomen sind feminin.

verlegen haltbar zwanglos sichtbar hilflos zufrieden verhältnismäßig
lebendig ernsthaft lebhaft klar neu höflich verständlich süß
schnell gesund gemein grausam gemeinsam genau geschwind
unsicher locker beliebt verliebt heiter sauber

Suffix „-heit"	Suffix „-keit"	Suffix „-igkeit"
die Verlegenheit, ...	_die Haltbarkeit, ..._	_die Zwanglosigkeit, ..._

b Vergleichen Sie Ihre Lösungen in einer Dreiergruppe. Jeder Teilnehmer der Gruppe übernimmt eine Rubrik. Erklären Sie sich gegenseitig Ihre Definitionen wie im Beispiel.

Person 1: _Verlegenheit bedeutet, dass jemand verlegen ist, d.h. dass er sich schämt._
Person 2: _Haltbarkeit bedeutet, dass etwas haltbar ist, d.h. dass man es aufbewahren kann._
Person 3: …

c An welches Adjektiv wird welches Suffix angehängt? Ergänzen Sie die Regeln und markieren Sie dazu die entsprechende Endung des Adjektivs in Übungsteil a.

> **1.** Das Suffix „-heit" kann an diese Adjektive angehängt werden: _____
> **2.** Das Suffix „-keit" kann an diese Adjektive angehängt werden: _____
> **3.** Das Suffix „-igkeit" kann an diese Adjektive angehängt werden: _____

2 Abstrakte Nomen aus Adjektiven: Die Suffixe „-nis", „-e" und „-sein"

a Lesen Sie die folgenden Sätze und füllen Sie die Lücken, indem Sie passende Nomen zu den markierten Adjektiven bilden. Bei der Wahl des richtigen Suffixes hilft Ihnen der Spickzettel.

> Mithilfe der Suffixe „-nis" und „-e" kann man ebenfalls Adjektive nominalisieren. Beispiele: „geheim" → „das Geheimnis"; „warm" → „die Wärme". Die neu gebildeten Nomen bezeichnen abstrakte Konzepte. Das Suffix „-e" ist immer feminin und wird vor allem an einsilbige Adjektive angehängt. Das Suffix „-nis" kann dagegen feminin oder neutral sein. Es wird vor allem an mehrsilbige Adjektive angehängt.

1. ▶ Wie **lang** ist das Grundstück? Und wie **breit**? ▷ Die _Länge_ beträgt 350 m und die _____ 900 m.
2. ▶ Hast du eine Taschenlampe? Es ist ja völlig **finster** draußen. ▷ Hast du etwa Angst vor der _____?
3. ▶ Ich habe das Gefühl, dieser Mann hat keine Emotionen. Er ist völlig **kalt**. ▷ Ich bin auch manchmal erschrocken über die _____, die er ausstrahlt.
4. ▶ Was flüstert ihr da? Ist das **geheim**? ▷ Ja, das ist unser _____. Es soll eine Überraschung werden.
5. ▶ Hier ist es aber **warm**. Kann man die Heizung nicht abschalten? ▷ Bitte nicht! In meinem Alter tut mir die _____ gut.
6. ▶ Können wir zur Abwechslung nicht mal aufs Festland fahren. Ich habe das Gefühl, ich bin hier auf der Insel **gefangen**. ▷ Ich könnte auf Dauer auch nicht auf einer so kleinen Insel leben. Da kommt man sich ja vor wie im _____.

b Unterstreichen Sie in den Sätzen alle Nomen, die auf „-sein" enden, und ergänzen Sie in den Lücken das entsprechende Adjektiv bzw. Partizip sowie das Hilfsverb. Ergänzen Sie dann die Sätze wie im Beispiel.

> Die Endung „-sein" ist kein wirkliches Suffix, sondern die nominalisierte Form des Verbs „sein". Es wird an prädikativ verwendete Adjektive bzw. Partizipien angehängt. Beispiel: „Ich bin aufgeregt." → „aufgeregt sein" → „das Aufgeregtsein." Diese Form der Nominalisierung ist jedoch eher selten. Häufig ist sie nur in Zusammenhang mit dem Adjektiv – „bewusst" und seinen Komposita. Beispiel: „sich bewusst sein, dass" → „das Bewusstsein; sich seiner Pflicht bewusst sein" → „das Pflichtbewusstsein".

1. Silvia ist sehr selbstbewusst. Sie hat ein großes Selbstbewusstsein.
2. Jedes Kind ist am ersten Schultag _____. Das Aufgeregtsein gehört einfach dazu.
3. Nicht alle Menschen sind so _____ wie Clarissa. Für ihr Alter hat sie ein erstaunlich hohes Pflichtbewusstsein.
4. Im Vergleich zu anderen Ländern sind die Menschen in Deutschland extrem _____. Das Umweltbewusstsein ist hier traditionell hoch.
5. Der Richter ist _____. Er wird wegen Befangenseins vom Prozess ausgeschlossen.
6. Durch das Zusammenleben mit ihren Kindern ist Frau Schramm auch im Alter _____. Der Kontakt zu ihren Kindern und Enkeln gehört für sie zum Glücklichsein dazu.

c Tragen Sie die Ergebnisse aus Übungsteil b in die Tabelle ein.

1. <u>selbstbewusst sein</u> → <u>das Selbstbewusstsein</u>   4. _____ → _____
2. _____ → _____   5. _____ → _____
3. _____ → _____   6. _____ → _____

3 Nomen aus internationalen Adjektiven: Die Suffixe „-tion" bzw. „-ation" und „-ilität" bzw. „-alität"

a Ergänzen Sie in den folgenden Sätzen die Lücken mit den Nomen aus dem Schüttelkasten. Tragen Sie dann alle Nomen in die Tabelle ein.

> Komplikationen   Illustrationen   Kriminalität   Originalität (2x)   Rentabilität
> Normalität   Produktion   Konstruktion   Stabilität   Konzentration

1. ▶ Beim Versand hat es <u>Komplikationen</u> gegeben. Es war alles sehr schwierig. ▷ Ich habe schon befürchtet, dass es kompliziert wird.
2. ▶ Das soll ein original Picasso sein? ▷ Natürlich ist das ein echter Picasso. Die _____ wurde von Kunstexperten mehrfach bestätigt.
3. ▶ Unser Geschäft ist nicht mehr rentabel. ▷ Was verstehst du denn von _____?
4. Das Buch ist sehr schön illustriert. ▷ Die _____ stammen von einem russischen Künstler.
5. ▶ Stimmt es, dass es immer mehr kriminelle Jugendliche gibt? ▷ Im Gegenteil! Laut Statistik ist die _____ unter Jugendlichen zurückgegangen.
6. ▶ Die Lösung des Architekten finde ich sehr originell. ▷ Ja, _____ ist sein Markenzeichen.
7. ▶ In Stuttgart werden gute Autos produziert. ▷ Ja, Deutschland ist berühmt für seine Auto_____.
8. ▶ Fachwerkhäuser sind sehr stabil. ▷ In Erdbebengebieten ist _____ unverzichtbar.
9. ▶ Die Schüler von heute sind oft unaufmerksam. Ihnen fehlt die Fähigkeit zur _____. ▷ Das stimmt doch gar nicht. Die Schüler in meiner Klasse sind sehr konzentriert.
10. ▶ Ich finde es nicht normal, dass die Deutschen so oft verreisen. ▷ Doch, das ist hier _____.
11. ▶ Diese Schränke sind hervorragend konstruiert. Wirklich gut geplant und gebaut. ▷ Du hast Recht. Die _____ ist wirklich fantastisch.

b Tragen Sie Adjektive und davon abgeleitete Nomen in die Tabelle ein.

Suffixe	„-ation"	„-tion"	„-alität"	„-ilität"
Adjektiv → **Nomen**	*kompliziert →* *die Komplikation*			

c Lesen Sie nun die Ableitungsregeln und notieren Sie jeweils ein Beispiel.

1. **Nomen mit dem Suffix „-ation":** abgeleitet von Partizipien / Adjektiven, die auf „-iert" enden. Beispiele: <u>konzentriert → die Konzentration</u>
2. **Nomen mit dem Suffix „-tion":** abgeleitet von Partizipien / Adjektiven, die auf „-iert" enden. Beispiele: _____
3. **Nomen mit dem Suffix „-alität":**
   – abgeleitet von Adjektiven, die auf „-al" enden. Beispiele: _____
   – abgeleitet von Adjektiven, die auf „-ell" enden. Beispiele: _____
4. **Nomen mit dem Suffix „-ilität":**
   – abgeleitet von Adjektiven, die auf „-il" enden. Beispiele: _____
   – abgeleitet von Adjektiven, die auf „-el" enden. Beispiele: _____

4.5 Wortbildung: Das Genus von internationalen Nomen

1 **Schlüsselqualifikationen – das Genus von Internationalismen**

LB / AB
Lek. 3

a Lesen Sie den Kurzartikel. Sortieren Sie die markierten Internationalismen nach ihrem Genus.

Um als Absolvent beruflich Karriere machen zu können, sind heutzutage nicht nur Motivation, Qualifikation und fachliches Interesse von Bedeutung, sondern auch die sogenannten Schlüsselqualifikationen. Dabei unterscheidet man drei Aspekte – bei der Methodenkompetenz spielt es z. B. eine Rolle, wie gut man Arbeitstechniken beherrscht, welche Strategien man zur Entwicklung von Ideen beherrscht. Bei der Selbstkompetenz sind u.a. Eigeninitiative, Leistungsbereitschaft, Selbstdisziplin und hohe Frustrationstoleranz wichtig. Der dritte Aspekt betrifft die sozialen Kompetenzen: passt jemand gut ins Team, besitzt er Sensitivität und interkulturelle Sensibilität, kann er mit Kritik und Problemen umgehen. Wer über die notwendigen Schlüsselqualifikationen verfügt, der wird sowohl seine Chefs als auch die Kollegen von sich überzeugen können.

maskulin (der)	neutrum (das)	feminin (die)
Absolvent, ...	Interesse, ...	Karriere, ...

b Ordnen Sie die folgenden Wörter in die Tabelle in Übungsteil a ein.

> Einsilbige Wörter sind oft maskulin wie etwa „der Chip", „der Trend", „der Hit". Es gibt keine festen Genusregeln. Sie bieten nur eine Orientierung.

Information Konzept Poet Job Ingenieur Team
Präsentation Marketing Chiffre Kabinett Feedback
Pamphlet Reflexion Training Kriterium Spezialist
Management Ballett Semester Examen Resultat Absolvent
Anglizismus Referenz Sport-Center Computer Athlet Handy Zyklus

2 **Internationale Bezeichnungen von Personen – Genus für Experten**

a Bilden Sie internationale Nomen, indem sie die Elemente in den Schüttelkästen kombinieren. Welchen Artikel haben die Wörter?

Direkt- Fris- Journal- Bibliothek- Demonstr-	-ar / -är -ant / -and -e
Absolv- Lekt- Regiss- Pati- Vision- Konstrukt-	-ent -er -et -ist -or
Biolog- Musik- Gitarr- Fanatik- Konsum- Optim-	-ör / -eur -urg
Diplom- Athl- Dramat- Pädagog- Million- Banki-	

der Direktor, der Fri...

b Notieren Sie bei diesen internationalen Wörtern mit der Endung „-e" das Genus: Sind sie maskulin (m), neutral (n) oder feminin (f)?

1. Image _n_   3. Demagoge ____   5. Initiative ____   7. Genosse ____   9. Prestige ____
2. Analyse ____   4. Experte ____   6. Katastrophe ____   8. Chance ____   10. These ____

c Ergänzen Sie bei den Nomen rund um den Computer den Artikel und die Pluralform. Bei einigen sind zwei Artikel möglich.

1. _der_ Laptop, _s_   4. ___ Internet, ___   7. ___ Newsletter, ___   10. ___ Modul, ___   13. ___ Link, ___
2. ___ Notebook, ___   5. ___ Software, ___   8. ___ Modem, ___   11. ___ E-Mail, ___   14. ___ Virus, ___
3. ___ CD-Rom, ___   6. ___ Browser, ___   9. ___ Tastatur, ___   12. ___ File, ___   15. ___ Blog, ___

5 Adjektive

5.1 Absoluter Komparativ (eine längere Strecke)

1 Ein größeres Wunder

a Der absolute Komparativ und seine Bedeutungen. Ordnen Sie jedem Satz die passende Bedeutung zu. Zwei Erklärungen bleiben übrig.

> Der absolute Komparativ wird meist als Attribut vor einem Nomen verwendet. Eine explizite Vergleichsgröße fehlt.
> Bildung der regelmäßigen Formen: Grundform des Adjektivs + Suffix „-er" + Adjektivendung, z. B.: „ein älterer Herr"

> A riesengroß B nicht (so) klein, aber auch nicht ganz groß
> C ziemlich groß D das größte E größer als normalerweise erwartet

1. Es ist schon ein größeres Wunder, dass du bei dem Autounfall nicht verletzt worden bist. ☐ *C*
2. Bisher ist alles gut verlaufen, doch auf einmal haben wir ein größeres Terminproblem. ☐
3. Ich hatte Glück bei der Wohnungssuche, aber ein größeres Badezimmer wäre toll gewesen. ☐

b Ergänzen Sie zu den Regeln die Nummer des Beispiels aus Übungsteil a.

!
Der absolute Komparativ
1. signalisiert, dass eine Eigenschaft in ziemlich hohem Maße vorhanden ist. Satz: *1*
2. drückt einen impliziten Vergleich aus. Satz: ____
3. bezieht sich nicht auf die Grundform des jeweiligen Adjektivs, sondern auf sein Gegenteil, d.h., „größer" ist, absolut gebraucht, nicht die Steigerungsform von „groß", sondern von „klein". Satz: ____

2 Glück ist für jeden etwas anderes

a Verwenden Sie anstelle des markierten Ausdrucks den absoluten Komparativ.

Glück ist ...
1. kein kurzer, aber auch kein ganz langer Spaziergang durch den Wald.
2. ein ziemlich bedeutender Augenblick voller Zufriedenheit.
3. eine Verbindung zu einem Freund, die tiefer als gewöhnlich ist.
4. kein langer, aber auch kein sehr kurzer Moment vollkommener Ruhe.
5. ein Gut, das höher als normalerweise angesehen werden kann.
6. ein nicht gerade kleiner Lottogewinn.
7. ein leckeres Essen in einem ziemlich guten Restaurant.

> 1. *Glück ist ein längerer Spaziergang durch den Wald.* _____

b Bilden Sie aus den angegebenen Adjektiven absolute Komparative und ergänzen Sie den Text.

> bedeutend gering glücklich ~~groß~~ klein

Empirisch arbeitende Glücksforscher befragten eine [1] *größere* Zahl an Menschen, ob und wann sie glücklich sind. Zu den [2] _____ Menschen zählen diejenigen, die nicht auf „das große Glück" fixiert sind, sondern die [3] _____ Freuden des Lebens einfach mitnehmen. Demnach werden [4] _____ Glücksgefühle bereits durch alltägliche Aktivitäten wie Essen, gesellige Unternehmungen oder sportliche Betätigung ausgelöst. Entscheidend ist dabei die Häufigkeit solcher positiven Erlebnisse. Die Intensität des Gefühls hingegen spielt eine [5] _____ Rolle.

5.2 Wortbildung: Adjektive aus Adverbien (heute → heutiger)

LB / AB
Lek. 11

1 **Was passt zusammen? Adjektive aus Adverbien**

a Markieren Sie im folgenden Zeitungsbericht alle Adjektive mit dem Suffix „-ig". Von welchen Adverbien sind sie abgeleitet?

– Notieren Sie das dazugehörige Adverb.
– Notieren Sie auch die im Text verwendete flektierte Form wie im Beispiel unten.
– Zeichnen Sie eine Tabelle wie im Beispiel und tragen Sie Ihre Ergebnisse ein.

> Mit dem Suffix „-ig" können aus einigen – meist temporalen und lokalen – Adverbien Adjektive abgeleitet werden. Beispiel: „heute" → „heutig", „hier" → „hiesig". Mit diesen Adjektiven kann man einen Sachverhalt kürzer und stilistisch gehobener ausdrücken. Die Bedeutung verändert sich gegenüber den Adverbien nicht. Die neu gebildeten Adjektive sind flektierbar und werden meist attributiv verwendet. Sie sind nicht steigerungsfähig.

Am heutigen Freitag treffen sich Umweltschützer aus aller Welt in Brüssel zu einer Klimakonferenz. Auf dem dortigen Treffen sollen Vorschläge für eine dauerhafte Lösung der globalen Klimaprobleme erarbeitet werden. „Die bisherigen Anstrengungen der Industriestaaten in Sachen Umweltschutz sind immer noch zu gering", meinte ein Sprecher von Greenpeace auf der gestrigen Pressekonferenz. Für sofortige Maßnahmen sprach sich vorab auch der ehemalige Umweltminister Brasiliens aus. Im Gegensatz zu früheren Zeiten seien die jetzigen

Auswirkungen einer verfehlten Klimapolitik global. Allein der derzeitige Ausstoß an Treibhausgasen sei besorgniserregend. Auch deutsche Umweltschützer halten eine baldige Lösung der Probleme für dringend erforderlich. Dies gilt ihrer Meinung nach vor allem für Deutschland. Die hiesigen Folgen der Umweltzerstörung sind in der Tat enorm. Für die morgige Abschlusssitzung ist die Unterzeichnung eines 10-Punkte-Plans vorgesehen. Sonstige Beschlüsse sollen nicht gefasst werden. Vergleichen Sie dazu den obigen Kommentar zum Thema „Stiefkind Klimaschutz".

Adverb	Adjektiv	Textbeispiel
1. heute	heutig	am heutigen Freitag

b Vergleichen Sie Ihre Lösungen in der Gruppe. Betrachten Sie dann die Adjektive und Adverbien in Übungsteil a noch einmal genauer. Was fällt Ihnen bei der Ableitung auf? Notieren Sie Beispiele.

1. Regelmäßige Ableitung, d.h. durch Anhängen des Suffixes „ig" an das unveränderte Adverb:
Beispiele: _dortig, ..._____

2. von der Regel abweichende Ableitungen:
a. „-s" im Wortausgang vor „-ig" fällt weg.
Beispiel: _____

b. Unbetontes „-e"/„-en" vor „-ig" fällt ebenfalls weg.
Beispiele: _____

c. Unregelmäßige Bildungen:
Beispiele: _____

5.3 Wortbildung: Komposita (-bereit, -bedürftig, ...)

1 Zusammengesetzte Adjektive

LB / AB
Lek. 9

a Erklären Sie die Bedeutung der folgenden Adjektive aus ihren Bestandteilen heraus. Erklären Sie, falls nötig, die Bedeutung mit eigenen Worten.

> Adjektive können als Komposita aus einem Nomen (manchmal auch Verb) und einem Adjektiv zusammengesetzt werden. Häufig muss ein Fugenzeichen (-s- oder -n-) eingefügt werden. Beispiel: „Bewegung + arm = bewegung-s-arm, Schokolade + braun = schokolade-n-braun." Stummes „-e" bzw. „-en" fallen dagegen weg. Beispiel: „reißen + fest = reiß-fest".

1. schadstoffarm → arm an _Schadstoffen_ → _mit wenig Schadstoffen_
2. gewöhnungsbedürftig → bedürftig der _____ → _so, dass man sich (erst) daran gewöhnen muss_
3. abfahrbereit → bereit zur _____ → _____
4. leistungsfähig → fähig zur _____ → _____
5. realitätsfern → fern der _____ → _____
6. verkaufsfertig → fertig zum _____ → _____
7. termingerecht → gerecht / richtig für den _____ → _____
8. bleifrei → frei von _____ → _____
9. preisgünstig → zu einem günstigen _____ → _____
10. sinnleer → leer mit Bezug auf den _____ → _ohne_
11. regelmäßig → gemäß der _____ → _____
12. grasgrün → grün wie _____ → _____

b Lesen Sie die folgenden Synonyme bzw. Erklärungen und ordnen Sie ihnen das passende Adjektiv zu.

> liebenswert ~~fettarm~~ vertrauenswürdig bildungshungrig ~~lebensfroh~~
> leistungsgemäß schneeweiß leistungsbereit geruchsempfindlich
> lebensgefährlich / lebensbedrohlich pflegebedürftig kohlrabenschwarz
> bildungsfeindlich verkehrsgünstig inhaltsleer

1. wenig Fett enthaltend → _fettarm_
2. voller Lebensfreude ist → _lebensfroh_
3. von hellem, reinen Weiß → _____
4. empfindlich gegenüber Geruch → _____
5. bedroht das Leben → _____
6. benötigt Pflege → _____
7. für die Aneignung von Bildung ungünstig / hinderlich ist → _____
8. strebt nach Bildung → _____
9. man kann ihn lieb gewinnen → _____
10. will Leistung erbringen → _____
11. gut mit öffentlichen Verkehrsmitteln zu erreichen → _____
12. entspricht der Leistung und ist angemessen → _____
13. ohne Inhalt → _____
14. man kann ihm / ihr vertrauen → _____
15. von tiefem Schwarz, völlig finster → _____

6 Präpositionen

6.1 Präpositionen mit Dativ (entsprechend, zufolge, …)

LB / AB
Lek. 2

1 Der König der Fälscher

a Lesen Sie den Text und achten Sie auf die markierten Präpositionen. Wählen Sie für jede Präposition die passende Umschreibung aus dem Schüttelkasten und tragen Sie sie in die Tabelle ein.

> Die Präposition „binnen" kann auch mit Genitiv stehen. Beispiel: „Binnen eines Tages kopierte er ein Bild."

Edgar Mrugalla lebt heute fern der deutschen Kulturzentren in einem kleinen Ort nahe der dänischen Grenze. Binnen 15 Jahren als Fälscher hatte er rund 3000 Gemälde kopiert. Seit 1988 arbeitet er nicht mehr als Fälscher, sondern malt Bilder im Stile verschiedener Künstler. Die Kunstbranche ist ihm gegenüber nachtragend und meidet weiterhin den Kontakt. Deswegen lebt er heute nach seinen eigenen Worten von einer bescheidenen Rente. Nun soll sein Haus nebst Atelier versteigert werden – Mrugalla macht das nichts aus, denn er wird zu seiner Tochter nach Düsseldorf ziehen. Ob er dort seinen Plänen entsprechend einen Neuanfang als Maler schaffen wird, steht allerdings noch in den Sternen.

> übereinstimmend   wie … sagt   in kurzer Entfernung von
> zusätzlich zu   weit weg von   in Bezug auf   im Laufe von

fern	nahe	binnen	gegenüber	nach	nebst	entsprechend
weit weg von	in k. E von	im Laufe von	in Bezug auf	überein...end	zusätzlich zu	wie z. sagt in Bezug auf

b Ordnen Sie die markierten Präpositionen den Umschreibungen unten zu.

> Die Präposition „dank" kann mit Dativ oder Genitiv verwendet werden. Folgt ein Plural, ist die Verwendung mit Genitiv verbreiteter.

1. **Dank** seinem Talent sind seine Fälschungen viele Jahre unentdeckt geblieben.
2. **Laut** einigen Fachleuten ist er ein Genie, auch wenn er kopiert.
3. **Aus** Geldgier begann er, immer mehr Fälschungen zu produzieren.
4. Erst **bei** einer Untersuchung durch Fachleute konnte die Fälschung nachgewiesen werden.
5. **Zur** Überprüfung der Ergebnisse wurde eine internationale Kommission einberufen.
6. Die Gefängnisstrafe fiel **entgegen** erster Erwartungen mild aus.
7. Neuesten Berichten **zufolge** sind immer noch viele seiner Bilder als Originale ausgestellt.
8. Nach seiner Haftstrafe zog er **mitsamt** seiner Familie um.
9. Vielleicht hatte er das alles seiner Familie **zuliebe** getan, aber es war dennoch ungesetzlich.
10. Den Gesetzen **zuwider** zu handeln, zahlt sich auf lange Sicht einfach nicht aus.
11. Seinem Versprechen **gemäß** war er nach der Haftstrafe nicht mehr als Fälscher aktiv.

a. aufgrund von → _aus_
b. anlässlich → _bei_
c. mithilfe von → _Dank_
d. im Gegensatz zu → _entgegen_
e. in Übereinstimmung mit → _gemäß_
f. so wie … sagt → _Laut_
g. zusammen mit → _mitsamt_
h. um … zu → _Zur_
i. nach → _Laut_
j. für → _zuliebe_
k. gegen → _zuwider_

6 Präpositionen

Kapitel 1.5
Nominalisierung
von Haupt- und
Nebensätzen

2 **Eine Ärzte-Delegation in Heidelberg**

a Ergänzen Sie die Sätze mit den Elementen in Klammern und verwenden Sie dabei die
Präpositionen aus dem Schüttelkasten.

| bei | ~~dank~~ | entgegen | gegenüber | mitsamt | zu | zufolge |

1. _Dank einer Ausstellung_ (mithilfe einer Ausstellung) in der Kunsthalle Bern wurde
   die „Sammlung Prinzhorn" wieder bekannt.
2. Der Arzt Hans Prinzhorn interessierte sich _entgegen der gängigen_ ✓ (im Gegensatz zur
   gängigen Forschermeinung) für die Malerei seiner Patienten.
3. Die Bilder haben ~~der~~ _Prinzhorn zufolge_ (nach Prinzhorns Meinung) auch einen
   ästhetischen Wert.
4. _gegenüber seine Pat._ (in Bezug auf seine Patienten) zeigte er viel Respekt.
5. Mit den Bildern setzte sich Prinzhorn _mitsamt seinen Kollegen_ (zusammen mit seinen
   Kollegen) auseinander.
6. _Es trug zu Erhalt der Sammlung_ (mit der Absicht des Erhalts) der Sammlung trug später ein
   Kollege von Prinzhorn bei.
7. _____ (im Falle eines Besuchs) in Heidelberg sollten Sie unbedingt in
   das Museum gehen.

b Bilden Sie Sätze aus den in Klammern angegebenen Elementen. Achten Sie dabei auch auf den
passenden Kasus und die Satzstellung.

1. (die Ärzte-Delegation / besuchte / mehrere deutsche Städte / eine Woche / binnen)
   → _Binnen einer Woche besuchte die Ärzte-Delegation mehrere deutsche Städte._
2. (sie / blieben / in Heidelberg / ihre Reiseplanung / zwei Tage / gemäß)
   → _____
3. (Heidelberg / ist / eine der schönsten Städte Deutschlands / der Reiseführer / laut)
   → _____
4. (einige Teilnehmer / besuchten / die Sammlung Prinzhorn / berufliches Interesse / aus)
   → _____
5. (sie / blieben / nur eine Stunde / die anderen Teilnehmenden / zuliebe)
   → _____
6. (die Sammlung / befand sich / das Hotel / nahe)
   → _____
7. (das Hotel / organisierte / weitere Stadtführungen / ihre Wünsche / gemäß)
   → _____
8. (sie / besichtigten / verschiedene Kliniken / auch / das übliche Touristenprogramm / nebst)
   → _____

c Die Reiseleiterin der Delegation möchte einige Informationen für die Ärzte in einem kurzen Brief
festhalten. Sie ist unsicher im Gebrauch der Schriftsprache und bittet Sie um Hilfe. Ersetzen Sie
die unterstrichenen Formulierungen durch die Präpositionen im Schüttelkasten.

| dank | mitsamt | ~~bei~~ | zu | laut | gemäß |

1. Falls es regnet, sollten Sie passende Kleidung anziehen.
2. _laut_ Wie das Reisebüro mitgeteilt hat, kostet der Eintritt für eine Gruppe 5 Euro pro Person.
3. _gemäß_ So wie es in der Buchungsbestätigung steht, muss das Programm eingehalten werden.
4. Der örtliche Reiseführer hat geholfen und so konnte eine Sonderführung organisiert werden.
5. _zur orientierung_ Damit Sie sich orientieren können, bekommen Sie von uns einen Stadtplan.
6. _mitsamt_ Bitte kommen Sie pünktlich zum Abfahrtstermin und bringen Sie Ihr Gepäck mit.

1. _Bei Regen sollten Sie passende Kleidung anziehen._

6.2 Präpositionen mit Genitiv (angesichts, oberhalb, ...)

1 Otto Dix und die Kunst

LB / AB
Lek. 4

a Lesen Sie den Infotext über Otto Dix und markieren Sie alle Präpositionen mit Genitiv.

Anlässlich des 40. Todestages von Otto Dix werden in einigen Museen Sonderausstellungen gezeigt. Dix ist als Maler aufgrund seiner großen Wandlungsfähigkeit und des großen Themenspektrums seiner Werke berühmt. Er begann 1910 ein Studium an der Kunstgewerbeschule Dresden, das er angesichts des Kriegsbeginns unterbrach.

Er meldete sich freiwillig zum Kriegsdienst und erlebte binnen einiger Jahre den Krieg unmittelbar. Eingedenk dieser Erfahrungen wurde das Grauen des Krieges ein zentrales Motiv seiner Bilder. Infolge seiner intensiven Auseinandersetzung mit der Philosophie Nietzsches seit 1911 akzeptierte er zwar den Tod als Teil des Lebens, dennoch wollte er mittels seiner Bilder die Unmenschlichkeit des Krieges zeigen – eines Krieges, den er als Urkatastrophe wahrgenommen hatte. Ungeachtet seiner Anerkennung als Künstler in der ersten Hälfte des 20. Jahrhunderts wurde er von den Nationalsozialisten diffamiert und sein Werk zum Teil verbrannt. Innerhalb einiger Jahre der inneren Emigration wandte er sich den alten Meistern zu, die er nach dem 2. Weltkrieg zugunsten der expressiven Malerei aufgab. Nach 1945 arbeitete er noch mehr als zwei Jahrzehnte als freischaffender Künstler, der um seiner Leistung willen zahlreiche Auszeichnungen erhielt.

b Markieren Sie, welche der zwei Varianten den Bedeutungen der Präpositionen aus Übungsteil a entspricht.

1. a. Weil der 40. Todestag von Otto Dix naht ...
   b. Am 40. Todestag von Otto Dix ...
2. a. Dix ist trotz seiner Wandlungsfähigkeit ...
   b. Dix ist wegen seiner Wandlungsfähigkeit ...
3. a. ..., das er während des Kriegsbeginns ...
   b. ..., das er wegen des Kriegsbeginns ...
4. a. und erlebte während der folgenden Jahre
   b. und erlebte vor den folgenden Jahren ...
5. a. In Erinnerung an diese Erfahrungen wurde ...
   b. Mithilfe dieser Erfahrungen wurde ...
6. a. Als Folge seiner Auseinandersetzung mit der Philosophie...

   b. Um sich mit der Philosophie auseinandersetzen zu können ...
7. a. wollte er in seinen Bildern
   b. wollte er mithilfe seiner Bilder
8. a. Trotz seiner Anerkennung als Künstler
   b. Wegen seiner Anerkennung als Künstler
9. a. Nach dieser Zeit der inneren Emigration
   b. Während dieser Zeit der inneren Emigration
10. a. die er für die expressive Malerei
    b. die er in Anbetracht der expressiven Malerei
11. a. der ohne Überprüfung seiner Leistungen
    b. der wegen seiner Leistungen

c Aus einer Beschreibung zu einer Otto-Dix-Ausstellung. Setzen Sie die Präpositionen aus dem Schüttelkasten ein.

> außerhalb   innerhalb   oberhalb   unterhalb   ~~diesseits~~
> jenseits   beiderseits   unweit   diesseits

[1] _Diesseits_ des Bodensees bieten sich Ihnen verschiedene kulturelle Höhepunkte wie z. B. das Otto-Dix-Museum. Es befindet sich [2] _____ des Marktplatzes, nur fünf Minuten zu Fuß. Das Museum lohnt allein schon wegen der Lage einen Besuch – [3] _____ des Museums können Sie Ihre Füße im Bodensee kühlen, [4] _____ bietet Ihnen eine kleine Anhöhe einen traumhaften Blick über den Ort und den See. [5] _____ des Sees offenbaren sich Ihnen die Plätze, an denen sich Dix oft aufhielt, [6] _____ des Sees können Sie bei gutem Wetter das schweizerische Ufer mit seinen malerischen Orten erblicken – sehenswerte Orte finden Sie natürlich [7] _____ des Sees! Aber auch der Besuch im Museum selbst ist ein Erlebnis. Bitte beachten Sie, dass Sie [8] _____ des gesamten Museums nicht mit Blitz fotografieren dürfen. [9] _____ des Museumsgeländes sollten Sie sich noch Zeit für einen Spaziergang nehmen.

2 Mitglieder der ehrenamtlichen Organisation „Münchener Tafel"

a Auf der Website der Organisation sollen vier Mitglieder vorgestellt werden. Ergänzen Sie die Texte mit den angegebenen Präpositionen im Dativ und im Genitiv.

> entgegen   ungeachtet   ~~dank~~   ~~mithilfe~~   innerhalb

1. _Mithilfe_ der Überzeugungskraft von Barbara Eickhoff konnte _innerhalb_ des letzten Jahres die Ausgabestelle Süd eingerichtet werden. Die Ausgabestelle ist erst _dank_ der zahlreichen lokalen Spender möglich geworden, die Frau Eickhoff _ungeachtet_ anfänglicher Schwierigkeiten finden konnte. _entgegen_ allen Erwartungen konnte sie diese mittlerweile in großer Zahl finden.

> hinsichtlich   fern   laut   zuliebe

3. _laut_ vielen Mitgliedern ist ein Verteiltag ohne Heidi Thölke nicht mehr vorstellbar. Sie scheint _hinsichtlich_ ihres Einsatzes wirklich einzigartig – fünf Tage in der Woche ist sie ehrenamtlich tätig. Und wenn Not am Mann ist, verzichtet sie sogar den Bedürftigen _zuliebe_ auf ihren Urlaub. Manchen von ihnen scheint es sogar unvorstellbar, dass sie sich _fern_ ihren neuen Freunden erholen kann!

> gegenüber   inmitten   trotz   anhand   zur

2. _trotz_ seiner Vollzeit-Tätigkeit als Steuerberater lässt es sich Günter Ritzer nicht nehmen, kostenlos für die Tafel die Finanzen zu regeln. _anhand_ aller Ein- und Ausgaben gelingt es ihm, aufrüttelnde Artikel _zur_ Anwerbung neuer Sponsoren zu schreiben. Den Mitgliedern _gegenüber_ legt er fristgerecht einen Jahresbericht vor. Auch ~~trotz~~ _inmitten_ des größten Trubels bewahrt er die Ruhe und ist der Retter im Hintergrund.

> bezüglich   anstelle   mitsamt   mangels   mithilfe   ~~dank~~

4. ~~Dank~~ _mangels_ williger Helfer stand die Verteilstelle Nord vor der Schließung, konnte aber _dank_ des unermüdlichen Einsatzes von Doro Petersen _mitsamt_ ihrer Familie gerettet werden. Die Probleme _bezüglich_ des Helfer-Einsatzes haben sie _mithilfe_ eines engagierten Freundeskreises lösen können. _anstelle_ der üblichen Kaffeekränzchen helfen die Freunde jetzt gemeinsam – und sind glücklich dabei!

b Bilden Sie aus den Satzteilen ganze Sätze.

1. Die großen Organisationen brauchen sich (ihre Bekanntheit / hinsichtlich / keine Sorgen / machen) _hinsichtlich ihrer Bekanntheit keine Sorgen zu machen._

2. (mehr Menschen / versuchen / immer / die Arbeit von Umweltorganisationen / dank) _____, umweltbewusst zu leben.

3. (dennoch / sein / es / ihnen / Spendengelder / mangels) _____ des Öfteren nicht möglich, Projekte zu realisieren.

4. (Gäste / spenden / jedes Jahr / Sommerfest / anlässlich) _____ größere Summen für einen guten Zweck.

5. Aber nur (die Organisationen / können / funktionieren / zahlreiche Ehrenamtliche / mithilfe) _____

6. Nicht bei allen klappt das, (einige Gruppen / sich aufgelöst haben / Helfer / mangels) _____

7. (jüngere Freiwillige / Anwerbung / machen / zwecks) _____ Werbung für Organisationen in Schulen.

8. (Schüler / nutzen / häufig / wohltätige Tätigkeit / anstelle) _____ lieber die konsumorientierten Angebote der Freizeitindustrie.

9. Jeder kann eine passende Aufgabe finden, denn schließlich (keine Einschränkungen / geben / es / Art des Engagements / hinsichtlich) _____

10. Und so verpassen viele Menschen die Chance, (die positive Kraft / spüren / zu / beim Engagement / andere / zugunsten) _____

7 Artikelwörter und Pronomen

7.1 Indefinitartikel (alle, jeder, mancher, ...)

B2-GT, Kap. 7.1
Artikelwörter →

1 Was machen manche Leute?

Lesen Sie die Sätze und ordnen Sie die Bedeutungen zu.

Indefinitartikel sind Artikelwörter, das heißt, sie stehen immer vor einem Nomen. Sie drücken aus, dass man das entsprechende Nomen (noch) nicht genau identifizieren kann, oder dass eine genaue Identifizierung nicht notwendig ist.

1. In der Computerwelt „Second Life" sind der Fantasie kaum Grenzen gesetzt, und manch ein Computerfreund ergreift die Gelegenheit, in die virtuelle Welt einzusteigen.

2. Alle Mitspieler haben die gleichen Chancen und jeder hofft, reich zu werden.

3. Nach dem Online-Spielen haben sich mehrere Mitspieler aus der gleichen Stadt später auch persönlich kennen gelernt.

4. Bei den Treffen wird dann oft über irgendeine neue Entwicklung in virtuellen Welten diskutiert.

A 100 % der Personen   1. [C]

B eine beliebige Sache, es ist in diesem Kontext nicht wichtig, welche   2. ☐

C eine kleine Anzahl von Personen, aber man weiß nicht, wer   3. ☐

D eine begrenzte Anzahl aus einer Gruppe, aber man weiß nicht, wer   4. ☐

2 Jeder kennt irgendeine Erfindung

Ergänzen Sie die Indefinitartikel aus dem Schüttelkasten. Manchmal gibt es mehrere Lösungen.

> jedes   manchem   allen   irgendwelche   ~~kein~~
> irgendeinen   manch einem   mehrere   einige

1. Viele technische Erfindungen haben __kein__ Vorbild in der Natur.
2. _____ / _____ Schüler ist nicht klar, was der Unterschied zwischen einer Erfindung und einer Entdeckung ist.
3. Aber _____ Kind weiß, dass das Auto eine der wichtigsten Erfindungen unserer modernen Welt darstellt.
4. In der Fernsehsendung „Unsere Besten" wurden _____ / _____ Erfindungen präsentiert.
5. Am Ende der Sendung fragte der Moderator das Publikum: „Gibt es noch _____ Fragen oder _____ Kommentar zu unserem Programm?
6. Nach der Diskussion dankte der Moderator _____ Zuschauern für ihre Aufmerksamkeit.

3 Indefinitartikel in der Übersicht

Indefinitartikel folgen entweder der Deklination des bestimmten oder der des unbestimmten Artikels. In den folgenden Formen unterscheiden sich die Deklinationen:
m N Singular: „mancher Student" ↔ „irgendein Student"
n N und A Singular: „manches Projekt" ↔ „irgendein Projekt"

a Suchen Sie in den Übungen 1 und 2 die Indefinitpronomen, die in der Tabelle noch nicht aufgeführt sind und ergänzen Sie die Tabelle.

Indefinitartikel mit Deklination des bestimmten Artikels	Indefinitartikel mit Deklination des unbestimmten Artikels
Singular: Jeder, _____	**Singular:** irgendein, _____, _____
Plural: irgendwelche, manche, _____	**Plural:** einige, mehrere

Die Bedeutung von „mancher" und „manch ein" ist gleich.

b Welcher Indefinitartikel aus Übungsteil a passt? Manchmal gibt es mehrere Möglichkeiten. Achten Sie auch auf die richtige Endung.

1. Die Industrialisierung durchdringt heute __*alle*__ unsere Lebensbereiche.
2. Die moderne industrielle Technik hat besonders auch die Kommunikation in _____ Form systematisch erfasst.
3. Viele Erfindungen, wie z. B. das Internet, erleichtern uns die schnelle Kommunikation mit unseren weit verstreut wohnenden Freunden, und _____ Jugendlicher hat noch nie einen traditionellen Brief geschrieben und verschickt.
4. Auch Raumfahrtmissionen zum Mars sind erst durch neue technische Entwicklungen möglich geworden, allerdings konnte man noch _____ Astronauten auf den Mars schicken.
5. Wissenschaftler wollen auf dem Mars nach Spuren von Leben suchen, aber _____ Visionär will noch weiter gehen und den Planeten für die Menschen bewohnbar machen.
6. Das ist zwar ein sehr gewagtes Projekt, aber es gibt immer _____ Menschen, die anderen mit ihren Ideen weit voraus sind.
7. Auch _____ Kollegen des visionären Raumfahrtexperten Jesco von Puttkammer gefielen seine Ideen sehr.

4 **Technischer Fortschritt**

Ergänzen Sie die Adjektivendungen. Folgende Informationen helfen Ihnen.

Wenn der **Indefinitartikel der Deklination** des **bestimmten Artikels** folgt, wird das folgende Adjektiv wie nach dem bestimmten Artikel dekliniert: **Singular:** manch**er** / jed**er** klug**e** Erfinder Manch**es** / jed**es** interessant**e** Projekt **Plural:** manch**e** / all**e** / irgendwelch**e** klug**en** Erfinder	Wenn der **Indefinitartikel der Deklination** des **unbestimmten Artikels** folgt, wird das folgende Adjektiv wie nach dem unbestimmten Artikel dekliniert: **Singular:** irgendein / kein / manch ein klug**er** Erfinder Irgendein / kein / manch ein interessant**es** Projekt
Nach „mehrere" und „einige" ist die Deklination wie nach dem Nullartikel: **Singular:** nach (einig**er**) anstrengend**er** Arbeit (D) **Plural:** mehr**ere** / einige klug**e** Erfinder (N und A) mit mehr**eren** / einig**en** klug**en** Erfindern (D) die Arbeit mehr**erer** / einig**er** klug**er** Erfinder (G)	Nach „manche" (Plural) ist beides möglich: **Manche** klug**en** Erfinder oder manch**e** klug**e** Erfinder

1. Die industrielle Revolution war kein __*dramatisches*__ (dramatisch) Ereignis wie zum Beispiel die Französische Revolution.
2. Sie hat sich vielmehr über mehrere _____ (aufregend) Jahrzehnte hinweg entwickelt.
3. Jeder _____ (seriös) Wissenschaftler wird diese Tatsache bestätigen.
4. Aber trotzdem gibt es manch ein _____ (überzeugend) Beispiel für die beschleunigte Entwicklung der Technik und des sozialen Lebens im 19. Jahrhundert.
5. Einige _____, _____ (neu, technisch) Verfahren zur Gewinnung von künstlicher Energie machten die Nutzung von Dampfkraft, von Elektrizität und von Atomenergie möglich.
6. Dabei muss beachtet werden, dass die Industrialisierung nicht durch das Aufkommen irgendwelcher _____ (einzeln) Maschinen, sondern von großen Maschinensystemen gekennzeichnet ist.
7. Auch war die Entstehung der modernen Fabriken und ihrer Organisationsformen für die Entwicklung aller _____ (modern) Maschinen- und Apparatursysteme sehr wichtig.
8. Manche _____ / _____ (technisch) Entwicklungen haben auch zu tiefgreifenden Veränderungen in der Arbeitswelt und der sozialen Ordnung beigetragen.

5 Manches praktische Problem lässt sich mit einem Computer lösen

Ordnen Sie das Adjektiv zu und ergänzen Sie die Endungen. Manchmal passen mehrere Adjektive.

| computergesteuert   kompliziert   neu   gefährlich   unvorbereitet   ~~zukünftig~~ |

1. Der Professor führt aus, dass der Mensch im Mittelpunkt jeder _zukünftigen_ Informationstechnik stehen müsse.
2. Er beschreibt mehrere _____ Systeme, in denen Künstliche Intelligenz steckt.
3. Bei Lebewesen zeigt sich Intelligenz im Verhalten in einer unbekannten Umwelt, z. B. beim Fußball, da man dort schnell auf irgendeine _____ Situation reagieren muss.
4. Computer sind komplexe Maschinen, aber für den sogenannten „One-Button-Computer" muss man kein _____ Handbuch studieren.
5. Allerdings ist beim Gebrauch von Computern Vorsicht geboten: Einige _____ Computer-Viren können ganze Betriebssysteme zerstören.
6. Handliche Taschencomputer haben schon manch einem _____ Studenten beim Examen geholfen.

7.2 Indefinitartikel als Pronomen (jeder, manch ein- / mancher, ...)

LB / AB
Lek. 8

B2-GT, Kap. 7.2
Artikelwörter als
Pronomen

1 Zukunftsvisionen

a Bestimmen Sie in den folgenden Sätzen, worauf sich die unterstrichenen Indefinitartikel als Pronomen beziehen.

> Wenn die Indefinitartikel („jeder", „mancher", „alle", „irgendwelche", „manche", „irgendein", „kein", „manch ein", „mehrere", „einige") als Pronomen verwendet werden, erhalten sie die Signalendungen:
> N: irgendeiner – irgendeins – irgendeine
> A: irgendeinen – irgendeins – irgendeine
> D: irgendeinem – irgendeinem – irgendeiner
> Beispiel: „Ich finde meine Brille nicht. Hat irgendeiner sie gesehen?"

1. In den 20er Jahren waren extrem viele Menschen arbeitslos und manch einer wurde dadurch für hoffnungsvolle Zukunftsvisionen empfänglich.
2. Beim „Atlantropa"-Projekt sollte das Wasser des Atlantischen Ozeans von einem gewaltigen Staudamm aufgehalten werden, sodass keins mehr ins Mittelmeer fließen konnte.
3. Dieses Staudammprojekt sollte die Anrainerstaaten des Mittelmeers zusammenbringen und alle sollten auf diese Weise für den Frieden sorgen.
4. Diese Staaten fragten sich, ob mit dem Projekt irgendeinem von ihnen geholfen würde.
5. Auch die Politiker waren skeptisch, und einige sprachen sich sofort gegen das Projekt aus.

> 1. _manche einer = manch ein arbeitsloser Mensch_ _____

b Ersetzen Sie die unterstrichenen Ausdrücke durch Indefinitartikel als Pronomen.

1. In den Jahren nach der Mondlandung dachte jeder Mitarbeiter in der Planungscrew der NASA, dass nun auch bald die Landung auf dem Mars gewagt werden könne.
2. Während der ersten Planungsphase dieser Mission stellte sich heraus, dass kein NASA-Planungsexperte sich genaue Vorstellungen von den Kosten gemacht hatte.
3. Erst in diesem Jahrtausend wurde die Idee der Marsmission von einigen NASA-Mitarbeitern wieder aufgenommen.
4. Die Forscher suchen nach Spuren von Leben auf dem Mars, aber selbst wenn es dort kein Leben mehr gibt, wäre eine intensive Erforschung des Planeten faszinierend.
5. Allen Beteiligten ist natürlich klar, dass dieses Ziel noch in weiter Ferne liegt.

> 1. _In den Jahren nach der Mondlandung dachte jeder in der Planungscrew der NASA ..._ _____

2 **Traumwelten**

a Oft werden Indefinitartikel als Pronomen für allgemeine Aussagen benutzt. Ergänzen Sie die fehlenden Wörter. Manchmal passen mehrere.

alle	keiner	mehrere	~~manch einen~~	irgendeiner	einige	jeder	mancher
~~manchen~~	~~manche~~	manch einen	manchen	manch einer	manche		

1. Die Vorstellung von einem „Eldorado" in Amerika hat seit jeher die Phantasie angeregt und bewegt auch heute noch ___*manchen*___ / ___*manch einen*___ / ___*manche*___.

2. Amerika bedeutete Reichtum und unbegrenzte Möglichkeiten, und _____ / _____ hat sich aufgemacht, sein Glück in dem fernen Kontinent zu suchen.

3. Nicht alle Eroberer und Abenteurer hatten dieselben Vorstellungen. Vielmehr hatte _____ seinen ganz spezifischen Grund, seine Heimat zu verlassen und ein neues Leben zu beginnen.

4. Die virtuelle Computerwelt „Second Life" hat schon _____ / _____ / _____ in ihren Bann gezogen.

5. Hier können _____ eine neue Identität annehmen und das sein, wovon sie schon lange träumen.

6. Die Mitspieler wählen eine Rolle und bauen sich eine Wunschwelt. Dabei gibt es immer _____ / _____, die nur schwer wieder in die Realität zurückfinden können.

7. Diese Webseite ist wirklich kompliziert, damit kommt _____ zurecht.

8. Hat _____ an meinem Programm gespielt? Ich kann den Anfang nicht mehr finden.

b Besprechen Sie die unterschiedlichen Lösungsmöglichkeiten im Kurs. Wo gibt es Bedeutungsunterschiede?

7.3 Demonstrativartikel und -pronomen (solch- / ein- solch- / solch ein-)

1 **Solch ein Ergebnis hätte ich nicht erwartet!**

LB / AB
Lek. 6

a Reagieren Sie auf die Aussagen wie im Beispiel und benutzen Sie dabei die Nomen im Schüttelkasten. Geben Sie, wenn möglich, auch Alternativen an.

> Mit dem Demonstrativartikel „solch ein-" (oder „ein solch-") kann man auf die Art einer vorher erwähnten Person oder Sache hinweisen:
> „Er ist 98 Jahre. Ein solches Alter erreichen nicht viele." („solch-" dekliniert wie ein Adjektiv)
> „Solch ein Alter ..." („solch" wird nicht dekliniert)
> „Solche Leute ..." (Plural, wie Demonstrativartikel)

~~Verhalten~~	Unterschied	Zahl	Spaß	Leute

1. Ich fahre mit dem Bus nach Hause und lese gemütlich die Zeitung. Da steigt eine Gruppe Rentner laut schreiend in den Bus. ___*Ein solches / Solch ein Verhalten*___ habe ich bei älteren Leuten noch nie gesehen.

2. Die Gruppe redet sehr laut und lacht viel. _____ stören mich immer beim Lesen im Bus.

3. Eine Studie ergab, dass es heute schon 18 Millionen Rentner in Deutschland gibt. _____ hätte ich nicht erwartet.

4. Die Soziologen unterscheiden zwischen „Hochbetagten" und den „jungen Alten". _____ wird normalerweise in der Umgangssprache nicht gemacht.

5. Die Rentner im Bus gehören eindeutig zu den „jungen Alten". Sie wirken sehr lebendig und sprechen über ihre Pläne für den Abend. Man könnte zufrieden sein, wenn man im Alter noch mit _____ an alles herangeht.

b Ergänzen Sie den Demonstrativartikel und wählen Sie ein passendes Nomen aus.

1. Wenn es um die Einschätzung von Kunstwerken geht, muss sich mancher Experte eingestehen, dass _eine solche Bewertung_ (Bewertung / Kunstwerke / Experte) häufig von persönlichen Vorlieben abhängt.

2. Kunst-Installationen sind teuer. Aber hier in Berlin gibt es viele Künstler, die _____ (Künstler / Preise / Projekte) wagen.

3. Die neuesten Installationen von Ida H. wurden z. B. heftig diskutiert. Aber ihre Erfahrungen als Künstlerin halfen ihr sehr bei _____ (Erfahrungen / Kunst / Auseinandersetzungen).

4. Wegen der starken Kritik wurde ihre Ausstellung abgesagt, und sie schwor, dass ihr nie wieder ein _____ (Missgeschick / Ausstellung / Glück) widerfahren sollte.

5. Sie bewarb sich als Museumskuratorin, denn sie hatte sich schon seit langem eine _____ (Tätigkeit / Job / Ausstellung) gewünscht.

6. Ida H. ist in ihrer neuen Position sehr glücklich. Sie hatte früher selbst nicht gedacht, dass sie über _____ (Kunstberuf / Organisationstalent / Anzahl) verfügt.

2 Die Folgen solchen Verhaltens sind nicht abzusehen

> In offiziellen oder wissenschaftlichen Texten findet man statt „solch ein–" auch „solch–" im Singular:
> „Solches Verhalten findet man meist nur bei Heranwachsenden."
> Die Deklination ist wie beim Demonstrativartikel, außer im Genitiv Maskulinum und Neutrum. Beispiel: „Der Zweck solchen Aufwands", „die Konsequenz solchen Verhaltens"

a Sie möchten in einem knappen akademischen Stil schreiben. Formulieren Sie die Sätze um.

1. Manche Jugendliche spielen mehr als sechs Stunden am Computer pro Tag. Computerspieler, die ein solches Verhalten zeigen, gelten als süchtig.
2. Die Folge einer solchen Sucht ist oft ein vollkommenes Sichabkapseln von der Gesellschaft.
3. Die reale Welt verliert durch eine solche Abkapselung immer mehr an Bedeutung.
4. Oft wird die Dramatik eines solchen Verhaltens nicht rechtzeitig erkannt.
5. Durch eine Spezialtherapie hofft man den Betroffenen zu helfen. Der Erfolg einer solchen Therapie ist jedoch nicht immer gewährleistet.

1. _Computerspieler, die solches Verhalten zeigen, gelten als süchtig._

b Um die Wiederholung von Nomen zu vermeiden, können Sie sie in den folgenden Sätzen durch die Demonstrativpronomen („solch ein" / „ein solch–", „solche", „so etwas") ersetzen. Achten Sie auf die Endungen.

> „solch ein", „ein solch" (Singular) und „solche" (Plural) können auch als Pronomen benutzt werden. Die Deklination hat dann immer die Signalendungen: „Das Mikroskop ist neu. Solch eins hat der Wissenschaftler noch nie benutzt."
> In formalem Deutsch auch häufig: „Solch eines ...."
> Wenn man sich nicht nur auf ein Nomen, sondern auf einen ganzen Sachverhalt / Satz beziehen will, benutzt man „so etwas" oder „solches" (formal).

1. Die Webseite von „New-in-town" hilft Leuten, die neu in einer Stadt sind, sich dort zu orientieren und Gleichgesinnte kennen zu lernen. _So etwas_ hatte ich vorher noch nie gesehen.
2. Bei dieser Webseite werden bestimmte Daten nicht abgespeichert. Und zwar besonders _____, die zur eindeutigen Identifizierung der Benutzer dienen können.
3. Die Forschungsergebnisse auf dem Gebiet der Künstlichen Intelligenz (KI) sind nicht immer leicht als _____ zu erkennen.
4. Falls Sie von der Anmeldung einen schriftlichen Nachweis benötigen sollten, so kann der Sekretär Ihnen einen _____ zukommen zu lassen.
5. Im Deutschen gibt es viele Nomen-Verb-Verbindungen, z. B. „in Anspruch nehmen". Gibt es _____ auch in Ihrer Muttersprache?

3 Das Problem als solches

Lesen Sie die Sätze und bestimmen Sie, welches „Ding an sich" hier gemeint sein könnte. Seien Sie kreativ beim Finden eines passenden Nomens – oft bezieht es sich auf ein Wort im vorangegangenen Satz.

> „solch" wird im Singular auch nach „Nomen + als" verwendet und weist auf „das Ding an sich" hin.
> Beispiel: „Der Mensch als solcher ist bequem."

1. Die Jungen und die Alten kritisieren sich gegenseitig. ___Kritik als solche___ ist ja nicht schlecht, aber sie muss höflich und respektvoll vorgetragen werden.
2. Von älteren Leuten wird gesagt, dass sie an ihren Traditionen hängen. Dabei sind _____ durchaus positiv, denn sie stabilisieren das Zusammenleben.
3. Oft ist beobachtet worden, dass die eigene Meinung mit steigendem Lebensalter immer schwerer zu erschüttern ist. Diese _____ ist nicht falsch, aber man muss doch noch genauer untersuchen, woran das liegt.
4. Die Jugendlichen von heute wünschen sich vor allem Spaß. Der _____ ist verständlich, aber er sollte doch mit Verantwortungsbewusstsein gepaart sein.
5. Was möchten Sie genau wissen? Ich habe die _____ nicht verstanden.

4 Ein derartiges Problem ist mir noch nie vorgekommen

Ergänzen Sie in den folgenden Sätzen die korrekte Form von „derartig-".

> Statt „ein solch-" wird auch oft „ein derartig-" (Plural: „derartige") benutzt. Manchmal ist „solch" oder „derartig" eine Gradpartikel vor einem Adjektiv. Diese Partikel wird nicht dekliniert: „Ich habe noch nie ein solch/ derartig gutes Buch zum Thema gelesen".

1. Die Gruppe „Vereint gegen die Spielsucht" beschloss, Flugblätter an alle Mitarbeiter zu verteilen und diskutierte die Vor- und Nachteile ___derartiger___ Aktionen.
2. Ohne die freiwilligen Helfer hätte die Gruppe einen _____ großen Aufwand nicht betreiben können.
3. Die Flugblätter warnten vor häufigem und langem Spielen im Internet und wiesen auf die erhebliche Suchtgefahr hin, die _____ Online-Spiele mit sich bringen können.
4. Besonders junge Leute können oft gar nicht aufhören, online zu spielen. Was rät der Psychologe in _____ Situationen?
5. Die Online-Spielsucht ist ein _____ komplexes Problem, dass Eltern oft davor kapitulieren.

5 Menschliche Beziehungen

Ergänzen Sie die Sätze mit den Demonstrativpronomen aus dem Schüttelkasten. Die Endungen müssen Sie noch anfügen. Viele Wörter kann man mehrfach verwenden.

> als solch-   (ein) derartig-   (ein) solch-   so etwas   solch ein

1. Die „Business Angels" ermöglichen Rentnern, ihr spezielles Wissen an junge Berufstätige weiterzugeben. _____ / _____ hätte es früher geben müssen!
2. Der Plan _____ gefällt mir gut, aber ich weiß nicht, ob ich genug Zeit dafür habe.
3. Ich nehme dieses Buch. Mit _____ / _____ Lebensberatern habe ich schon manche schwierige Situation gemeistert.
4. In dem Artikel werden neben den Beziehungen zwischen Eltern und Kindern auch _____ zwischen den Geschwistern behandelt.
5. In Wohngemeinschaften gibt es oft Streit um die Sauberkeit. _____ Problem / _____ Problem / _____ Problem findet man dort häufig.
6. Die Studenten feierten bis tief in die Nacht. _____ lauten Partys gibt es im Wohnheim oft.

7.4 Das Pronomen „es"

1 **Die beschleunigte Zeit**

LB / AB
Lek. 12

a Worauf verweist das Pronomen „es"?
Markieren Sie das Wort bzw. den Satzteil.

> *Bei Bezug auf einen vorher erwähnten Satz oder Satzteil verwendet man oft „das" statt „es".*
> *Beispiel: „Wir können die Zeit nicht unendlich beschleunigen. Das haben Zeitforscher festgestellt."*

1. Die Folgen der beschleunigten Zeit: Viele unserer sozialen Kontakte sind kurzlebig, und die Gültigkeit von Informationen, die in Sekunden um den Globus gehen, ist **es** auch.
2. Wie viel Tempo verträgt der Mensch? Lässt **es** sich weiter beschleunigen?
3. Wir tun viele Dinge gleichzeitig, um Zeit zu gewinnen, doch **es** (**das**) gelingt nur begrenzt.
4. Wir versuchen, unser Gehirn zu mehr Leistung anzutreiben, aber wir können **es** nicht täuschen, denn irgendwann fordern Körper und Geist Zwangspausen.

b Lesen Sie die Erklärung und ergänzen Sie die Nummern der Beispiele aus Übungsteil a.

> **!** Das Pronomen „es" bezieht sich auf vorher erwähnte Wörter oder Satzteile. Dabei kann „es" ein neutrales Nomen im Nominativ (Bsp.: _2_) oder im Akkusativ (Bsp.: ___) ersetzen. Außerdem kann sich „es" auf ein Adjektiv (Bsp.: ___) oder einen (Teil-)Satz beziehen (Bsp.: ___).
> In keinem dieser Fälle kann „es" weggelassen werden.

2 **Im Wandel der Zeit**

a Unterstreichen Sie alle unpersönlichen Konstruktionen mit „es" und ordnen Sie sie in die Tabelle ein.

1. **Klimawandel**: Es kommt auch in Deutschland zu immer extremeren Wetterereignissen. Es stürmt und hagelt in einigen Regionen häufiger und in anderen wird es immer trockener. Sogar Tornados werden immer öfter gesichtet.

2. **Werbung**: Früher hieß es nur: „Es gibt jetzt wieder Sunlicht-Waschmittel!". Heute geht es nicht nur um den bloßen Verkauf von Produkten, sondern um kunstvolle Werbebotschaften. Dabei kommt es vor allem auf kurzweilige Unterhaltung der Konsumenten an.

3. **Telekommunikation**: Mit der Unerreichbarkeit ist es vorbei. Unvorstellbar, aber noch in den 1960er-Jahren hatten nicht alle Haushalte ein Festnetztelefon. Und heute? Nahezu ständig und überall klingelt es. Den Handys sei Dank!

4. **Umgang mit Zeit**: Früher ging man ins Bett, wenn es dunkel wurde. Man stand auf, wenn es dämmerte. Nachts war es ruhig, doch mit der Erfindung der Elektrizität sind wir rund um die Uhr aktiv: Auf den Straßen rauscht es, in Fabriken rattert es und auch in den Wohnungen herrscht rege Betriebsamkeit.

Gruppe A: Verben der Witterung	Gruppe B: Geräusche	Gruppe C: unpersönliche Verben / Ausdrücke	Gruppe D: Ausdrücke mit Adjektiven
		es kommt zu, …	

b Bilden Sie Teams zu 3 bis 4 Personen und finden Sie weitere Ausdrücke zu A, B und C. Welches Team kann in fünf Minuten die meisten Ausdrücke sammeln?

c Ändern Sie die Wortstellung in den Texten 1 und 2 aus Übungsteil a.

> 1. _Klimawandel: Auch in Deutschland kommt es zu immer extremeren Wetterereignissen._
> _In einigen Regionen ..._

d Warum kann „es" nicht weggelassen werden?

3 Vorsätze für ein neues Leben

a Ergänzen Sie die Lücken mit einem passenden Ausdruck. Achten Sie dabei auf die Wortstellung.

> es fehlt ihm an   es friert ihn   es gefällt ihm   es geht mir gut
> ~~es graut ihm vor~~   es zieht ihn nach / ans

Sonntagabend. [1] _Es graut ihm_ schon _vor_ dem nächsten Tag. Wieder diese Hektik, das Gedränge in der Straßenbahn und dann die öde Arbeit im Büro. Er dreht die Heizung höher, denn [2] _____ ein wenig. Er geht weiter seinen Gedanken nach und fragt sich: [3] „_____ eigentlich _____?" Fast überflüssig, diese Frage. Er müsste endlich mal was ändern. Vielleicht Urlaub nehmen und wegfahren? Eigentlich [4] _____ Italien, _____ Meer. Dort [5] _____ immer so gut. Schöne Träume, aber noch [6] _____ Entschlossenheit und morgen sitzt er dann doch wieder pünktlich im Büro.

b Beantworten Sie folgende Fragen zu den unpersönlichen Konstruktionen aus Übungsteil a.

> **!**
> 1. Welches Wort ist das grammatische Subjekt? _____.
> 2. Und welches Wort ist das logische Subjekt? _____, _____ oder _____.

4 Kindererziehung heute

Vervollständigen Sie die Sätze mit den angegebenen Elementen.

> Es gibt feststehende Ausdrücke, in denen „es" den Wert einer Akkusativ-Ergänzung und keine eigene Bedeutung hat. Als Akkusativ-Ergänzung ist „es" oft obligatorisch und kann nicht auf Position 1 stehen. Beispiel: „Er hat es eilig, nach Hause zu kommen."

1. Der heutige Erziehungsstil soll die Kinder befähigen, _es eigenständig und selbstbewusst_ _mit den Herausforderungen des Lebens aufzunehmen._ (eigenständig und selbstbewusst – es aufnehmen mit – die Herausforderungen des Lebens)
2. Die Generation, die sich heutzutage für Kinder entscheidet, _macht es sich nicht_ _leicht_. (es sich nicht leicht machen)
3. Diese Generation fördert ihre Kinder, wo es nur geht, damit _sie es zu_ _etwas bringen_ (sie – es zu etwas bringen)
4. _die Eltern meinen es gut mit dem Nach_ (die Eltern – es gut meinen mit – der Nachwuchs), trotzdem können sich manche Kinder kaum noch allein beschäftigen.
5. Da seit dem Säuglingsalter ständig jemand da ist, der sie umsorgt, _schaffen es diese_ _Kinder nicht_ (diese Kinder – es nicht schaffen), auch mal allein zu bleiben.
6. Viel Druck lastet auf den Eltern und _sie haben es schwer_ (sie – es schwer haben), die richtige Balance zwischen Unterstützung und Förderung der Eigenaktivität zu finden.

5 **Es kommen andere Zeiten**

a Ändern Sie die Wortstellung so, dass „es" nicht auf Position 1 steht und wegfällt.

1. **a.** Es ist zu beobachten, dass sich in allen gesellschaftlichen Bereichen das Tempo erhöht.
   b. *Dass sich in allen gesellschaftlichen Bereichen das Tempo erhöht, ist zu beobachten.*

2. **a.** Es ist unmöglich, Zeit noch mehr zu beschleunigen.
   b. *Zeit noch mehr* _____

3. **a.** Es sind schon mehrere „Vereine zur Verzögerung der Zeit" entstanden.
   b. _____

4. **a.** Es wird in diesen Vereinen z. B. bewusst langsam gegessen oder bewusst nichts getan.
   b. _____

5. **a.** Es ist allerdings fraglich, ob Nichtstun der bevorzugte Zeitvertreib der Zukunft sein wird.
   b. _____

Kapitel 3.3.2
Unpersönliches
Passiv

b Ergänzen Sie mithilfe der Beispielsätze aus Übungsteil a die Besonderheiten von „es" als Platzhalter.

> *Wenn „es" auf Elemente im Nachfeld verweist, spricht man von einem Platzhalter oder Korrelat.*

Position 1　　Infinitivsatz　　~~Platzhalter~~　　ein Subjekt　　kein Subjekt

!

1. Als ___*Platzhalter*___ steht „es" immer auf Position 1 und vertritt dort _____ (Beispiel 3) oder einen Subjektsatz (einen „dass"-Satz, indirekten Fragesatz oder _____. Funktion: Das Wichtige im Satz wird weiter hinten in den Satz verschoben und damit betont.

2. „Es" kommt auch in Sätzen vor, die _____ enthalten, z. B. beim unpersönlichen Passiv (Beispiel 4a).

3. Wenn das eigentliche Subjekt, der Subjektsatz oder ein anderes Satzglied auf _____ steht, entfällt „es".

c Bilden Sie aus den Elementen Sätze mit „es" als Platzhalter und ohne „es". Es gibt jeweils mehrere Möglichkeiten.

1. (nicht neu sein / immer mehr Menschen / gegen die Schnelligkeit beim Essen sein / dass)
   Es ist nicht neu, dass immer mehr Menschen gegen die Schnelligkeit beim Essen sind. /
   Nicht neu ist, dass ... sind. / Dass immer mehr Menschen ... sind, ist nicht neu.

2. (inzwischen / weltweit über 60.000 Menschen / organisiert sein / in einer „Slow-Food-Bewegung")
   _____
   _____

3. (Ziel sein / dieser Bewegung / langsam und mit Genuss essen / zu)
   _____
   _____

4. (sich treffen / regelmäßig / zum gemeinsamen Kochen und Essen / Genießer)
   _____
   _____

5. (besonders wichtig sein / den Fans des langsamen Essens / die Esskultur hoch halten / zu)
   _____
   _____

6. (klar sein / sie / sich wenden / auch gegen Schnellimbisse und Fast Food / dass)
   _____
   _____

7. (offen bleiben / das organisierte Langsam-Essen / Erfolg haben / auf lange Sicht / ob)
   _____
   _____

6 Die Grenzen der Beschleunigung

a Entscheiden Sie, wo „es" ergänzt werden muss.

Für viele Menschen spielt [1] _es_ keine Rolle mehr, ob [2] _–_ tags oder nachts gearbeitet werden muss. Der flexible Mensch von heute ist immer auf „standby". So fordert [3] _es_ die Arbeitswelt. Um Zeit zu gewinnen, [4] _____ werden weniger Pausen gemacht. Und [5] _es_ ist noch ein weiterer Trend zu beobachten, und zwar der Versuch, Vieles gleichzeitig zu erledigen: mailen, essen, telefonieren, das Kind stillen. Hier ist [6] _____ von Mehrfachtätigkeit die Rede. Auch dabei gilt [7] _es_, die Zeit zu beschleunigen. Doch [8] _es_ gibt Grenzen der Beschleunigung. Durch einen allzu schnellen Wechsel unserer Aufmerksamkeit geht [9] _____ sogar Zeit verloren. Einer amerikanischen Studie zufolge dauert [10] _es_ 50 Prozent länger, wenn man [11] _____ versucht, einen Bericht zu schreiben und zwischendurch immer wieder E-Mails zu beantworten, als wenn man [12] _____ beides nacheinander erledigen würde. [13] _Es_ wurde herausgefunden, dass [14] _____ nur eine automatisierte Tätigkeit nebenher laufen kann, zum Beispiel, wenn [15] _es_ sich um eine Unterhaltung während eines Spaziergangs handelt. Aber selbst dann kommt [16] _es_ zu Unterbrechungen, sobald [17] _____ ein wichtiger Gedanke oder ein Zwischenfall unsere Aufmerksamkeit verlangt. Plötzlich blitzt [18] _es_ am Himmel oder [19] _es_ fängt an zu regnen. Solche Zwischenfälle lenken uns ab. Unser Gehirn braucht ganz einfach Pausen, in denen [20] _____ neue Ereignisse mit Bekanntem vernetzt. Nur so ist [21] _____ ein kreatives Nachdenken möglich, und [22] _es_ können Geistesblitze entstehen.

b Erklären Sie, wie Sie Ihre Lösungen gefunden haben. Notieren Sie die Nummer des entsprechenden Beispiels.

> **!**
> 1. „Es" ist Pronomen für ein vorher erwähntes Nomen oder einen vorher erwähnten Satzteil: → _____
> 2. „Es" ist grammatisches Subjekt oder Objekt eines unpersönlichen Ausdrucks: → _1,_ _____
> 3. „Es" ist Platzhalter: → _____
> 4. Ein Subjekt ist vorhanden und / oder die Position 1 ist besetzt. Die Verwendung von „es" wäre nicht korrekt: → _2,_ _____

c „Es" oder „das"? Lesen Sie zuerst den Spickzettel und ergänzen Sie dann das passende Wort. Beachten Sie weiterhin die Regeln von „es" als Pronomen, als Platzhalter sowie als grammatisches Subjekt oder Objekt.

> Als Faustregel gilt: „Das" bezieht sich normalerweise auf Informationen, die bekannt sind und vorher genannt worden sind. Außerdem ist „das" oft stark betont. „Es" hingegen ist immer unbetont und verweist meistens auf Inhalte, die noch folgen. Zum Vergleich: „Er hat einen neuen Job. Das ist toll!" – „Es ist toll, dass er einen neuen Job hat."

Weiter oben heißt [1] _es_, dass unser Gehirn Pausen braucht. [2] _Das_ haben Gehirnforscher herausgefunden. Doch für viele Menschen ist [3] _____ undenkbar, einfach mal nichts zu tun oder bewusst zu warten. Man hält [4] _____ für vergeudete Zeit. [5] _____ ist aber auch folgende Reaktion möglich: Uns wird langweilig und [6] _____ geht uns so lange nicht gut, bis wir schnell wieder eine neue Beschäftigung finden. [7] _____ ist paradox! Tatsächlich ist [8] _____ so, dass der Versuch, die Langeweile zu vertreiben, sie nur vermehrt. Überall gibt [9] _____ Vergnügungsangebote, und [10] _____ bewirkt, dass wir mehr und mehr das Außergewöhnliche suchen. [11] _____ ist leicht zu finden, denn die Medien zeigen uns, was alles möglich ist. Doch wenn man überall Neues finden kann, wird das Alte schnell langweilig. [12] _____ nennen Soziologen „Langeweile-Paradox".

d Vergleichen Sie Ihre Lösungen in den Übungsteilen b und c mit einem Lernpartner oder einer Lernpartnerin. Falls Sie allein arbeiten, sehen Sie im Lösungsschlüssel nach.

8 Modalpartikeln

LB / AB
Lek. 5

B2-GT, Kap. 9
Modalpartikeln

1 **Lea und Uli haben Krach – Modalpartikeln**

a Arbeiten Sie zu zweit. Lesen Sie den Dialog laut mit verteilten Rollen. Lesen Sie dann noch einmal und markieren Sie „ja", „aber" und „vielleicht", wenn sie als Modalpartikeln gebraucht werden.

> *Erklärungen und Übungen zu den Modalpartikeln „bloß", „denn", „doch", „eben", „halt", „eigentlich", „ja", „mal", „wohl" finden Sie im B2-Grammatiktrainer, Kap. 9.*

Lea: Weißt du schon, wann du heute Abend nach Hause kommst?
Uli: Kommt drauf an, wie lange die Besprechung geht, vielleicht bin ich gegen 21 Uhr zurück.
Lea: Das ist aber spät! Wir wollten doch essen gehen.
Uli: Ja, stimmt! Aber was soll ich machen? Die neue Chefin bestimmt, wann Schluss ist.
Lea: Die ist vielleicht autoritär!! Ihr habt wohl gar nichts mehr zu sagen.
Uli: Ja, da hast du leider Recht. Wir sind auch total überrascht, wie autoritär die ist.
Lea: Und?! Ihr seid ja folgsam wie die Kinder! Ich hätte nicht erwartet, dass ihr so brav seid!
Uli: Du bist vielleicht lustig! Komm erst mal in meine Lage!!

b Lesen Sie die die Regeln und markieren Sie die richtige Aussage.

> **!**
> 1. Modalpartikeln sind ☒ kurze Wörter, mit denen Sprecher ihre emotionale Einstellung ausdrücken ☐ kurze Wörter, ohne die die Sätze keine Bedeutung haben.
> 2. Modalpartikeln stehen ☐ am Satzanfang ☐ im Mittelfeld.
> 3. Modalpartikeln sind fast immer ☐ betont ☐ unbetont.

c Die Modalpartikeln „ja", „aber" und „vielleicht" können in bestimmten Situationen Erstaunen signalisieren. Ordnen Sie den Partikeln die passende Erklärung zu. Die Betonung liegt auf den unterstrichenen Wörtern.

> *Zu weiteren Bedeutungen von „ja" siehe Kap. 9 im Grammatiktrainer B2.*

1. Mit „aber" wird Erstaunen signalisiert, dass etwas / jemand so ist.
   „Die Kirschen sind aber sauer!"
2. Mit „vielleicht" wird Erstaunen darüber ausgedrückt, wie etwas / jemand ist.
   „Die Kirschen sind vielleicht lecker!"
3. Mit „ja" wird Erstaunen darüber ausgedrückt, dass etwas / jemand so ist.
   „Die Kirschen sind ja alle faul!"

A Das Erstaunen ist absolut. Man hat das nicht oder eher das Gegenteil erwartet.   1. ☐ B

B Das Erstaunen ist nicht absolut – man hat etwas erwartet, aber nicht in dem Ausmaß.   2. ☐

C Man hält den Sachverhalt für außergewöhnlich, ist erstaunt über die Art und Weise.   3. ☐

2 **Staunen, dass … Staunen, wie …**

a Lesen Sie zunächst die Sätze 1–6 laut und betonen Sie dabei die unterstrichenen Wörter. Ordnen Sie dann die Erklärungen A–F zu.

1. Der Vortrag ist aber lang!
2. Der Vortrag ist ja lang!
3. Der Vortrag ist vielleicht lang!
4. Der spricht aber schnell!
5. Der spricht ja schnell!
6. Der spricht vielleicht schnell!

A Ich bin überrascht, dass der Vortrag lang ist. Ich dachte vorher, er wäre nur ganz kurz.   1. ☐ C

B Ich bin erstaunt, wie lang der Vortrag ist.   2. ☐

C Ich bin erstaunt, dass der Vortrag noch länger ist, als ich erwartet hatte.   3. ☐

D Ich bin erstaunt, wie schnell er spricht. Das hätte ich nicht gedacht.   4. ☐

E Ich bin erstaunt, dass er so schnell spricht.   5. ☐

F Ich bin erstaunt, dass er schnell spricht, ich dachte, er spräche langsam.   6. ☐

b Ergänzen Sie „ja", „aber" und „vielleicht" im jeweils passenden Dialog.

> „Vielleicht" dient auch zur Intensivierung einer Aussage: „Das war vielleicht schön!" Ein gewisses Erstaunen ist implizit: „Wir haben gestaunt, wie schön es war!"

1.
▶ Wie war denn der Film?
▷ Der war _vielleicht_ blöd!
▶ Wieso das denn?
▷ Am Ende waren alle tot!!

2.
▶ Boah! Das Auto ist _____ teuer!
▷ Ist ja auch ein Mercedes!
▶ Aber schon 5 Jahre alt.

3.
▶ Der Fisch ist _____ noch ganz roh!
▷ Iss den bloß nicht!
▶ Herr Ober …!

4.
▶ Der Krimi ist _____ langweilig!
▷ Wundert dich das? Bei dem Regisseur!

5.
▶ Gestern hab' ich die Klausur geschrieben. Die war _____ schwer!
▷ Echt?
▶ Ja, superschwer – ich hab nur die Hälfte geschafft.

6.
▶ Maren ist _____ zu Hause. Ich dachte, sie wäre im Urlaub.
▷ Ja, dacht' ich auch.

3 Aufforderungen: von freundlich bis drohend

a Ergänzen Sie die Sätze mit der passenden Fortsetzung aus dem Schüttelkasten.

> „ja" und „nur" können die gleiche Bedeutung wie „bloß" haben. „Sei ja/bloß/nur pünktlich!!" – „Sonst hat das negative Folgen."
> In dieser Bedeutung werden die Modalpartikeln betont, wie z.B.: „Sei já ruhig!" / „Hör blóß auf!" / „Fang núr nicht wieder damit an! …" (Sonst hat das negative Konsequenzen.)

Sonst steckst du noch alle an.   Ich kann's nicht mehr aushalten.   Zu zweit geht es besser.   Ich hab' lange genug gewartet.   Vielleicht kann ich es dann besser verstehen.   Ich will auch noch telefonieren.   Dann helfe ich dir auch nie mehr.   ~~Sonst glaubt dir keiner mehr.~~   Sonst glaube ich dir kein Wort mehr.

1. Sag ja die Wahrheit! _Sonst glaubt dir keiner mehr._ _____
2. Jetzt kommt aber endlich! _____
3. Wiederhol das doch bitte noch mal. _____
4. Bleib bloß zu Hause! _____
5. Quatsch aber nicht wieder so lange! _____
6. Jetzt hör aber auf zu jammern! _____
7. Sei doch so nett, und hilf mir kurz mal! _____
8. Sag ja nicht, du hast keine Lust dazu! _____
9. Komm mir nur nicht wieder mit Ausreden! _____

b Ordnen Sie die Sätze aus Übungsteil a den folgenden Kategorien zu und notieren Sie die jeweilige Partikel.

Stil der Aufforderung	Beispiel
höfliche intensivierte Aufforderung	Satz 3: doch, …
ungeduldige Aufforderung	
Drohung	

c Legen Sie eine Tabelle an wie im Beispiel und notieren Sie für jede Bedeutung einen Minidialog. Sie können natürlich auch ein Beispiel aus den Übungen übernehmen.

Partikel	Bedeutung	Beispielsätze
aber	*Erstaunen (im Widerspruch zum Erwarteten)*	*– Das Buch ist aber teuer!* *– Ich hätte auch nicht gedacht, dass es so teuer ist.*
	Ungeduld	*...*
	Intensivierung	
ja		
doch		
nur		
vielleicht		

4 Auch „auch" hat mehrere Bedeutungen

a Ergänzen Sie die Dialoge, indem Sie Sätze aus den Elementen bilden. In einem Satz ist „auch" keine Modalpartikel. In welchem?

1. ▶ Ihr habt versprochen, mir beim Umzug zu helfen. (kann / verlassen / auch / mich / darauf / ich / ?) → <u>Kann ich mich auch darauf verlassen?</u>
   ▷ Natürlich!!
2. ▶ Du hast Ellen und John nicht mehr angerufen. (sicher / auch / du / sein / dass / kommen / sie / ?) → _____
   ▷ Sie haben es fest versprochen.
3. ▶ Übrigens, (Sven / auch / Rainer / kommen / und) → _____
   _____
   ▷ Das ist ja super!
4. ▷ Sag mal, warum hast du eigentlich so viele deiner alten Möbel verkauft?
   ▶ (Was / ich / machen / auch / sollte / ?) → _____
   _____ Die neue Wohnung ist viel kleiner.
5. ▶ Oh, mein Rücken! Alles tut mir weh!
   ▷ (Was / du / auch / so / hebst / schwer / immer / !) → _____
   ▷ Du weißt genau, dass du das nicht sollst!
6. ▶ Tja!! (wie / ich / auch / vergessen / konnte / das / ?) → _____
   ▷ Aber wenn ich dir helfen soll!!
7. ▶ (Wie / dich / konnte / ich / auch / bitten / darum / !) → _____
   _____
   ▷ Wir sind doch Freunde!

! In Satz _____ ist „auch" keine Modalpartikel, sondern ein Adverb.

b Ordnen Sie die Sätze aus Übungsteil a den drei Bedeutungen von „auch" als Modalpartikel zu.

„auch" in Entscheidungsfragen	„auch" in Ausrufen / W-Fragen	„auch" in W-Fragen
Bitte um Bestätigung Beispiel: „Kann ich mich auch auf dich verlassen?"	negative Einstellung Beispiel: „Warum kommst du auch immer zu spät!!"	negativ rhetorisch Beispiel: „Wie konntest du das auch wissen?"
1, ..		

5 Einmal mit und einmal ohne – Was ist gemeint?

„sowieso", „eh" und „ohnehin" haben die gleiche Bedeutung. Sie unterscheiden sich aber im Grad der Formalität: formal: „ohnehin", neutral: „sowieso", eher umgangssprachlich: „eh".

a Lesen Sie die kurzen Dialoge. Welcher Antwortsatz passt zu welcher Erklärung?

1. **Peter:** Meinst du, dass Rolf helfen kann?
   Maria: a. Nein, Rolf hat keine Ahnung. **b.** Nein, Rolf hat eh keine Ahnung.
   A Maria stellt fest, dass Rolf nicht Bescheid weiß.
   B Maria macht Rolf Vorwürfe, dass er nicht Bescheid weiß.
   C Maria meint, dass Rolf nicht Bescheid weiß, egal wie die Situation ist.
2. **Professor:** Werden Sie in Ihrem Vortrag auf das Thema „Standardisierung" eingehen?
   Assistent: a. Kollege Hein wird dieses Thema behandeln.
   b. Kollege Hein wird dieses Thema ohnehin behandeln.
   A Er meint, dass er selbst das Thema nicht zu behandeln braucht, weil der Kollege Hein es auf jeden Fall behandelt.
   B Der Assistent meint, dass der Kollege Hein das Thema wahrscheinlich behandelt.
   C Der Assistent stellt fest, dass der Kollege Hein das Thema behandeln wird.
3. **Moderator:** Wir sollten anfangen, aber Herr Schmitz ist noch nicht da.
   Kollege: a. Er kommt sowieso immer zu spät. **b.** Er kommt immer zu spät.
   A Der Kollege informiert, dass Herr Schmitz immer zu spät kommt.
   B Der Kollege signalisiert, dass Herr Schmitz unzuverlässig ist.
   C Der Kollege signalisiert, dass Herr Schmitz, egal bei welchem Anlass, zu spät kommt.

Antwortsatz	1. a.	1. b.	2. a.	2. b.	3. a.	3. b.
Erklärung	A					

b Schauen Sie sich die Erklärungen noch einmal an und kreuzen Sie das richtige Wort an.

! „Ohnehin", „sowieso", „eh" signalisieren eine Tatsache, die ☐ abhängig ☐ unabhängig von der jeweiligen Situation besteht.

6 Ungeduld, Warnung – Beruhigung und Ermutigung

a Lesen Sie den kurzen Einleitungstext und markieren Sie die entsprechenden Sätze mit U (Ungeduld), W (Warnung), B (Beruhigung) und E (Ermutigung).

Frau und Herr Höfler sind verschiedene Charaktere. Das zeigt sich auch in der Kindererziehung. Frau Höfler ist ungeduldig und droht häufig. Herr Höfler dagegen beruhigt und ermutigt die Kinder.

Frau Höfler: 1. Jetzt fangt schon mit den Hausaufgaben an! U
2. Ihr werdet schon sehen, was passiert, wenn ihr so wenig lernt! _____
3. Jetzt macht schon vorwärts! _____

Herr Höfler: 4. Spielt ruhig noch ein bisschen. B
5. Probiert einfach erst mal selbst, ob ihr die Aufgabe versteht. _____
6. Ihr könnt ruhig fragen, wenn ihr etwas nicht versteht. _____

b Bilden Sie aus den Elementen weitere Sätze, ordnen Sie sie jeweils Frau oder Herrn Höfler zu und markieren Sie sie wie im Übungsteil a.

1. (jetzt – vorwärts machen – Geschirrabräumen – mit – schon)
2. (euch – Zeit lassen – ruhig – dem Essen – mit)
3. (ihr – sehen – werden – wohin – das – führen – ihr – wenn – so spät – schlafen gehen)
4. (ihr – können – ein bisschen – lesen – noch)

1.   Frau Höfler: Jetzt macht doch schon vorwärts mit dem Geschirrabräumen! (Ungeduld)

7 Bist du etwa schon fertig?

Lesen Sie zuerst die Informationen und dann das Gespräch. Kreuzen Sie an, welche Bedeutung der Satz mit der markierten Modalpartikel jeweils hat.

1. „etwa" in Entscheidungsfragen signalisiert, dass jemand
   – mit etwas Unerwartetem konfrontiert ist: „Erst zwei Uhr! Hast du etwa schon frei?"
   – unzufrieden ist und eine negative Antwort auf seine Frage erwartet: „Hast du etwa die Theaterkarten auch vergessen?"
2. „nun mal" in Aussagen signalisiert eine unabänderliche Tatsache: „Er kann nicht Pilot werden, er ist nun mal zu groß."
3. „einfach" kann eine Aussage verstärken: „Es wird mir einfach alles zu viel!" oder in einer Aufforderung Ermutigung signalisieren: „Probier es einfach noch einmal!"

Sie wollten einer Freundin beim Streichen ihrer Wohnung helfen. Weil Sie Überstunden machen mussten, kommen Sie etwas später. Als Sie klingeln, putzt sie schon die Wohnung …

1. Sie fragen: „Bist du **etwa** schon fertig?!"
   a. Sie signalisieren, dass Sie das nicht erwartet hätten. ✗
   b. Sie machen ihr einen Vorwurf.
2. Die Freundin antwortet: „Du kennst mich doch. Ich arbeite **nun mal** schnell."
   a. Sie will betonen, dass sie jetzt schnell arbeitet.
   b. Sie will die Tatsache betonen, dass sie immer schnell arbeitet.
3. Und sie fügt hinzu: „Oder hast du das **etwa** vergessen?"
   a. Sie ist unzufrieden und erwartet eine negative Antwort.
   b. Sie meint, dass Sie es vielleicht vergessen haben.
4. Sie antworten: „Natürlich nicht! Ich konnte aber **einfach** nicht früher kommen."
   a. Sie wollen signalisieren, dass es zu kompliziert war, früher zu kommen.
   b. Sie wollen die Aussage, dass Sie nicht früher kommen konnten, betonen.
5. Und Sie fügen hinzu: „Oder soll ich **etwa** die Kollegen im Stich lassen?!"
   a. Sie sind sauer, erwarten aber eine negative Antwort auf Ihre Frage.
   b. Sie machen der Freundin einen Vorwurf.
6. Ihre Freundin antwortet: „Nein, natürlich nicht. Wir sollten jetzt kein Problem draus machen, lass uns die Sache **einfach** vergessen!"
   a. Sie will Sie beide ermutigen, die Sache zu vergessen.
   b. Sie findet es einfach, die Sache zu vergessen.

8 Wie war das doch gleich?

> Mit „gleich" bzw. „doch gleich" können Sie höflich nachfragen: „Wie war doch gleich Ihr Name?" / „Wie heißt er gleich?" Damit signalisieren Sie, dass Sie die Information zwar schon bekommen hatten, aber leider wieder vergessen haben.

a Formulieren Sie Fragen wie im Beispiel.

1. wann – ankommen – Flugzeug?
2. was – er – sein – von Beruf?
3. wer – sein – Autor – „Ruhm" – von ?
4. wo – sein – ihr – Urlaub – in?

1.   Wann kommt doch gleich das Flugzeug an?

b Übertragen Sie die Tabelle von Übung 3c in Ihr Heft, ergänzen Sie sie mit den Modalpartikeln aus den Übungen 4 – 8 und ordnen Sie die entsprechenden Bedeutungen zu.

9 Familienszenen

Setzen Sie die passenden Partikeln in die Dialoge ein.

> auch   ~~etwa~~   ja   einfach

1. ▶ Ines, 21 Uhr! Fängst du __etwa__ jetzt erst mit den Hausaufgaben an?!
   ▷ Ach, Mama, ich hatte heute Nachmittag _____ keine Zeit.
   ▶ Erzähl _____ keine Märchen! Und wer hat die ganze Zeit Musik gehört?
   ▷ O.k., o.k. Ab morgen wird alles anders.
   ▶ Kann ich mich _____ darauf verlassen??

> ja   ~~einfach~~   doch gleich   sowieso   nur   vielleicht   doch

2. ▶ Papa, ich kann die Matheaufgabe __einfach__ nicht verstehen! Die sind _____ schwer! Immer gibt der so schwere Aufgaben auf!! Die kann ich _____ nicht!
   ▷ Jammere _____ weiter! Das hilft bestimmt viel. Und wer ist „der"?
   ▶ Papa, du bist gemein!
   ▷ Warte _____ mal kurz! Ich komm' _____ gleich und helf' dir. Wie heißt dein Mathelehrer _____? Ich glaub', ich muss mal mit ihm sprechen.

> einfach   eh   auch   ruhig   bloß   doch gleich
> auch   doch   einfach   nun mal   ~~etwa~~

3. ▶ Rolf, hast du __etwa__ vergessen, das Auto in die Werkstatt zu bringen?
   ▷ Oh, Liebling! Ich hab's _____ nicht geschafft.
   ▶ Wie konntest du _____ dran denken? Du vergisst ja _____ immer alles!
   ▷ Sprich _____ weiter, das tut dir gut, Liebling.
   ▶ Sei _____ nicht so ironisch! Ich war _____ sauer. Entschuldige!
   ▷ Du hast ja Recht. Wie konnte ich das _____ vergessen! Ich bin _____ ein Schussel! Wann war _____ der Termin?
   ▶ Fang _____ nicht wieder von vorne an!

> ~~ja~~   ja   bloß   halt   denn   eben   einfach

4. ▶ Hallo Lea, ich komme heute später.
   ▷ Das ist __ja__ blöd! Wir wollten doch ins Kino. Was ist _____ schon wieder los?
   ▶ Wir müssen den Workshop vorbereiten. Du weißt _____, wie lange so was dauert.
   ▷ Ja, ja. Wenn ihr _____ endlich mit euren ewigen Workshops aufhören würdet!
   ▶ Stimmt schon! Ich habe manchmal auch _____ keine Lust mehr.
   ▷ Na ja, so ist das _____. Dann gehen wir _____ Samstag ins Kino! Tschüs, Schatz!

Lösungen

1 Satzstrukturen

1.1 Aufforderungssätze

1 b unhöflich / direkt: Zuerst räumst du dein Zimmer auf. • **befehlsartig:** Du wirst jetzt dein Zimmer aufräumen. • Und du sollst nicht immer meckern. • **neutral:** Lassen Sie uns doch später darüber sprechen. • **freundlich:** Oder kannst du mir helfen? • **(sehr) höflich:** Kommen Sie doch bitte mit. • Könnten Sie mir nicht einfach Informationen zuschicken? • Wenn Sie mir Ihre Adresse geben würden. • Könnten Sie mir vielleicht weiterhelfen?

1 c unhöflich / direkt: h., m. • **befehlsartig:** d., b., l. • **neutral:** g., i., j., k. • **freundlich:** a., f. • **(sehr) höflich:** c., e.

1 d 2j • 3m • 4b • 5l • 6d • 7i • 8g • 9k • 10f • 11a • 12e • 13c

2 *Mögliche Lösungen:* 5 • 4 • 2 • 3

3 a kombiniere • mixe • füge • mische • rühre • backe • werfe

3 b 2. Lass uns das am Freitag machen. • 3. Wollen wir die Planung noch mal durchsehen? • 4. Du solltest vielleicht ein Aspirin nehmen. • 5. Lass uns doch Geld für ein Geschenk sammeln.

4 a *Mögliche Lösungen:* 2. 2 • 3. 4 • 4. 1 • 5. 3

4 b *Mögliche Lösungen:* 2. Reservieren Sie doch bitte den Besprechungsraum. / Wenn Sie bitte den Besprechungsraum reservieren könnten. • 3. Können Sie bitte bei Dr. Blank anrufen. / Dürfte ich Sie bitten, bei Dr. Blank anzurufen? • 4. Kopieren Sie doch bitte die Unterlagen. / Wären Sie so nett und würden Sie die Unterlagen kopieren? • 5. Können Sie den Betrag bitte umgehend überweisen? / Würden Sie den Betrag bitte umgehend überweisen? • 6. Können Sie mir bitte die Nummer heraussuchen? / Wenn Sie mir bitte die Nummer heraussuchen würden.

5 a 1. Nicht jammern • 2. Könnte ich Sie kurz um Ihre Aufmerksamkeit bitten • wären Sie so freundlich • Sie sollten • 3. Bring mir doch • Kannst du mir auch • lass uns doch zusammen gehen • 4. wären Sie so nett • Dürfte ich Sie noch • Wenn Sie mir sagen könnten 5. Können Sie bitte • Dann füllen Sie doch bitte • Können Sie mir

5 b 2b • 3a • 4b

1.2 Irreale Folgesätze

1 a 1C • 2D • 3A • 4F • 5B • 6E

1 b 2. **Die Folge tritt ein,** d.h. man kann nicht still sitzen. **Der Folgesatz ist real, steht also im** Indikativ Präsens • 4. **Die Folge tritt nicht ein,** d.h. sie müssen verstanden werden. **Der Folgesatz ist irreal, steht also im** Konj. II Gegenwart • 5. **Die Folge tritt nicht ein,** d.h. man kann sich beim Hören nicht entspannen. **Der Folgesatz ist irreal, steht also im** Konj. II Gegenwart

1 c 1. Reale • real • Reale • Indikativ Präsens • 2. Irreale • irreal • Irreale • Konjunktiv II der Gegenwart

2 a 2. … sie nur im Konzertsaal aufgeführt werden sollte. • 3. … sie ausschließlich Aufgabe des Musikunterrichts sein sollte. • 4. … sie finanziell ausreichend gefördert würden.

2 b 2. nicht nur • 3. nicht ausschließlich • 4. nicht ausreichend

2 c 2. Klassische Musik ist zu wertvoll, um nur im Konzertsaal aufgeführt zu werden. • 3. Seiner Meinung nach hat Musikerziehung eine zu große Bedeutung, um ausschließlich Aufgabe des Musikunterrichts zu sein. • 4. Musikprojek-

te außerhalb der Schule sind noch zu wenig anerkannt, um finanziell ausreichend gefördert zu werden.

3 2. … er nicht trotzdem seinen Weg gegangen wäre. • 3. … sie beachtet worden wären. • 4. … sie auf Dauer hätten übersehen werden können.

1.3 Indirekte Rede

1 a Es handelt es sich um drei unterschiedliche Textsorten: **Text A:** formelles Gespräch auf der Polizeiwache mit einem Kriminalbeamten in direkter Rede • **Text B:** formeller Zeitungsbericht in indirekter Rede • **Text C:** privater, also informeller Beitrag in einem Internetforum in indirekter Rede • **Regeln:** 1. Konjunktiv I • Konjunktiv II • 2. „würde" • Indikativ Präsens

1 b Personalpronomen: Text A: Mir, Ihnen, mich, Sie, Es, uns, Wir • Text B: Ihm, er, ihn, es, ihnen, sie • **Possessivartikel:** Text A: meinem, meine, meinem, Ihrem, unseren • Text B: seine, seinem, ihren • **Zeitangaben:** Text A: heute Morgen, morgen, nächste Woche, Heute, im letzten Jahr • Text B: am Morgen vorher, an diesem Tag, am folgenden Tag, in der kommenden Woche, an diesem Tag , im letzten Jahr • **Ortsangaben:** Text A: aus Frankreich, von meinem Konto, hier bei Ihnen, dort , im Supermarkt, ins Ausland, aus Frankreich, in Europa, in Frankfurt • Text B: von seinem Konto, aus Frankreich, in Frankreich, dort im Betrugsdezernat, im Supermarkt, dort, im Supermarkt, ins Ausland, aus Frankreich, in Europa, in Frankfurt

1 c Personalpronomen: ich → er / sie, wir → sie • **Possessivartikel:** mein → sein / ihr, unser → ihr • **Zeitangaben:** gestern → am Tag vorher, morgen → am nächsten / folgenden Tag • **Ortsangaben:** hier → an dieser Stelle, dort → an jener Stelle

1 d 3. werde … holen • 4. werden in Konj. I + Partizip II • 5. seien … abgebucht worden • 6. werden in Konj. I + Partizip II + werden • 7. weiterhelfen könne • 8. haben in Konj. I + Infinitiv + Modalverb im Infinitiv • 9. müsse … untersucht werden • 10. „haben" in Konj. I + Partizip II + werden + Modalverb im Infinitiv (kommt im Text B nicht vor, dafür dort Modalverb in subjektiver Bedeutung: manipuliert worden sein müsse)

2 a leite … ab • lasse • lesen könne • werde … ausspioniert • werde kopiert • funktionieren könne • werde … benutzt • werde … zugegriffen • bemerke • werde … verhandelt • stehe • mache • habe sich … gemeldet • könne … vorlegen • dokumentiere • aufgehalten habe • gehe

2 b 3. Nach seinem Informatikstudium habe er eine Firma mit 15 Mitarbeitern aufgebaut. • 4. Durch die Wirtschaftskrise sei seine Firma in Schwierigkeiten geraten. • 5. Er habe seine Mitarbeiter entlassen müssen. • 6. Die Banken hätten ihn damals abgewiesen. • 7. Da sei er auf die Idee mit dem Skimming gekommen. • 8. Er habe als Angestellter einer Reinigungsfirma in Banken und Supermärkten geputzt. • 9. Sie, also ein ehemaliger Mitarbeiter und er, hätten dabei den Skimmer installiert. • 10. Mit dem erbeuteten Geld habe er seine Schulden bezahlen können. • 11. Später habe er seine Mitarbeiter wieder eingestellt. • 12. Sie hätten also nichts Unrechtes getan und niemandem geschadet. • 13. Die Banken müssten doch den Schaden ihrer Kunden bezahlen. • 14. Sie hätten nur sich selbst aus der Misere geholfen.

2 c 2. Ein Zeuge meinte, dass am Tag zuvor hohe Geldbeträge aus Paris von seinem Konto abgebucht worden seien. / Ein Zeuge meinte, am Tag zuvor seien hohe Geldbeträge aus Paris von seinem Konto abgebucht worden. • 3. Eine Zeugin sagte aus, dass sie gesehen habe, wie der Angeklagte den

Lösungen

Skimmer montiert habe. / Eine Zeugin sagte aus, sie habe gesehen, wie der Angeklagte den Skimmer montiert habe. • 4. Die Komplizin behauptete, dass sie das abgehobene Geld immer auf ausländische Konten hätten einzahlen müssen. / Die Komplizin behauptete, sie hätten das abgehobene Geld immer auf ausländische Konten einzahlen müssen. • 5. Ein Kriminalbeamte erklärte, dass sie das Geld nicht gefunden hätten. / Ein Kriminalbeamter erklärte, sie hätten das Geld nicht gefunden. • 6. Der Verteidiger meinte, dass sein Mandant niemanden habe schädigen wollen. / Der Verteidiger meinte, sein Mandant habe niemanden schädigen wollen. • 7. Der Angeklagte ergänzte, dass der Schaden doch von den Banken ersetzt werden müsse. / Der Angeklagte ergänzte, der Schaden müsse doch von den Banken ersetzt werden. • 8. Der Richter kündigte an, dass sie den Sachverständigen zu diesem Thema hören würden. / Der Richter kündigte an, sie würden den Sachverständigen zu diesem Thema hören. • 9. Der Sachverständige erläuterte, dass den Kunden der Schaden nicht in jedem Fall erstattet werden könne. / Der Sachverständige erläuterte, den Kunden könne der Schaden nicht in jedem Fall erstattet werden. • 10. Die Nebenklägerin sagte, dass sie ihren Job bei der Bank verloren habe. / Die Nebenklägerin sagte, sie habe ihren Job bei der Bank verloren. • 11. Der Staatsanwalt forderte, dass das Gericht bald zu einem Urteil kommen müsse. / Der Staatsanwalt forderte, das Gericht müsse bald zu einem Urteil kommen.

2 d 2f • 3r • 4r • 5f • 6r • 7f • 8r • 9f

2 e 5. Den Konjunktiv II gebraucht man, wenn die Konjunktiv I-Form mit dem Indikativ identisch ist, z.B. 3. Person Plural: Sie haben das Geld nicht gefunden. → Sie hätten das Geld nicht gefunden. • 7. Passiv kann auch mit Konjunktiv I gebildet werden, z.B. Hohe Geldbeträge seien abgebucht worden. • 8. „dass" kann in der indirekten Rede wegfallen: Sie sagte, dass sie ihren Job verloren habe. / Sie sagte, sie habe ihren Job verloren.

3 a 2. …, das eigentlich an jedem Geldautomaten vorkommen könne. • 3. …, wie man sich (denn) vor Kartenbetrügern schützen könne. • 4. …, wo (denn) die PIN aufbewahrt werden solle. • 5. …, ob der Kunde (denn) für den Schaden haften müsse. • 6. …, oder ob die Bank Schadenersatz leiste.

3 b 2. Bei der Eingabe der PIN solle man das Tastenfeld mit der Hand abdecken. • 3. Man könne ein zweites Konto anlegen, … • 4. Die PIN dürfe nie in der Nähe der EC-Karte aufbewahrt werden. • 5. Man müsse es seiner Bank so schnell wie möglich melden, wenn man seine Karte vermissen würde.

4 a Situation A: Sie nehme das Gerät dort auf keinen Fall zurück. Ich solle das Modem direkt an den Vertrieb schicken. Dort werde die Angelegenheit geprüft und man werde sich dann mit mir in Verbindung setzen. • **Situation B:** Ihre Mitarbeiterin, Frau Wille, sagte uns, wir hätten große Chancen auf einen Krippenplatz, da wir sogar vier Wochen vor Ablauf der Frist den Antrag gestellt hätten. Wir erklärten ihr, dass wir beide berufstätig und daher auf den Krippenplatz angewiesen seien. Frau Wille sagte sogar wortwörtlich, dass wir uns keine Sorgen machen sollten, denn Berufstätige würden bevorzugt behandelt werden.

4 b *Mögliche Lösung:* Sehr geehrte Damen und Herren, ich bin am Wochenende von meinem sechsmonatigen Praktikum aus Neuseeland zurückgekehrt. Als ich die Haustür öffnete, erwartete mich ein Stapel von mehr als Hundertfünfzig Ausgaben Ihrer Tageszeitung!!! Dabei hatte ich vor meiner Abreise mit einem Anruf bei Ihrer Service-Hotline veranlasst, dass mein Abonnement für den Zeitraum mei-

ner Abwesenheit ruhen sollte. Der Mitarbeiter Ihrer Service-Hotline hatte mir versichert, dass die Lieferung im genannten Zeitraum eingestellt werde und selbstverständlich kein Geld von meinem Konto abgebucht werde. Viele würden ihr Abonnement ruhen lassen. Dies klappe immer problemlos. In der Anlage sende ich Ihnen die schriftliche Bestätigung meiner Abmeldung und fordere Sie hiermit auf, mir die von Ihnen fälschlicherweise eingezogenen Lieferkosten umgehend zu erstatten.
Mit freundlichen Grüßen
Torsten Weber

1.4 Nominalisierung von Infinitiv- und dass-Sätzen

1 2c (N) • 3f (V) • 4a (N) • 5d (N)

2 a 1b. „sich" (das Reflexivpronomen) • 2b. <u>von Bedeutung und Spaß</u>; <u>der drei Faktoren</u> → **Regel:** Genitiv; „von" • 3b. <u>durch seine Assistenten</u> → **Regel:** „durch" • 4b. <u>die Praxisnähe und Verständlichkeit</u> → Regel: Adjektive • 5b. <u>die stringente Verfolgung von Zielen</u>; <u>große Anstrengungen</u> → **Regel:** Adjektiven ; große • 6b. <u>seine</u> → **Regel:** Possessivartikel • 7b. <u>Die Weitergabe</u> dieses Artikels <u>an Freunde und Bekannte</u> → **Regel:** Präpositionen

2 b 4. Adjektiv → Nominalisierung möglich, z.B. praxisnah → die Praxisnähe • 5. Adverbien / als Adverb verwendete Adjektive → Adjektive, wie z.B.: sehr → groß; oft → häufig; viele Tage / Monate / Jahre → tage- / monate- / jahrelang • 6. Personalpronomen → Possessivartikel • 7. Dativobjekt → Nomen + an (Akk.)

3 2a. Die Verbreitung seiner Ideen • 2b. Die weltweite Verbreitung seiner Ideen • 2c. Die weltweite Verbreitung seiner Ideen durch das Internet • 3a. Das Angebot von Unterstützung an Prof. Ben-Shahar / Das Unterstützungsangebot an Prof. B-S • 3b. Das Angebot von finanzieller Unterstützung an Prof. B-S • 3c. Das Angebot von finanzieller Unterstützung an Prof. B-S durch das Land • 4a. Seine Zusammenarbeit mit Forschern aus anderen Ländern • 4b. Seine enge Zusammenarbeit mit Forschern aus anderen Ländern • 4c. Seine jahrzehntelange enge Zusammenarbeit mit Forschern aus anderen Ländern • 5a. Die mangelnde Information über diese Kooperation • 5b. Die mangelnde Information über diese Kooperation durch deutsche Journalisten • 5c. Die monatelange mangelnde Information über diese Kooperation durch deutsche Journalisten

4 Die richtige Lösung mit einer möglichen Begründungen in Klammern: 1. (Die Tätigkeit des Forschens macht ihm Spaß.) • 2. die Wirkung (also das Resultat des Wirkens wird untersucht) • 3. die Auswertung (Man schaut sich die Resultate der Gehirnscans an.) • 4. Laufen (Die Aktivität selbst verstärkt die Ausschüttung.) • 5. kräftiges Lachen (Die Aktivität selbst stimuliert.) • 6. der Duft (Wenn man beschreibt, wie etwas duftet spricht man von „Duft", z.B. der Duft einer Blume, eines Kaffees etc.) • 7. übertriebener Genuss (Hier ist nicht die Aktivität des Genießens gemeint, sondern „Genuss" ist hier ein Synonym von „der Verzehr", also dass man etwas isst.) • 8. intensives Erinnern (Es geht nicht um das Resultat des Erinnerns, → die Erinnerung, sondern um eine intensive Hirnaktivität, mit der man sich Vergangenes in die Erinnerung ruft.)

5 2. Die Pflege von Freundschaften • 3. Die Anerkennung durch andere (Wenn man „die Anerkennung von anderen" schreiben würde, wüsste man nicht, ob man selbst andere anerkennt oder ob man von anderen anerkannt wird.)

• 4. Die Berücksichtigung persönlicher Interessen • 5. Die Definition von Zielen • 6. Häufigeres Scheitern – positiv • 7. Die Wahl des einfachsten Weges – negativ • 8. Effektiveres Lernen durch Fehler • 9. Regelmäßiges Sporttreiben • 10. Genügend Schlaf

6 a 2. stärkere Mitwirkung der Bürger • 3. Beschleunigung von Entscheidungsprozessen • 4. häufigere Treffen mit den Bürgervertretern • 5. Bitte um Unterstützung durch örtliche Betriebe • 6. Veröffentlichung der heutigen Entscheidungen durch die Gemeinde

6 b 2. Die Einführung eines „Bürgerbusses" mithilfe Ehrenamtlicher wurde vorgeschlagen. • 3. Örtliche Betriebe sagten die Anpflanzung von Bäumen entlang der Hauptstraße zu. • 4. Die Buchhandlung „Klinger" versprach die Spende von Kinderbüchern für die Gemeindebibliothek. • 5. Der Bürgermeister sagte die stärkere Auseinandersetzung mit dem Thema „Müll im Zentrum" zu. • 6. Die Bürgervertreterin verlangte den Rücktritt der Umweltbeauftragten. • 7. Sie forderte die stärkere Beteiligung der Bürger an den Entscheidungsprozessen. • 8. Sie versprach die baldige Zusendung von Verbesserungsvorschlägen an die Gemeinde. • 9. Die Verwaltung stellte die rasche Umsetzung der besprochenen Maßnahmen in Aussicht.

7 2. Die Bürgervertretung • 3. Der Bürgermeister, sie • 4. Der Bürgermeister • 5. Der Bürgermeister • 6. Die Sekretärin, viele Interessenten • **Regel:** 1. Subjekt, Subjekt • 2. Objekt, Subjekt • 3. verschiedene Subjekte

8 a 1. Ergänzung, Subjekt • 2. Adverb • 3. Verb

8 b In dieser Situation ist der Verbalstil angemessener, weil es sich um eine mündliche Erzählung im informellen Bereich handelt.

9 2. …, uns aktiv an der Diskussion über die Studienbedingungen zu beteiligen. / …, dass wir uns aktiv an der Diskussion über die Studienbedingungen beteiligen. • 3. …, dass Freiwillige die Seminarbibliothek am Wochenende betreuen. • 4. …, Bücher pünktlicher zurückzugeben. / dass wir Bücher pünktlicher zurückgeben. • 5. …, dass die Studienanfänger besser von Tutoren betreut werden. • 6. …, dass die Kommilitonen geringes Interesse an der Versammlung hatten. / …, dass die Kommilitonen wenig an der Versammlung interessiert waren. / …, dass die Kommilitonen sich wenig für die Versammlung interessierten.

10 a *Mögliche Lösungen:* 2. Wir haben vor, eine Theatergruppe zu gründen. • 3. Wir möchten dazu anregen, dass Schüler eine Graffiti-Wand gestalten. • 4. Es würde sich lohnen, eigenes Gemüse in einem Schulgarten anzubauen. • 5. Die Schulleitung sollte die Eltern auffordern, sich an dem Gartenprojekt zu beteiligen. • 6. Wir schlagen vor, interessierte Sponsoren zu suchen. • 7. Wir meinen, dass eine Webseite für die Schule eingerichtet werden sollte.

1.5 Nominalisierung von anderen Haupt- und Nebensätzen

1 a 2r • 3r • 4f • 5r • 6f • 7r • 8r

1 b **Zeit (temporal):** nachdem, seitdem, danach, bis • **Grund (kausal):** weil, aus diesem Grund, deshalb, da; Übg. 5c: darum • **Gegengrund (konzessiv):** jedoch, obwohl, trotzdem, zwar … aber; Übg. 5c: dennoch • **Gegensatz (adversativ):** während; Übg. 5c: jedoch, aber, wohingegen • **Alternative:** stattdessen, anstatt … zu • **Art und Weise (modal):** dadurch, dass; Übg. 5c: ohne … zu, ohne dass • **Folge (konsekutiv):** folglich, sodass • **Bedingung (konditional):** sofern • **Ziel, Zweck (final):** um … zu, damit

1 c **Zeit (temporal):** binnen, bis zu, innerhalb, nach, seit, vor, während • **Grund (kausal):** aufgrund, wegen • **Gegengrund (konzessiv):** trotz, ungeachtet • **Gegensatz (adversativ):** entgegen, im Gegensatz zu • **Alternative:** anstelle, außer, statt • **Art und Weise:** durch, mit • **Folge (konsekutiv):** infolge, sodass • **Bedingung (konditional):** bei, im Falle, unter der Voraussetzung • **Ziel, Zweck (final):** für, um … willen, zu, zwecks

2 a 3. Nach dem Verkauf, Errichtung eines Geschäftshauses • 4. damaliger Bürgerproteste • 5. des endgültigen, durch • 6. dieser Renovierung

2 b **Satz 2:** 2, 4 • **Satz 3:** 7 • **Satz 4:** 2, 5 • **Satz 5:** 2, 3, 5 • **Satz 6:** 2

2 c 2. der geringen Auslastung • 3. Realisierung „eines zukunftsträchtigen Konzepts" • 4. anfänglichen Zustimmung zu den Umbauplänen • 5. die Erhaltung / den Erhalt des Gebäudes • 6. ständige Aktivität • 7. ihres jahrelangen Kampfes • 8. Rettung des Kinos • 9. wirklichen Erfolg • 10. der unklaren rechtlichen Lage • 11. den Erhalt des Denkmals • 12. zahlreiche Unterschriften • 13. Erhöhung des Drucks • 14. geringen • 15. der fehlenden Klarheit • 16. mangelnden Informationen • 17. Vorliegen einer rechtskräftigen Entscheidung

3 3a. Begründung: „dank" und „besteht Aussicht auf Erfolg" sind Ausdrücke, die zur formellen Stilebene gehören • 4b. Begründung: „weitermachen" und „echt" sind umgangssprachlich • 5a. Begründung: „zwecks" und „dringliche Beschlussfassung" gehören zur formellen Stilebene

4 … erfolgreich als Architekt. Schon als Kind wurde er durch häufige Besuche von Kunstausstellungen „künstlerisch geprägt". Trotz seiner enthusiastischen Mitarbeit als Schüler in den Kunst-AGs seiner Schule zweifelte er damals daran, dass er Begabung für ein Kunststudium hätte. Stattdessen wurde es dann ein Architekturstudium. Ungeachtet seiner anfänglichen Zweifel wurde ihm seine große Begeisterung für Architektur schnell klar. Gleich nach dem Diplom fand er eine Anstellung in einem Architekturbüro. Aber bei der Beteiligung an Wettbewerben ist man als Architekt durch die gesetzlichen Vorschriften und die Vorgaben der Bauherren eingeschränkt. Infolge dieser starken Einschränkungen hat man wenig Spielraum für seine eigene Kreativität. Ihm wurde klar, dass die meisten Bauherren aufgrund ihrer geringen Beschäftigung mit Architektur seine Ideen häufig nicht nachvollziehen konnten. Dies führte zu häufigen Schwierigkeiten bei der Umsetzung seiner Pläne. Heute geht es ihm um die gleichzeitige Darstellung von Architektur und Kunst. Er möchte Menschen durch die Sensibilisierung für bestimmte Aspekte für Architektur begeistern und damit ihre Einstellung verändern. Er betont: „Trotz unseres dauernden Kontakts mit Architektur setzen wir uns kaum mit ihr auseinander." Die Medien sollten statt ihrer ständigen Informationen über Mode eher die Architektur berücksichtigen. Zur möglichst frühen Sensibilisierung junger Menschen sollte das Thema z.B. auch in der Schule behandelt werden. Durch Zeichnen, Malen und Fotografieren von Bauten möchte er zur Auseinandersetzung mit bestimmten Aspekten und zur Bildung eines eigenen Urteils anregen. Die Belehrung anderer Menschen liegt ihm fern.

5 a 2. Anstatt Stahl und Beton zu verwenden, baut er mit natürlichen Baustoffen. • 3a. Nachdem die zuständige Behörde das Bauvorhaben genehmigt hatte, wurde der Bau sofort begonnen. 3b. Nachdem das Bauvorhaben von der zuständigen Behörde genehmigt worden war, wurde der

Bau sofort begonnen. • 4. Bis die Gebäude fertiggestellt sind, steht er in ständigem Kontakt mit den Ingenieuren. • 5. Falls es Schwierigkeiten gibt, steht er als Ansprechpartner zur Verfügung. • 6. Während die Öffentlichkeit auf seine vorigen Entwürfe negativ reagierte, wurde dieser Entwurf begeistert aufgenommen.

5 b jedoch: aber • **darum:** - • **während:** wohingegen • **ohne … zu:** -

5 c … und Architekten am Anfang des 20. Jahrhunderts nach verstärktem Austausch suchten, waren … • Dadurch, dass sich diese beiden Berufsgruppen intensiv mit den Konzepten der jeweils anderen auseinandersetzten, entstanden … • Weil die Künstler durch die räumliche Gestaltung von Architektur inspiriert wurden und weil … • Der Band ist mit wunderbaren Fotos illustriert, sodass der Leser einen plastischen Eindruck des Zusammenwirkens von Kunst und Architektur erhält. • Um dem Leser weitere Hintergrundkenntnisse zu liefern, enthält das Buch … • **Übrig bleiben:** dennoch, denn, sobald, wobei

2 Mittel der Textverbindung: Konnektoren

2.1 Verbindungsadverbien (also, demgegenüber, …)

1 a 2. vielmehr, E • 3. demgegenüber, G • 4. also, S • 5. und zwar, E • 6. indessen, G

1 b daher: 1, 4 • **dagegen:** 3, 6 • **hingegen:** 3, 6 • **mithin:** 1, 4 • **folglich:** 1, 4 • **keine Entsprechung:** vielmehr, und zwar

2 2D: Mark erhält seit Kurzem extrem viel Werbung. Also hat man seine Daten weitergegeben. • 3B: Er hat den Anhang einer Phishing-Mail geöffnet; infolgedessen konnte ein Betrüger 1000 Euro von seinem Konto abbuchen. • 4A: Er ist ein langjähriger Kunde der Bank, daher hat sie ihm den Schaden ersetzt. • 5C: Solche Fälle häufen sich. Mithin sind die Warnungen der Datenschützer berechtigt. • 6E: Die Nutzer sollten besser geschützt werden, folglich muss man den Datenschutz verstärken.

3 a • 3. …, Internetnutzung über Handy dagegen (ist) oft sehr teuer. • 4. …, heute indessen ist sie durch Touchscreens einfacher geworden. • 5. …, für die ältere Generation hingegen spielt es eine weit geringere Rolle.

3 b 2. …, demgegenüber gibt es auf dem Land häufiger lästige „Funklöcher". • 3. …, demgegenüber ist die Internetnutzung über Handy oft sehr teuer. • 4. …, demgegenüber ist sie heute durch Touchscreens einfacher geworden. • 5. …, demgegenüber spielt es für die ältere Generation eine weit geringere Rolle.

3 c 3. A. Meyerdorff ist eine begabte, vielmehr eine geniale Softwareentwicklerin. (Bedeutung 2) • 4. Sie wird nicht allein in ihrer Firma geschätzt, vielmehr die gesamte Fachwelt bewundert sie. (Bedeutung 1) • 5. Die Vernetzung durch Mobiltelefone bringt nicht allein Vorteile, vielmehr birgt sie auch Gefahren. (Bedeutung 1) • 6. Datenschützer sind hier nicht nur gefordert, vielmehr verpflichtet, aktiv zu werden. / Datenschützer sind hier nicht nur gefordert, aktiv zu werden, vielmehr sind sie sogar verpflichtet dazu. (Bedeutung 2)

4 2b • 3d • 4c

5 2. Man sollte den Rechner auf Viren prüfen, und zwar nicht nur ab und zu. • 3. Leider ist mein Rechner viel langsamer geworden, und zwar nachdem ich ein neues Virenschutzprogramm installiert hatte. • 4. Ich brauche unbedingt professionelle Hilfe, und zwar spätestens bis Ende der Woche.

2.2 Konjunktionen (beziehungsweise, es sei denn, …)

1 a 1b.: möglichst viele Nutzer gewinnen. • 2a.: einen Job finden. • 2b.: nützliche Kontakte zu knüpfen.

1 b 2. … sich mit einem Spitznamen oder einem Kunstwort einzuloggen, … • 3. … können von Fremden kopiert bzw. verändert werden, … • 4. … z.B. Arbeitgeber oder Versicherungen persönliche Daten im Internet suchen. • 5. … Nachteile bzw. sehr unangenehme Folgen für (den) Arbeitnehmer haben.

2 a 2b.: nicht regelmäßig • 3b.: komme … nicht zurecht • 4b.: keine DOS-Rechner mehr

2 b Hauptsatz • Nebensatz

2 c 2. Wir sind zu einem Umtausch bereit, es sei denn, Sie haben das Gerät nicht bei uns gekauft. • 3. Die werden euch das Gerät umtauschen, außer ihr habt die Rechnung nicht mehr. • 4. Die Reparatur kann auf Garantie erfolgen, es sei denn, dass Sie die Rechnung nicht mehr haben. • 5. Da ist leider nichts mehr zu machen, außer du findest die Rechnung. • 6. Sie können die Geräte nicht von der Steuer absetzen, es sei denn, Sie nutzen sie beruflich.

2.3 Subjunktionen (außer dass, wie … auch, …)

1 3. außer dass • 4. Nur dass • 5. außer dass • 6. nur dass

2 a 2. Je nachdem, wer die Autoren sind, schwankt die Qualität der Texte. / Die Qualität der Texte schwankt, je nachdem, wer die Autoren sind. • 3. Je nachdem, wie erfahren man ist, kann die Suche einfacher oder komplizierter sein. / Die Suche kann einfacher oder komplizierter sein, je nachdem, wie erfahren man ist. • 4. Je nachdem, zu welcher Tageszeit man surft, bauen sich die Seiten schneller oder langsamer auf. / Die Seiten bauen sich schneller oder langsamer auf, je nachdem, zu welcher Tageszeit man surft.

3 2. Auch / selbst wenn es sich durchsetzen wird, wird man die Ausstrahlung echter Bücher vermissen. / Wenn es sich auch durchsetzen wird, wird man echte Bücher vermissen. • Auch / selbst wenn dieser Reiseführer sehr gut gemacht ist, ist ihm das E-Book überlegen. / Wenn dieser Reiseführer auch sehr gut gemacht ist, ist ihm das E-Book überlegen. • 4. Auch / selbst wenn man nur ein winziges Zimmer hat, hat man mit dem E-Book eine Riesenbibliothek zur Verfügung. / Wenn man auch nur ein winziges Zimmer hat, hat man mit dem E-Book eine Riesenbibliothek zur Verfügung.

4 a 2D • 3A • 4C

4 b 1. Was die Leute auch immer sagen, das E-Book wird ein großer Markterfolg werden. • 2. Wie schwierig es auch immer ist, die Verlage müssen sich umstellen. • 3. Mit wem auch immer man spricht / mit wem man auch immer spricht, alle sind gespannt auf die Entwicklung. • 4. Für welches Buch auch immer man sich interessiert / Für welches Buch man auch immer sich interessiert, man wird es herunterladen können.

2.4 Textkohärenz: Rückbezug durch Pronomen

1 b. Diese → Vorteile, Regel 2 • c. Er → Prof. Goldberg, Regel 1 • d. dies → Aussage: die Nutzung von genveränderten Pflanzen ist ungefährlich, Regel 3 • e. darauf → die Tests seien nicht ausreichend sicher, Regel 5 (Verweis auf folgenden Textteil) • f. dazu → Tests sind nicht ausreichend sicher, Regel 5 (Verweis auf vorausgegangen Textteil)

2 a dies → Vermischung mit Naturpflanzen • er → E. Sebald • Davon → Ausbreitung geschieht unkontrolliert • dies → Wildpflanzen betroffen • Manche → Anhänger der Gentechnik • dabei → bei der Behauptung • wir → wir Biobauern

• niemand → keiner der Biobauern / kein Mensch • dies → GVO freisetzen • er → Sebald

2 b 2. Dagegen müsse man angehen, … • 3. dieser Anbau • 4. Dies / Das wollen aber … • 5. manche • 6. damit • 7. Diese • 8. Das / Dies können wir nicht …

3 Verbale Gruppen

3.1 Modalverben: Objektiver und subjektiver Gebrauch

1 a objektiver Gebrauch: Paula wollte … nicht wahrhaben • wenn sie … schaffen wollte, durfte sie … nicht mehr rausgehen • sondern musste … lernen • machen durfte • **subjektiver Gebrauch:** könnte … gehabt haben • dürfte das … gewesen sein • sie muss sich … überschätzt haben • sie soll … gegangen sein • durchgehalten haben will • könnte … gewesen sein

1 b 2E • 3D • 4C • 5G • 6H • 7A • 8B

1 c objektiven • subjektiv • eigene / persönliche • Bedeutung • Formen

2 a 2o • 3s • 4s • 5o • 6s • 7o • 8s • 9o • 10o

2 b Modalverben objektiver Gebrauch: hätte gemacht haben müssen • hat machen müssen • hätte machen müssen • hatte machen müssen • **Modalverben subjektiver Gebrauch:** muss gemacht haben • müsste gemacht haben

2 c muss gemacht haben: Perfekt des Modalverbs „müssen" 1. / 3. Pers. Singular, subjektiver Gebrauch • hätte gemacht haben müssen: Konj. II der Vergangenheit des Modalverbs „müssen", 1. / 3. Pers. Singular, subjektiver Gebrauch • hat machen müssen: Perfekt des Modalverbs „müssen", 1. / 3. Pers. Singular, objektiver Gebrauch • hätte machen müssen: Konj. II der Vergangenheit des Modalverbs „müssen", 1. / 3. Pers. Singular, objektiver Gebrauch • müsste gemacht haben: Konj. II der Vergangenheit des Modalverbs „müssen", 1. / 3. Pers. Singular, subjektiver Gebrauch • hatte machen müssen: Perfekt des Modalverbs „müssen", 1. oder 3. Pers. Singular, objektiver Gebrauch

2 d 2. haben … verstehen können • 3. dürften … gewesen sein • 4. mag … gewesen sein • 5. sollen … gesagt haben • 6. muss … ausgelöst haben, ändern musste • 7. konnte … verbessern • 8. will … gemerkt haben • 9. könnte … vorgespielt haben • 10. habe … lernen müssen • 11. konnte … ablegen

3 a 2. Aufgrund seines politischen Engagements dürfte er nicht bei allen beliebt gewesen sein. • 3. Bei Zeitgenossen wird er mit seinen kritischen Ansichten angeeckt sein. • 4. Die politischen Veränderungen in Deutschland müssen ihn sehr stark getroffen haben. • 5. Sein Umzug nach Schweden mag ihm keine neuen Hoffnungen gebracht haben. • 6. Er soll sein inneres Gleichgewicht nicht mehr gefunden haben. • 7. Obwohl er selbst sehr unter seiner Situation gelitten haben dürfte, schrieb er in Schweden eine seiner bekanntesten Erzählungen – „Schloss Gripsholm". • 8. Die fremde Umgebung könnte ihn zu diesem Werk angeregt haben.

3 b 2w • 3w • 4s • 5s • 6s

3 c 2. …, können Sie einen Kollegen schicken. / …, könnten Sie einen Kollegen schicken. • 3. …, verschicken wir die Ware heute noch. / …, würden wir die Ware heute noch verschicken. • 4. …, geben wir Ihnen den Auftrag. / …, würden wir Ihnen den Auftrag geben.

3 d 2. Sollten Sie die Premium-Mitgliedschaft wählen, könnten Sie von allen Angeboten profitieren. • 3. Sollten Sie Hilfe brauchen, könnten Sie sich jederzeit an mich wenden. • 4. Sollten Sie sich gleich entscheiden, könnten wir sofort

den Vertrag abschließen. • 5. Sollten Sie sich nicht zurecht finden, könnte ich Ihnen einige Tipps geben.

3.2 Futur I und Futur II

1 a 2. Aufforderung • 3. Vermutung • 4. Zuversicht • 5. Vorhersage • 6. Absicht • 7. Vermutung, Absicht

1 b wird … notlanden • werden … überleben • werden … versuchen • wird … dauern • wirst … kommen • werdet … finden • wird … retten

1 c 2. Er wird wohl keine Zeit haben. • 3. Bestimmt werde ich dir helfen. • 4. Du wirst ihn jetzt sofort raustragen! • 5. Er wird schon noch kommen.

2 a In den Sätzen 2, 3 und 5 wird zusätzlich eine Vermutung ausgedrückt, verstärkt durch „wohl", „wahrscheinlich".

2 b ich werde / du wirst / er, es, sie wird / wir werden / ihr werdet / sie werden überstanden haben / gegangen sein

2 c 2. Doro hat wohl wie immer zu wenig gelernt. • 3. Ihr Freund hat ihr wahrscheinlich geholfen. (Die Sätze sind ohne Kontext missverständlich, das Futur II wäre hier besser, weil es keine Zeitangaben gibt.) • 4. Im Juli haben alle ihre Resultate erhalten und das Warten ist vorbei. • 5. Im Herbst ist der Umbau der Mensa wohl abgeschlossen. • 6. Dann sind wir hoffentlich die längste Zeit zur Frittenbude gegangen.

3.3 Passiv

3.3.1 Perspektivenwechsel: Aktiv - Passiv

1 a 1b. Informationen werden gesammelt und bewertet, um Entscheidungshilfen anzubieten. • 1c. Auf dieser Grundlage kann die Qualität des jeweiligen Produktes gesichert oder verbessert werden. • 2a. Am 27. Mai 1849 wurde die Verfassung des Deutschen Reiches (von der / durch die verfassunggebende Nationalversammlung) verabschiedet. • 2b. Am 11. August 1919 wurde die Weimarer Verfassung beschlossen. • 2c. In Bonn wurde das Grundgesetz (vom Parlamentarischen Rat) verkündet und am 23. Mai 1949 von Bundeskanzler Adenauer unterzeichnet. • 3a. Verbraucherinnen und Verbraucher sollen vor irreführender Kennzeichnung im Bereich ökologischer Landwirtschaft geschützt werden. • 3b. Der Bundesrat bezweifelt, dass diese Ziele mit dem vorgelegten Verordnungsvorschlag erreicht werden können. • 3c. Der Verordnungsvorschlag weist in vielen Bereichen Lücken auf, die durch weitere Durchführungsverordnungen geschlossen werden müssen.

1b Grundsätzlicher inhaltlicher Unterschied zwischen Aktivsatz und Passivsatz: **nein** • wichtig im Aktivsatz: der **Handelnde** – wichtig im Passivsatz: die **Handlung** / der **Vorgang** • Lenkung der Aufmerksamkeit zusätzlich auf: das **Agens**

2 a Text A: Der Begriff … wird … benutzt. • Werden … Informationen … gesammelt und bewertet • … die Qualität … gesichert oder verbessert werden kann • **Text B:** wurde die Verfassung … verabschiedet • … wurde die Weimarer Verfassung beschlossen • Es wurde … verkündet und unterzeichnet • **Text C:** …, dass Verbraucherinnen … geschützt werden • …, die … gekennzeichnet werden • …, dass diese Ziele erreicht werden können • …, die beschlossen werden müssen

2 b 1. **Thema:** Text A: wissenschaftliche Methode • Text B: deutsche Geschichte • Text C: Verbraucherschutz • 2. **Bereich, aus dem der Text stammt:** Text A: Wissenschaft • Text B: Journalismus • Text C: Administration / Politik • 3. **Textsorte:** Text A: wissenschaftlicher Artikel • Text B: historischer Bericht • Text C: Rechtsverordnung 4. **Textstruktur:** Text A: Der Text führt Definitionen an. • Text B: Der Text beschreibt

Vorgänge. • Text C: Der Text formuliert Vorschriften / Gesetze.

2 c 2r • 3r • 4f • 5r

2 d Das Passiv wird verwendet, wenn die Handlung wichtiger ist als der Handelnde. Texte mit hohem Passivgebrauch wirken sachlich und objektiv. Daher kommt das Passiv häufig in Texten aus den Bereichen der Wissenschaft, Verwaltung und Rechtsprechung vor.

3 a 3b. dass etwas konstruiert wird • 4a. wer etwas ausgetüftelt hat • 5c. dass etwas entworfen und gebaut wird und von wem • 6b. dass etwas zum Patent angemeldet werden konnte • 7a. dass jemand seine Erfindungen ausgestellt hat • 8c. das jemand ausgezeichnet wurde und von wem • 9d. dass jemand unterstützt wird und von wem und wodurch

3 b 5. Agens muss genannt werden, weil die Erfindergruppe gegenüber dem vorhergehenden Satz eingegrenzt wird. • 6. Agens muss nicht genannt werden, weil die Handelnden aus dem vorhergehenden Satz bekannt sind. • 8. Agens muss genannt werden, weil die Information wichtig ist, wer die Preise vergeben hat. • 9. Agens muss zweifach genannt werden, weil die Information wichtig ist, wer die Erfinder unterstützt (nämlich die Industrie) und wodurch die Unterstützung erfolgt (nämlich durch Fördergelder).

3 c 1. von • Sätze 2, 5, 8, 9 • 2. durch • Satz 9

3.3.2 Unpersönliches Passiv („Subjektloses Passiv")

1 a 1a. zukünftigen Lehrern • 1b. Den Referendaren • 5a. viele Kriminalromane • 5b. Manuskripte • 5c. Thema und Qualität der Texte • 5d. der potentielle Erfolg beim Publikum

1 b 1b. raten + Dativ-Ergänzung • 2a. forschen über + Präpositional-Ergänzung • 2b. achten auf + Präpositional-Ergänzung • 2c. beginnen mit + Präpositional-Ergänzung • 3. gedenken + Genitiv-Ergänzung • 4a. feiern: o. Ergänzung • 4b. sparen o. Ergänzung • 4c. schwofen: o. Ergänzung • 4d. tanzen / lachen + Akkusativ-Ergänzung • 5a. lesen + Akkusativ-Ergänzung • 5b. einreichen + Akkusativ-Ergänzung • 5c. bewerten + Akkusativ-Ergänzung • 5d. einschätzen + Akkusativ-Ergänzung

1 c Die Verben aus den Texten 1–4 haben keine Akkusativ-Ergänzung. Deshalb gibt es in den Passivsätzen kein Subjekt.

2 a 1b. Es wird den Referendaren zu einer langsamen und deutlichen Sprechweise geraten. / Vor allem zu einer langsamen und deutlichen Sprechweise wird den Referendaren geraten. • 2a. Über das unterschiedliche Kommunikationsverhalten von Europäern und Asiaten. / Es wird am Institut für Interkulturelle Kommunikation über das unterschiedliche Kommunikationsverhalten von Europäern und Asiaten geforscht. / Über das unterschiedliche Kommunikationsverhalten von Europäern und Asiaten wird am Institut für Interkulturelle Kommunikation geforscht. • 2b. Auf kulturell bedingte Tabus. / Es soll auch mehr auf kulturell bedingte Tabus geachtet werden. / Auf kulturell bedingte Tabus soll auch mehr geachtet werden. • 2c. Mit praktischen Übungen zur Vermeidung von sog. Fettnäpfchen. / Es wurde bereits mit praktischen Übungen zur Vermeidung von sog. Fettnäpfchen begonnen. / In einem Workshop wurde bereits mit praktischen Übungen zur Vermeidung von sog. Fettnäpfchen begonnen. • 3. Der Erdbebenopfer von L´Aquila. / Es wurde gestern der Erdbebenopfer von L´Aquila gedacht. / In einem Gottesdienst wurde der Erdbebenopfer

von L´Aquila gedacht. • 4b. Gespart. / Es muss gespart werden. / In Zukunft muss gespart werden. • 4c. Geschwoft. / Es wird geschwoft. / Jetzt wird geschwoft. • 4d. Getanzt und gelacht. / Es wurde getanzt und gelacht. / Bis tief in die Nacht wurde getanzt und gelacht.

2 b „Es" nimmt die Stelle des Subjekts ein und kann ausschließlich auf Position 1 stehen.

2 c 5b. Manuskripte. / Manuskripte werden beinahe täglich eingereicht. / Es werden beinahe täglich Manuskripte eingereicht. • 5c. Thema und Qualität der Texte. / Thema und Qualität der Texte werden bewertet. / Es werden Thema und Qualität der Texte bewertet. 5d. Der potentielle Erfolg beim Publikum. / Der potentielle Erfolg beim Publikum wird eingeschätzt. / Es wird der potentielle Erfolg beim Publikum eingeschätzt.

2 d 1. Es wird getanzt und geschwoft. • 2. Es werden beinahe täglich Manuskripte eingereicht. • 3. Es muss gespart werden.

3.3.3 Passiv mit Modalverben im Nebensatz

1 a 2. könnte … verbessert werden (Passiv Konj. II mit Modalverb) • 3. müssen … eingefügt werden (Passiv Präsens mit Modalverb) • 4. könnten … betont werden (Passiv Konj. II mit Modalverb) • 5. konnten … nachvollzogen werden (Passiv Präteritum mit Modalverb) • 6. müssen … erläutert werden (Passiv Präsens mit Modalverb) • 7. müssten … angegeben werden (Passiv Konj. II mit Modalverb) • 8. sollte vermieden werden (Passiv Konj. II mit Modalverb) • 9. muss … geplant und geschrieben werden (Passiv Präsens mit Modalverb) • 10. konnte … genannt werden (Passiv Präteritum mit Modalverb)

1 b 2. … die Gliederung verbessert werden könnte. • 3. … Zwischenüberschriften eingefügt werden müssen. • 4. … die Hauptaspekte deutlicher betont werden könnten. • 5. … einige Gedankengänge von ihm nicht nachvollzogen werden konnten. • 6. … Fachbegriffe unbedingt erläutert werden müssen. • 7. … mehr Beispiele angegeben werden müssten? • 8. … Monotonie im Satzbau vermieden werden sollte / könnte. • 9. … eine Hausarbeit sorgfältig geplant und geschrieben werden muss. • 10. … die Arbeit wirklich nicht mehr „ausreichend" genannt werden konnte.

2 a 2. Sicher hätte ich den roten Faden deutlicher machen können / müssen. • 3. Bestimmt hätte ich dann den Professor eher überzeugen können. • 4. Vermutlich hätte ich meine Thesen durch mehr Diagramme besser verdeutlichen können. • 5. Wahrscheinlich hätte ich mehr Fremdwörter verwenden müssen. • 6. Auf jeden Fall hätte ich die Arbeit vor der Abgabe noch einmal auf Fehler durchlesen müssen.

2 b 2. Sicher hätte der rote Faden deutlicher gemacht werden können / müssen. • 3. Bestimmt hätte der Professor dann eher überzeugt werden können. • 4. Vermutlich hätten meine Thesen durch mehr Diagramme besser verdeutlicht werden können. • 5. Wahrscheinlich hätten mehr Fremdwörter verwendet werden müssen. • 6. Auf jeden Fall hätte die Arbeit vor der Abgabe noch einmal auf Fehler durchgelesen werden müssen.

2 c 2. Ich sehe inzwischen ein, dass der rote Faden hätte deutlicher gemacht werden können / müssen. • 3. Ich bin sicher, dass der Professor dann eher hätte überzeugt werden können. • 4. Ich frage mich, ob meine Thesen durch mehr Diagramme besser hätten verdeutlicht werden können. • 5. Mir leuchtet ein, dass in einer Hausarbeit mehr Fremdwörter hätten verwendet werden müssen. • 6. Es stimmt, dass die Arbeit vor der Abgabe auf jeden Fall noch einmal auf Fehler hätte durchgelesen werden müssen.

2 d 1b. Hast du eine Ahnung, warum der Brief nicht zugestellt werden konnte? (Partizip II + „werden" + Modalverb im Präteritum) • 1c. Ich vermute, dass das Paket schon morgen geliefert werden könnte. (Partizip II + „werden" + Modalverb im Konj. II) • 2. Ich frage mich, ob das Protokoll nicht sofort hätte geschrieben werden müssen. (Konj. II von „haben" + Partizip II + „werden" + Modalverb im Infinitiv)

3.4 Partizipialkonstruktionen

3.4.1 Das Partizip als Adjektiv (der vorliegende Vertrag)

1 1. Arbeiter, die auf eine Lohnerhöhung hoffen • 2. Mitarbeiter, die nach ihren Vorgesetzten befragt werden • 3. die Büroräume, die nun neu eingerichtet sind • 4. Briefe, die noch liegen geblieben sind / waren • 5. … / ein Referent, der sich gut vorbereitet hat • Kollegen, die um Mitsprache bemüht sind / …, die sich um Mitsprache bemühen

2 a 2. erwartete • 3. auftretenden • 4. bezahlte • 5. ausgefallene • 6. dauerndes • 7. bewerteten

2 b **Regel 1:** Beispiel 6 • **Regel 2:** Beispiele 2 und 4 • *Gleichzeitigkeit:* Beispiel 7 • **Regel 3:** Beispiele 1 und 5

2 c 2. …, das in einer bestimmten Kommunikationssituation üblicherweise erwartet worden ist / …, das man … erwartet hat, … • 3. …, die vermehrt auftreten. • 4. …, die bereits bezahlt worden sind, … • 5. …, die wegen Krankheit des Dozenten ausgefallen sind, … • 6. …, das drei Studienjahre dauert, … • 7. …, die mit 4 Kreditpunkten bewertet wird …

3 a 2. Ein gut strukturierter Vortrag über Ihren Werdegang wird seine Wirkung nicht verfehlen. • 3. Sprechen Sie über Ihre Erfolge und belegen Sie sie mit wirklich überzeugenden Argumenten. • 4. Nennen Sie Beispiele für unter Ihrer Leitung entstandene Projekte. • 5. Überlegen Sie, wie Sie die Ihnen zur Verfügung stehenden Medien sinnvoll nutzen könnten. • 6. Sprechen Sie verständlich und vermeiden Sie zu viele, oft als besserwisserisch empfundene Fachbegriffe.

3 b 2. gefundene • 3. dominierenden • 4. einbeziehende • 5. folgenden • 6. veröffentlichte • 7. konstruierte • 8. gefülltes • 9. geratenen

3 c 2. Das Thema „Tempolimit auf Autobahnen", das schnell gefunden worden war, … • 3. Zum Glück gab es in meiner Gruppe keine Teilnehmer, die unangenehm dominierten, … • 4. …, sondern es fand eine ausgewogene Diskussion statt, die alle Gruppenmitglieder einbezog. • 5. Bei der Gruppenarbeit, die nach einer längeren Pause folgte, erhielten wir … • 6. …eine Aufgabe, die auch schon im Internet veröffentlicht worden war, … • 7. Bei dieser praktischen Aufgabe ging es darum, eine Brücke mit 70 cm Spannweite, die nur mittels Papier, Klebestift und Schere konstruiert wurde, so stabil zu bauen, … • 8. …, dass sie ein Glas, das mit Wasser gefüllt worden war, tragen konnte. • 9. Das misslang unserer Gruppe, die unter Zeitdruck geraten war, jedoch gründlich, …

4 1. …, die für seine große Kunstsammlung geeignet war. / …, die sich für seine große Kunstsammlung eignete. • 2. … ein einzigartiges Konzept, das anfänglich nicht jeden überzeugte. • 3. …, betritt man das Eingangsgebäude, das von dem berühmten Bildhauer Erwin Heerich gebaut worden ist. • 4. … auf die Parklandschaft, die äußerst abwechslungsreich angelegt (worden) ist. *(Zustandspassiv oder Vorgangspassiv)* • 5. Überall ist das Motto „Kunst parallel zur Natur", das von Paul Cézanne stammt, auf dem Gelände, das

inzwischen auf 33 Hektar angewachsen ist, zu sehen. • 6. In der Landschaft, die mit Kieswegen erschlossen (worden) ist *(Zustandspassiv oder Vorgangspassiv)*, durchwandert der Besucher Parks, die durch ihre ungeheure Baumvielfalt beeindrucken, aber auch … • 7. … Pavillons, die ebenfalls größtenteils von Heerich geschaffen worden sind. • 8. Die Gebäude, die unaufdringlich in die Natur integriert (worden) sind, … *(Zustandspassiv oder Vorgangspassiv)* 9. die Skulpturen und Gemälde, die in den Pavillons ausgestellt sind, … • 10. …, dass es keine Beschilderung gibt, die auf den Namen des Künstlers oder die Epoche hinweist. • 11. … auf einer Entdeckungsreise, die zum Nachdenken und Verweilen einlädt.

3.4.2 Das Partizip I mit „zu" (ein zu lösendes Problem)

1 a *Mögliche Lösungen:* 2E • 3M • 4N • 5M • 6M / E • 7N • 8M • 9E

1 c 2. Ungeduld und Nervosität sind Symptome für Zeitprobleme, die nicht unterschätzt werden sollten. / …, die man nicht unterschätzen sollte. / …, die nicht zu unterschätzen sind. • 3. Damit in Zusammenhang steht das Wort „Zeitmanagement", das überall gehört werden kann. / …, das man überall hören kann. / …, das überall zu hören ist. • 4. …, wie man Termine, die eingehalten werden müssen, stressfrei bewältigen kann. / …, die man einhalten muss, … / …, die einzuhalten sind, … • 5. Die Techniken, die dort gelernt werden können, … / …, die man dort lernen kann, … / …, die dort zu lernen sind, … • 6. In diesem Zusammenhang gibt es zwei Fragen, die grundsätzlich von jedem beantwortet werden müssen / sollten. / …, die man / jeder grundsätzlich beantworten muss / sollte. / …, die grundsätzlich von jedem zu beantworten sind. • 7. Welche der Aufgaben, die erledigt werden müssen, haben oberste Priorität? / …, die man erledigen muss, … / …, die zu erledigen sind, … • 8. Was ist die wichtigste Aufgabe, die nicht verschoben werden kann? / …, die man nicht verschieben kann? / …, die nicht zu verschieben ist? / …, die sich nicht verschieben lässt? • 9. Das Ziel, das angestrebt werden sollte, … / Das Ziel, das man anstreben sollte, … / Das Ziel, das anzustreben ist, …

2 2. Es erklärt, warum man sich für die zu besetzende Stelle eignet. • 3. Der nach persönlichen Daten, Ausbildung und Berufspraxis zu gliedernde Lebenslauf sollte … • 4. In jeder Bewerbung beizulegende Zeugniskopien müssen makellos sein. • 5. Oft erwarten Firmen auch ein auf einer Extraseite zu verfassendes Fähigkeitsprofil. • 6. Die stichwortartig aufzuzählenden Fähigkeiten beziehen sich auf die Berufserfahrung. • 7. Es geht aber auch um persönliche, im Arbeitsleben nicht zu unterschätzende Stärken. • 8. Hierbei zu erwähnende Schlüsselqualifikationen sind vor allem soziale und methodische Kompetenzen. • 9. Zum Beispiel, wie man mit den am Arbeitsplatz zu erwartenden Problemen umgeht.

3.4.3 Das Partizip als reduzierter Nebensatz (In Koblenz angekommen, …)

1 a 2. <u>Verglichen mit Männern</u>, haben Frauen … • **Konjunktion:** wenn • 3. Frauen schaffen <u>lachend und scherzend</u> ein harmonisches Gesprächsklima. • **Konjunktion:** indem • 4. <u>Stärker auf den jeweiligen Gesprächspartner eingehend</u>, verwenden Frauen … • **Konjunktion:** da • 5. <u>Von Rücksichtnahme geprägt</u>, wird der Kommunikationsstil … • **Konjunktion:** obwohl • 6. <u>Einander richtig zuhörend</u>, können Frauen und Männer … • **Konjunktion:** sobald

1 b **Regel 1:** keine Endung • **Regel 2:** aktive Bedeutung •

Lösungen

Regel 3: eine aktive oder passive Bedeutung • **Regel 4:** aktive Bedeutung

1 c 2. …, das auf Hierarchien und Streben nach Unabhängigkeit beruht. • 3. …, die von Frauen oft als belehrend empfunden wird, …/die Frauen oft als belehrend empfinden, … • 4. Frauen, die eher zu einem kooperativen Verhalten neigen, möchten … • 5. …, der oft am Konsens orientiert ist, …/der sich oft am Konsens orientiert, …

2 a 2. Doch es gibt zahlreiche sprachliche Möglichkeiten, „Tabudiskurse" genannt, …• 3. Beschönigt oder nur angedeutet, lässt sich … • 4. Dem Muttersprachler bekannt, hat ein Fremder … • 5. …, wenn jemand laut schmatzend neben einem isst.

2 b 2. Wenn sie gekonnt angewendet werden, …/Wenn man sie gekonnt anwendet, … • 3. Ein Beispiel, das oft in Stellenanzeigen verwendet wird, … • 4. Da sie von Fremden oft nicht wahrgenommen werden, …/Da Fremde sie oft nicht wahrnehmen, … • 5. Wenn man sie mit Grammatikregeln vergleicht, … • 6. Fremdsprachenlerner, die für Tabus sensibilisiert werden/sind, …/Wenn sie für Tabus sensibilisiert werden/sind, können Fremdsprachenlerner …

3.5 Nomen-Verb-Verbindungen

1 a 2. Auswahl getroffen • 3. Anstrengungen unternommen • 4. unter Beweis gestellt • 5. Entwicklung genommen • 6. Einfluss ausgeübt • 7. Förderung erhalten • 8. eine Korrektur an … vornehmen • 9. Verlauf genommen

1 b 3. hat sich angestrengt • 4. hat bewiesen • 5. hat sich … entwickelt • 6. hat … beeinflusst • 7. wurde … gefördert • 8. korrigieren • 9. ist … verlaufen

1 c 2A • 3E • 4F • 5C • 6G • 7D

1 d 2. Das Ministerium hat eine Verlängerung des Projekts in Betracht gezogen. • 3. Die Vorteile dieser Idee liegen auf der Hand. • 4. Die Gruppe hat Finanzexperten zu Rate gezogen. • 5. Der Projektleiter wurde für das Verschwinden von Unterlagen zur Rechenschaft gezogen. • 6. Die Unterlagen sind dann aber wieder zum Vorschein gekommen. • 7. Schließlich ist eine Einigung zu Stande gekommen.

2 a 4. Folgende Methoden sind zur Anwendung gebracht worden. • 5. Folgende Methoden sind zur Anwendung gekommen. • 6. Alle am Projekt Mitwirkenden sind rechtzeitig in Kontakt gebracht worden. • 7. Die Mitwirkenden sind rechtzeitig in Kontakt gekommen. • 8. Das Projekt ist gerade zu Ende gekommen. • 9. Die Wissenschaftler haben das Projekt gerade zu Ende gebracht.

2 b 4. Folgende Methoden sind angewandt/angewendet worden. • 5. Man hat folgende Methoden angewandt/angewendet. • 6. Alle am Projekt Mitwirkenden sind rechtzeitig kontaktiert worden. • 7. Die Mitwirkenden haben einander rechtzeitig kontaktiert. • 8. Das Projekt ist gerade beendet. • 9. Die Wissenschaftler haben das Projekt gerade beendet.

2 c *Mögliche Lösungen:* 2. Das Thema wird jetzt zur Diskussion gestellt./Das Thema steht jetzt zur Diskussion. • 3. Die Firma hat den Angestellten unter Druck gesetzt./Der Angestellte steht unter Druck. • 4. Wir bringen die Diskussion jetzt zu Ende./Die Diskussion ist jetzt zu Ende. • 5. Der hohe Kredit hat den Käufer in Schwierigkeiten gebracht./Durch den hohen Kredit ist der Käufer in Schwierigkeiten geraten. • 6. Der Besitz von Dopingmitteln wurde unter Strafe gestellt./Der Besitz von Dopingmitteln steht unter Strafe.

3.6 Wortbildung: Semantik von nicht-trennbaren Präfixen (be-, zer-, …)

1 1. erben • vererben • enterbt • 2. zerfallen • verfallen • missfiel • befiel

2 a 2a. endete • 2b. beenden • 3a. lehrte • 3b. belehren • 4a. beleuchten • 4b. leuchteten • 5a. rechnen • 5b. berechnete

2 b 2. Einige von ihnen beschimpften immer noch ihre Lehrer. • 3. Marcel bezweifelt seine Fähigkeit zu studieren. • 4. Jan bestaunt Verenas kunstvolle Frisur. • 5. Silvia will in ein paar Monaten arme Leute in einer Suppenküche bekochen. Bei folgendem Verb ändert sich die Bedeutung: schimpfen.

2 c 1. Akkusativ- • Beispiel: leuchten – beleuchten • 2. -Ergänzung • Beispiel: zweifeln an – bezweifeln • 3. nicht • Beispiel: enden – beenden • 4. Bedeutung • Beispiel: schimpfen – beschimpfen

2 d 2. begründen → der Grund (Nomen): einen Grund nennen • 3. sich bedanken → der Dank (Nomen): Danke sagen • 4. beabsichtigen → die Absicht (Nomen): eine Absicht/Ziel verfolgen • 6. beschönigen → schön (Adjektiv): schön machen • 7. beunruhigen → unruhig (Adjektiv): jdn. in Unruhe versetzen • 8. befähigen → fähig (Adjektiv): jdn. zu etwas fähig machen

2 e Text 1: 3. begründen • 4. Grund • 5. beabsichtigen • 6. Absicht • 7. bedankt • 8. Dank • **Text 2:** 3. beunruhigte • 4. unruhig • 5. beschönigen • 6. schön • 7. befähigte • 8. fähig

3 a 2. Wir müssen den Diktator entmachten. • 3. Können Sie mein Radio entstören? • 4. Wir sollten sie enttabuisieren. • 5. Sie müssen die Flasche entkorken.

3 b Etwas wird weggenommen/entfernt (etwas Konkretes oder Abstraktes): entmachten, entkorken • **der vorhergehende Zustand/das Gegenteil wird wieder hergestellt:** entstören, enttabuisieren

3 c 2e • 3b • 4w • 5b • 6w

4 a 2. raten, errätst • 3. frieren, erfrieren • 4. rechnen, errechnet • 5. stritten • erstritt • Durch das Präfix „er-" erhält das Verb die folgende Bedeutung: etwas durch eine Handlung erreichen/zu Ende bringen/zum Abschluss bringen

4 b 2. etwas erkämpfen • 3. etwas ergründen • 4. sich etwas erarbeiten • 5. sich etwas ertrotzen • 6. etwas erbetteln

4 c 2. ermüdet → müde werden • 3. erkaltete → abkühlen (= aufhören im übertragenen Sinn) • 4. erschwerte → aschwerer werden • 5. erleichtern → leichter werden • 6. erneuerte → neu machen

4 d 1. rechnen → errechnen = durch Rechnen ein Ergebnis bekommen • 2. fragen → etwas erfragen = durch Fragen etwas erreichen • 3a. ermüden → müde werden • 3b. erneuern → neu machen

5 a etwas falsch machen: sich vertun • **Gegenteil der Bedeutung des Stammverbs:** verkaufen → kaufen, vermieten → mieten • **etwas ändern bzw. etwas ändert sich:** verbessern, verbiegen • **zu Ende bringen bzw. geht zu Ende:** verblühen, vergehen

5 b 2. vermieten • 3. verblühen • 4. vertan • 5. vergangen • 6. verkaufen • 7. verbiegen • 8. verbessern

5 c 1. **Zustandsveränderung:** verarmen • verdeutlichen • vereinfachen • 2. **Bedeutung des Nomens als Tätigkeit:** verklagen • verreisen • 3. **etwas mit einer Sache ausstatten:** verchromen • versiegeln • verhüllen • 4. **etwas verändert sich so, dass der Zustand, der das Nomen ausdrückt, erreicht wird:** verdampfen • verschrotten

6 2e • 3t • 4t • 5e • 6e • 7t

7 a 2. missverstanden • 3. Missgönnen • 4. missglückt • 5. missfällt • 6. missraten • 7. misstrauen • 8. missachtet

7 b 2. Sie haben meine Worte falsch verstanden. • 3. Gönnen Sie Herrn Svoboda etwa seinen Erfolg bei Frauen nicht? • 4. Mir glückt der Apfelkuchen einfach nicht! • 5. Dein Verhalten gefällt mir schon seit längerem nicht. • 6. Sabines Kinder sind vollkommen schlecht geraten, findest du das nicht auch? • 7. Solchen Versprechungen darf man nicht trauen! • 8. Findest du nicht auch, dass John nicht auf alle geltenden Regeln achtet?

3.7 Wortbildung: Präfixe – trennbar und nicht-trennbar
1 3. überblicken • 4. überkochen • 5. umblicken • 6. umarmen • 7. untergehen • 8. unterschätzen • 9. widersprechen • 10. widerspiegeln • 11. wiederholen • 12. wiedergeben • 13. volltanken • 14. sich vollziehen • **Trennbare Verben:** überkochen • umblicken • untergehen • widerspiegeln • wiedergeben • volltanken • **Nicht-trennbare Verben:** durchbohren • überblicken • umarmen • unterschätzen • widersprechen • wiederholen • sich vollziehen
2 a 1b. durchleuchten → sehr genau überprüfen • 1c. durchstreichen → einen Strich machen durch • 1d. durchdenken → ganz genau über etwas nachdenken • 2a. überleiten → von einem Punkt zum nächsten gehen • 2b. überfliegen → flüchtig lesen • 2c. überlesen → etwas beim Lesen nicht erkennen • 2d. überwechseln → von einem Ort zum anderen wechseln
2 b Verb

Verb	immer trennbar	nie trennbar	räumlich-konkrete Bedeutung	übertragene Bedeutung
1a. durchlesen	X		X	
1b. durchleuchten		X		X
1c. durchstreichen	X		X	
1d. durchdenken		X		X
2a. überleiten	X		X	
2b. überfliegen		X		X
2c. überlesen		X		X
2d. überwechseln	X		X	

Regeln: 1. trennbaren • 2. konkrete
3 a 2C • 3D • 4A • 5H • 6E • 7F • 8I • 9G
3 b 2. umgeben = rund um etwas herum → Beispiel: Der Garten ist rund um die Klinik herum angelegt. • 3. umfassen = rund um die Klinik herum. → Beispiel: Um die Klinik herum wurde eine Mauer gebaut. • 4. umsetzen = an eine andere Stelle setzen. → Beispiel: Das Schild ist an eine andere Stelle gesetzt worden. • 5. unterbringen = aufnehmen / beherbergen / hier: legen → Beispiel: Zur Not müssen wir einen der Patienten auf den Flur legen. • 6. unterschätzen = verkennen / falsch / zu gering einschätzen. → Beispiel: Die jungen Krankenschwestern haben die Probleme falsch eingeschätzt. • 7. unterfassen = Seinen Arm unter den Arm eines Patienten legen / schieben. → Beispiel: Sie schieben dann ihren Arm unter meinen. • 8. unterzeichnen = unterschreiben. → Beispiel: Nein, er hat den Vertrag noch nicht unterschrieben. • 9. unterrichten = Unterricht erteilen, lehren → Beispiel: Die Oberschwester erteilt den Schwesternschülerinnen Unterricht.
3 c 1b. umfassen, umgeben • 2a. unterbringen, unterfassen • 2b. unterzeichnen • 2c. unterschätzen • 2d. unterrichten
4 a 1b. übergehen • 2a. durchdringen • 2b. durchdringen

• 3a. untergraben • 3b. untergraben • 4a. umschreiben • 4b. umschreiben
4 b 2a. durchdringen → gelangen zu (konkrete Bedeutung) • 2b. durchdringen → erfüllt sein von (abstrakte Bedeutung) • 3a. untergraben → mischen unter (konkrete Bedeutung) • 3b. untergraben → zerstören (abstrakte Bedeutung) • 4a. umschreiben → neu schreiben (konkrete Bedeutung) • 4b. umschreiben → nicht direkt aussprechen (abstrakte Bedeutung)
5 a 2. Kurz vor seinem Tod 1832 gelang es Goethe, den „Faust" zu vollenden. • 3. Um seine Gegner auszuschalten, ließ der Diktator das Todesurteil schnell vollstrecken. • 4. Durch seine langjährigen Forschungsarbeiten konnte Prof. Moon die Theorien aus den 80er Jahren widerlegen. • 5. Um dem Tod zu entgehen, musste Galileo Galilei seine Thesen widerrufen. • 6. Die Behauptungen des Angeklagten widersprechen den Ergebnissen der Spurensicherung. • 7. Im vergangenen Jahr mussten 32 Schüler des Albert-Einstein-Gymnasiums wegen schlechter Leistungen in Mathematik und Physik eine Klasse wiederholen.
5 b 2. Ich glaube, ich tanke noch mal voll. • 3. Jedes Wort, das man spricht, hallt von den Bergen (als Echo) wider. • 4. Die Wasseroberfläche spiegelt den blauen Himmel wider. • 5. Jana, komm bitte heute Abend rechtzeitig wieder. • 6. Hast du ihn noch einmal wiedergesehen?
5 c 1. **Verben mit konkreter Bedeutung:** widersprechen • wiedersehen • vollschmieren • wiederkommen • volltanken • widerspiegeln • widerhallen 2. **Verben mit abstrakter Bedeutung:** widerlegen • sich vollziehen • vollstrecken • vollenden • 3. **Verben, bei denen es schwer zu entscheiden ist, ob die Bedeutung konkret oder abstrakt ist:** widerrufen • wiederholen
5 d 2r • 3r • 4f • 5r• 6r • 7f • 8r

4 Nominale Gruppen

4.1 Das Genitivattribut
1 a 2A • 3S • 4S • 5A
1 b 2b. • 2a. ist missverständlich, weil es auch bedeuten könnte, die Angestellten werden gepflegt.
1 c 2. Übg. a: 2, 3 • Übg. b: 1a, 2a • 3. Übg. a: 2 • Übg. b: 1b, 2b
2 2P • 3A • 4P • 5A • 6P
3 2. Die Einwerbung finanzieller Mittel / von finanziellen Mitteln ist nicht leicht. • 3. Die Gestaltung der Homepage durch eine von ihnen ist vorgesehen. • 4. Es geht ihnen um die Akquisition neuer Kunden / von neuen Kunden. • 5. Sie hoffen auf den Erfolg ihrer Bemühungen. • 6. Sie denken schon an die Anmietung eines Ateliers.

4.2 Wortbildung: Nomen aus Verben
1 a Nomen drückt eine Handlung / Tätigkeit aus: 2. das Handeln → handeln 3. das Beschreiben → beschreiben • 4. das Veranstalten → veranstalten • 5. das Fördern → fördern • 6. das Wahrnehmen → wahrnehmen • 7. das Wirken → wirken • 8. das Tun und Lassen → tun und lassen • **Nomen drückt einen Prozess bzw. ein Ergebnis einer Handlung aus:** 2. die Handlung → handeln • 3. die Beschreibung → beschreiben • 4. die Veranstaltung → veranstalten • 5. die Förderung → fördern • 6. die Wahrnehmung → wahrnehmen • 7. die Wirkung → wirken • 8. das Handeln → handeln
1 b 1. Infinitiv • neutral • 2. Handlung • feminin
2 a 2. Tanz • 3. Suche • 4. Gebäude • 5. Sprung • 6. Blüte • 7. Gebäck • 8. Erzeugnis • 9. Gerede

Lösungen

2 b 1. Das Nomen drückt eine (neutrale) Handlung aus: der Sprung • hat das Genus: maskulin • 2. Das Nomen drückt eine störende Handlung aus: das Getue • das Gerede • hat das Genus: neutral • 3. Das Nomen drückt eine andauernde Handlung aus: die Blüte • die Suche • hat das Genus: feminin • 4. Das Nomen drückt das Ergebnis einer Handlung aus: das Gebäude • das Gebäck • das Erzeugnis • hat das Genus: unterschiedlich

3 2. ein Hammer • 3. ein Wecker • 4. ein Wasserkocher • 5. ein Toaster • 6. ein Haartrockner • 7. ein Rasenmäher • 8. ein Staubsauger • 10. ein Arbeiter • 11. ein Fabrikarbeiter • 12. ein Tänzer • 13. ein Helfer • 14. ein Erntehelfer • 15. ein Fußballspieler • 16. ein Musiker

4.3 Wortbildung: Nomen aus Adjektiven (der Deutsche)

1 a / b Das Nomen ist abgeleitet vom Adjektiv: dunkelhaarig → die / der Dunkelhaarige • jung → die / der Junge • alt → die / der Alte • jünger → die / der Jüngere • älter → die / der Ältere • am ältesten → die / der Älteste • konservativ → die / der Konservative • liberal → die / der Liberale • jugendlich → die / der Jugendliche • **Das Nomen ist abgeleitet vom Partizip I:** vorsitzend → die / der Vorsitzende • auszubildend → die / der Auszubildende • anwesend → die / der Anwesende • abwesend → die / der Abwesende • heranwachsend → die / der Heranwachsende • **Das Nomen ist abgeleitet vom Partizip II:** bekannt → die / der Bekannte • angeklagt → die / der Angeklagte • verwandt → die / der Verwandte • gelehrt → die / der Gelehrte • vorgesetzt → die / der Vorgesetzte

2 1b. das Gute • 1c. das Beste • 2a. Das Schöne • 2b. Das Interessanteste • 2c. Das Schönste • 2d. Aufregendes • 3a. Das Lustigste • 3b. Attraktive • 3c. das Beste / Allerbeste • 3d. Neues

4.4 Wortbildung: Nomen aus Adjektiven (die Gründlichkeit)

1 a Suffix „-heit": die Zufriedenheit • die Klarheit • die Neuheit • die Gesundheit • die Gemeinheit • die Unsicherheit • die Lockerheit • die Beliebtheit • die Verliebtheit • **Suffix „-keit":** die Sichtbarkeit • die Verhältnismäßigkeit • die Lebendigkeit • die Höflichkeit • die Verständlichkeit • die Grausamkeit • die Gemeinsamkeit • die Heiterkeit • die Sauberkeit • **Suffix „-igkeit":** die Hilflosigkeit • die Ernsthaftigkeit • die Lebhaftigkeit • die Süßigkeit • die Schnelligkeit • die Genauigkeit • die Geschwindigkeit

1 b *Mögliche Lösungen:* Zufriedenheit bedeutet, dass jemand zufrieden ist, d.h., dass er nicht mehr besitzen / erreichen will als er schon hat. • Klarheit bedeutet, dass etwas klar und deutlich ist, d.h., dass man nicht mehr nachfragen muss. • Neuheit bedeutet, dass etwas neu ist, d.h., dass es das vorher noch nicht gegeben hat. • Gesundheit bedeutet, dass jemand gesund ist, d.h., dass er also nicht krank ist. • Gemeinheit bedeutet, dass jemand gemein zu jemandem ist, d.h., dass er ihn schlecht behandelt. • Unsicherheit bedeutet, dass jemand unsicher ist, d.h., dass er sich nicht sicher fühlt. • Lockerheit bedeutet, dass jemand / etwas locker ist, d.h., dass jemand oder etwas nicht streng ist (übertragener Sinn) oder dass etwas nicht fest ist (konkreter Sinn) • Beliebtheit bedeutet, dass jemand / etwas beliebt ist, d.h. dass etwas / jemand gern gemocht wird. • Verliebtheit bedeutet, dass zwei Menschen verliebt sind, d.h., dass sie sich in einander verliebt haben. • Verhältnismäßigkeit bedeutet, dass die Dinge verhältnismäßig sein sollten, d.h., dass die Dinge

also in einem guten Verhältnis zu einander stehen sollten. • Lebendigkeit bedeutet, dass man lebendig ist, d.h., dass man aktiv ist. • Ernsthaftigkeit bedeutet, dass man ernst ist, d.h., dass man sich über vieles Gedanken macht und nicht heiter und gelassen ist. • Höflichkeit bedeutet, dass man höflich ist, d.h., dass man höflich mit den Mitmenschen umgeht. • Verständlichkeit bedeutet, das Dinge verständlich sind, d.h., dass Zeitungsartikel z.B. für jedermann verständlich formuliert werden • Grausamkeit bedeutet, dass jemand grausam zu einem anderem Menschen ist. • Gemeinsamkeit bedeutet, dass man gemeinsam mit anderen etwas tut, d.h., dass man zum Beispiel gemeinsam mit anderen feiert. • Heiterkeit bedeutet, dass man ein heiteres Gemüt hat, d.h., dass man fröhlich ist. • Sauberkeit bedeutet, dass man sich sauber hält, d.h., dass man sich wäscht und keine schmutzige Kleidung trägt. • Hilflosigkeit bedeutet, dass man hilflos ist, d.h., dass man nicht weiß, was man in einer bestimmten Situation tun soll. • Lebhaftigkeit bedeutet, dass man lebhaft ist, d.h., dass man viel Temperament hat. • Süßigkeit bedeutet, dass etwas süß ist, das sind zum Beispiel Bonbons. • Schnelligkeit bedeutet, dass man Dinge schnell tut, d.h., dass man etwas mit einer gewissen Geschwindigkeit tut. • Genauigkeit bedeutet, dass etwas genau gemacht wird, d.h., dass etwas mit Sorgfalt erledigt wird.

1 c 1. Das Suffix „-heit" kann angehängt werden an: zufrieden • klar• neu • gesund • gemein • unsicher • locker • beliebt • verliebt • 2. Das Suffix „-keit" kann angehängt werden an: sichtbar • verhältnismäßig • lebendig • höflich • verständlich • grausam • gemeinsam • heiter • sauber • 3. Das Suffix „-igkeit" kann angehängt werden an: hilflos • ernsthaft • lebhaft • süß • schnell • genau • geschwind

2 a 1. die Breite • 2. der Finsternis • 3. die Kälte • 4. unser Geheimnis • 5. die Wärme • 6. im Gefängnis

2 b 2. aufgeregt • 3. pflichtbewusst • 4. umweltbewusst • 5. befangen • 6. glücklich

2 c 2. aufgeregt → das Aufgeregtsein • 3. pflichtbewusst → das Pflichtbewusstsein • 4. umweltbewusst → das Umweltbewusstsein • 5. befangen → das Befangensein • 6. glücklich → das Glücklichsein

3 a 2. Originalität • 3. Rentabilität • 4. Illustrationen • 5. Kriminalität • 6. Originalität • 7. -produktion • 8. Stabilität • 9. Konzentration • 10. Normalität • 11. Konstruktion

3 b Suffixe mit „-ation": illustriert → die Illustration • konzentriert → die Konzentration • **Suffixe mit „-tion":** produziert → die Produktion • konstruiert → die Konstruktion • **Suffixe mit „-alität":** original / originell → die Originalität • kriminell → die Kriminalität • normal → die Normalität • **Suffixe mit „-ilität":** rentabel → die Rentabilität • stabil → die Stabilität

3 c 1. kompliziert → die Komplikation • illustriert → die Illustration • konzentriert → die Konzentration • 2. konstruiert → Konstruktion • produziert → die Produktion • 3. original → die Originalität • normal → die Normalität • originell → die Originalität • kriminell → die Kriminalität 4. stabil → die Stabilität • rentabel → die Rentabilität

4.5 Wortbildung: Das Genus von internationalen Nomen

1 a / b maskulin: Aspekt, Chef, Kollege, • Poet, Job, Ingenieur, Spezialist, Absolvent, Anglizismus, Computer, Athlet, Zyklus • **neutrum:** Team, Problem • Konzept, Team, Marketing, Kabinett, Feedback, Pamphlet, Training, Kriterium, Management, Ballett, Semester, Examen, Resultat, Sport-Center, Handy •

feminin: Motivation, Qualifikation, Methodenkompetenz, Arbeitstechnik, Strategie, Idee, Eigeninitiative, Selbstdisziplin, Frustrationstoleranz, Kompetenz, Sensitivität, Kritik • Information, Präsentation, Chiffre, Reflexion, Referenz

2 a Friseur, Journalist, Bibliothekar, Demonstrant, Absolvent, Lektor, Regisseur, Patient, Visionär, Konstrukteur, Biologe, Musiker, Gitarrist, Fanatiker, Konsument, Optimist, Diplomand, Athlet, Dramaturg, Pädagoge, Millionär, Bankier • Alle Wörter sind maskulin.

2 b 2. f • 3. m • 4. m • 5. f • 6. f • 7. m • 8. f • 9. n • 10. f

2 c 2. das, s • 3. die, s • 4. das, kein Plural • 5. die, s • 6. der,- • 7. der,- • 8. das, s • 9. die, en • 10. das, e • 11. die / das, s • 12. das, s • 13. der, s • 14. das, Viren • 15. der, s

5 Das Adjektive

5.1 Absoluter Komparativ (eine längere Strecke)

1 a 2E • 3B • **übrig bleiben:** A, D

1 b **Regel 2:** Satz 2 • **Regel 3:** Satz 3

2 a 2. Glück ist ein bedeutenderer Augenblick voller Zufriedenheit. • 3. … eine tiefere Verbindung zu einem Freund. • 4. … ein kürzerer Moment vollkommener Ruhe. • 5. … ein höheres Gut. • 6. … ein größerer Lottogewinn. • 7. ein leckeres Essen in einem besseren Restaurant.

2 b 2. glücklicheren • 3. kleineren • 4. bedeutendere • 5. geringere

5.2 Wortbildung: Adjektive aus Adverbien (heute → heutiger)

Adverb	Adjektiv	Textbeispiel
2. dort	dortig	auf dem dortigen Treffen
3. bisher	bisherig	die bisherigen Anstrengungen
4. gestern	gestrig	auf der gestrigen Pressekonferenz
5. sofort	sofortig	Für sofortige Maßnahen
6. ehemals	ehemalig	der ehemalige Umweltminister
7. jetzt	jetzig	die jetzigen Auswirkungen
8. derzeit	derzeitig	der derzeitige Ausstoß an Treibhausgasen
9. bald	baldig	eine baldige Lösung der Probleme
10. hier	hiesig	Die hiesigen Folgen der Umweltzerstörung
11. morgen	morgig	die morgige Abschlussitzung
12. sonst	sonstig	Sonstige Beschlüsse
13. oben	obige	den obigen Kommentar

1 b 1. dort → dortig • sofort → sofortig • bald → baldig • bisher → bisherig • derzeit → derzeitig • 2a. ehemals → ehemalig • 2b. morgen → morgig • gestern → gestrig • oben → obig • 2c. hier → hiesig • jetzt → jetzig

5.3 Wortbildung: Komposita (-bereit, -bedürftig, …)

1 a 2. der Gewöhnung • 3. Abfahrt → fertig zur Abfahrt • 4. Leistung → in der Lage sein, Leistung zu zeigen • 5. Realität → wirklichkeitsfern • 6. Verkauf → ein Gegenstand ist so vorbereitet / zubereitet, dass er verkauft werden kann • 7. den Termin → genau passend zu dem Termin • 8. Blei → ohne Blei • 9. Preis → billig • 10. den Sinn → Sinn • 11. Regel → der Regel entsprechend • 12. Gras → grasfarbig

1 b 3. schneeweiß • 4. geruchsempfindlich • 5. lebensbedrohlich / lebensgefährlich • 6. pflegebedürftig • 7. bildungs-

feindlich • 8. bildungshungrig • 9. liebenswert • 10. leistungsbereit • 11. verkehrsgünstig • 12. leistungsgemäß • 13. inhaltsleer • 14. vertrauenswürdig • 15. kohlrabenschwarz

6 Präpositionen

6.1 Präpositionen mit Dativ (entsprechend, zufolge, …)

1 a **nahe:** in kurzer Entfernung • **binnen:** im Laufe von • **gegenüber:** in Bezug auf • **nach:** wie … sagt • **nebst:** zusätzlich zu • **entsprechend:** übereinstimmend

1 b b. bei • c. dank • d. entgegen • e. gemäß • f. laut • g. mitsamt • h. zu / zur • i. zufolge • j. zuliebe • k. zuwider

2 a 2. entgegen der gängigen Forschermeinung • 3. Prinzhorn zufolge • 4. Den Patienten gegenüber / Gegenüber den Patienten • 5. mitsamt seinen Kollegen • 6. Zum Erhalt • 7. Bei einem Besuch

2 b 2. Gemäß ihrer Reiseplanung blieben sie zwei Tage in Heidelberg. • 3. Heidelberg ist laut dem Reiseführer eine der schönsten Städte Deutschlands. / Laut Reiseführer ist Heidelberg eine der schönsten Städte Deutschlands. • 4. Einige Teilnehmer besuchten aus beruflichem Interesse die Sammlung Prinzhorn. • 5. Den anderen Teilnehmenden zuliebe blieben sie nur eine Stunde. • 6. Die Sammlung befand sich nahe dem Hotel. • 7. Gemäß ihren Wünschen organisierte das Hotel weitere Stadtführungen. • 8. Nebst dem üblichen Touristenprogramm besichtigten sie auch verschiedene Kliniken.

2 c 2. Laut (dem) Reisebüro • 3. Gemäß der Buchungsbestätigung • 4. Dank des örtlichen Reiseführers • 5. Zur Orientierung • 6. mitsamt Ihrem Gepäck

6.2 Präpositionen mit Genitiv (angesichts, oberhalb, …)

1 a aufgrund • angesichts • binnen • Eingedenk • Infolge • mittels • Ungeachtet • Innerhalb • zugunsten • um … willen

1 b 2b • 3b • 4a • 5a • 6a • 7b • 8a • 9b • 10a • 11b

1 c 2. unweit • 3. unterhalb • 4. oberhalb • 5. Beiderseits • 6. jenseits • 7. diesseits • 8. innerhalb • 9. Außerhalb

2 a 1. innerhalb • dank • ungeachtet • Entgegen • 2. Trotz • Anhand • zur • gegenüber • inmitten • 3. Laut • hinsichtlich • zuliebe • fern • 4. Mangels • dank • mitsamt • bezüglich • mithilfe • Anstelle

2 b 2. … Dank der Arbeit von Umweltorganisationen versuchen immer mehr Menschen, … • 3. Dennoch ist es ihnen mangels Spendengelder … / Mangels Spendengelder ist es ihnen jedoch … • 4. Anlässlich eines Sommerfests spenden die Gäste jedes Jahr … / Die Gäste spenden jedes Jahr anlässlich eines Sommerfestes … • 5. … mithilfe zahlreicher Ehrenamtlicher können die Organisationen funktionieren. • 6. … mangels Helfer haben sich einige Gruppierungen aufgelöst. / … einige Organisationen haben sich mangels Helfer aufgelöst. • 7. Zwecks der Anwerbung jüngerer Freiwilliger … • 8. Anstelle einer wohltätigen Tätigkeit nutzen Schüler häufig … / Schüler nutzen häufig anstelle einer wohltätigen Tätigkeit … • 9. … gibt es hinsichtlich der Art des Engagement keine Einschränkungen. • 10. … die positive Kraft beim Engagement zugunsten anderer zu spüren.

7 Artikelwörter und Pronomen

7.1 Indefinitartikel (alle, jeder, mancher, …)

1 2A • 3D • 4B

2 2. Manchem / Manch einem • 3. jedes • 4. mehrere / einige • 5. irgendwelche, irgendeinen • 6. allen

Lösungen

3 a Indefinitartikel mit Deklination des bestimmten Artikels: Singular: mancher • Plural: alle • **Indefinitartikel mit Deklination des unbestimmten Artikels:** Singular: manch ein, kein

3 b 2. jeder • 3. manch ein / mancher • 4. keinen • 5. mancher / manch ein • 6. irgendwelche / einige • 7. mehreren / einigen

4 2. aufregende • 3. seriöse • 4. überzeugendes • 5. neue, technische • 6. einzelnen • 7. modernen • 8. technischen / technische

5 2. computergesteuerte • 3. neue • 4. kompliziertes • 5. gefährliche • 6. unvorbereiteten

7.2 Indefinitartikel als Pronomen (jeder, manch ein- / mancher, …)

1 a 2. keins → das Wasser, Bedeutung: kein Wasser • 3. alle → die Anrainerstaaten des Mittelmeers, Bedeutung: alle Anrainerstaaten • 4. irgendeinem → diese Staaten, Bedeutung: irgendeinem Staat • 5. einige → die Politiker, Bedeutung = einige Politiker

1 b 2. …, dass keiner sich genaue Vorstellungen von den Kosten gemacht hatte. • 3. … wurde die Idee von einigen wieder aufgenommen. • 4. …, aber selbst wenn es heute keins mehr gibt. • 5. Allen ist natürlich klar, …

2 a 2. manch einer / mancher • 3. jeder • 4. manch einen / manchen / manche Unterschied • 5. alle / einem solchen Spaß • 6. einige / mehrere • 7. keiner • 8. irgendeiner

7.3 Demonstrativartikel und -pronomen (solch- / ein solch- / solch ein-)

1 a 2. Solche Leute • 3. Eine solche / Solch eine Zahl • 4. Ein solcher / Solch ein Unterschied • 5. einem solchen / solch einem Spaß

1 b 2. solche Projekte • 3. solchen Auseinandersetzungen • 4. solches Missgeschick • 5. solche Tätigkeit • 6. solches Organisationstalent

2 a 2. Die Folge solcher Sucht ist oft ein vollkommenes Sichabkapseln von der Gesellschaft. • 3. Die reale Welt verliert durch solche Abkapselung immer mehr an Bedeutung. • 4. Oft wird die Dramatik solchen Verhaltens nicht rechtzeitig erkannt. • 5. Der Erfolg solcher Therapie ist jedoch nicht immer gewährleistet.

2 b 2. solche • 3. solche • 4. solchen • 5. solche

3 2. Traditionen als solche • 3. Beobachtung als solche • 4. Wunsch als solcher • 5. Frage als solche

4 2. derartig • 3. derartige • 4. derartigen • 5. derartig

5 1. So etwas / Derartiges • 2. als solcher • 3. solchen / derartigen • 4. solche • 5. Solch ein / Ein solches / Ein derartiges • 6. Solche

7.4 Das Pronomen „es"

1 a 2. Wie viel <u>Tempo</u> verträgt der Mensch? • 3. Wir tun viele Dinge gleichzeitig, um <u>Zeit zu gewinnen</u>, doch … • 4. Wir versuchen, <u>unser Gehirn</u> zu mehr Leistung anzutreiben, aber …

1 b Akkusativ: Beispiel 4 • **Adjektiv:** Beispiel 1 • **(Teil-)Satz:** Beispiel 3

2 a Verben der Witterung: es stürmt • es hagelt • es dämmerte • **Geräusche:** es klingelt • es rauscht • es rattert • **unpersönliche Verben / Ausdrücke:** es hieß • es gibt • es geht um • es kommt auf … an • es ist vorbei mit • **Ausdrücke mit Adjektiven:** es wird trockener • es wurde dunkel • es war ruhig

2 b *Mögliche Lösungen:* **Verben der Witterung:** es blitzt • es donnert • es friert • es regnet • es schneit • es taut •

Geräusche: es klopft • es kracht • es pfeift • **unpersönliche Verben / Ausdrücke:** es bleibt bei • es fehlt an • es mangelt an • es handelt sich um • es ist aus mit

2 c Text 1: In einigen Regionen stürmt und hagelt es häufiger und es wird in anderen immer trockener. • **Text 2:** Es hieß früher nur: „Jetzt gibt es wieder Sunlicht-Waschmittel!" Es geht heute nicht nur um den bloßen Verkauf von Produkten, sondern um kunstvolle Werbebotschaften. Es kommt dabei vor allem auf kurzweilige Unterhaltung der Konsumenten an. / Vor allem auf kurzweilige Unterhaltung der Konsumenten kommt es dabei an.

2 d *Mögliche Lösung:* Die Sätze hätten sonst kein Subjekt und wären grammatisch unvollständig. „Es" ist also formales / grammatisches Subjekt.

3 a 2. es friert ihn • 3. „Geht es mir … gut?" • 4. zieht es ihn nach …, ans • 5. gefällt es ihm • 6. fehlt es ihm an

3 b Grammatisches Subjekt: es • **Logisches Subjekt:** mir • ihm • ihn (Personalpronomen im Dativ oder Akkusativ)

4 2. …, macht es sich nicht leicht. • 3. …, … sie es zu etwas bringen. • 4. Die Eltern meinen es gut mit dem Nachwuchs, … • 5. …, schaffen es diese Kinder nicht, … • 6. … und sie haben es schwer, …

5 a 2b. Zeit noch mehr zu beschleunigen, ist unmöglich. • 3b. Schon mehrere „Vereine zur Verzögerung der Zeit" sind entstanden. / Mehrere „Vereine zur Verzögerung der Zeit" sind schon entstanden. • 4b. In diesen Vereinen wird z.B. bewusst langsam gegessen oder bewusst nichts getan. / Z.B. wird in diesen Vereinen bewusst … nichts getan. • 5b. Ob Nichtstun der bevorzugte Zeitvertreib der Zukunft sein wird, ist allerdings fraglich. / Fraglich ist allerdings, ob …

5 b 1. ein Subjekt • Infinitivsatz • 2. kein Subjekt • 3. Position 1

5 c 2. **Mit „es":** Es sind inzwischen weltweit über 60.000 Menschen in einer „Slow-Food-Bewegung" organisiert. **Ohne „es":** Inzwischen sind weltweit über 60.000 Menschen in einer „Slow-Food-Bewegung" organisiert. / Weltweit über 60.000 Menschen sind inzwischen in einer „Slow-Food-Bewegung" organisiert. • 3. **Mit „es":** Ziel dieser Bewegung ist es, langsam und mit Genuss zu essen. / Es ist das Ziel dieser Bewegung, langsam und mit Genuss zu essen. • **Ohne „es":** Langsam und mit Genuss zu essen, ist das Ziel dieser Bewegung. • 4. **Mit „es":** Es treffen sich regelmäßig Genießer zum gemeinsamen Kochen und Essen. **Ohne „es":** Regelmäßig treffen sich Genießer zum gemeinsamen Kochen und Essen. / Genießer treffen sich regelmäßig zum gemeinsamen Kochen und Essen. • 5. **Mit „es":** Es ist den Fans des langsamen Essens besonders wichtig, die Esskultur hoch zu halten. **Ohne „es":** Die Esskultur hoch zu halten, ist den Fans des langsamen Essens besonders wichtig. / Besonders wichtig ist den Fans des langsamen Essens, die Esskultur hoch zu halten. / Den Fans des langsamen Essens ist besonders wichtig, die Esskultur hoch zu halten. • 6. **Mit „es":** Es ist klar, dass sie sich auch gegen Schnellimbisse und Fast Food wenden. **Ohne „es":** Dass sie sich auch gegen Schnellimbisse und Fast Food wenden, ist klar. / Klar ist, dass sie sich auch gegen Schnellimbisse und Fast Food wenden. • 7. **Mit „es":** Es bleibt offen, ob das organisierte Langsam-Essen auf lange Sicht Erfolg hat. **Ohne „es":** Ob das organisierte Langsam-Essen auf lange Sicht Erfolg hat, bleibt offen. / Offen bleibt, ob das organisierte Langsam-Essen auf lange Sicht Erfolg hat.

6 a 3. es • 4. - • 5. es • 6. - • 7. es • 8. es • 9. - • 10. es • 11. - • 12. - • 13. Es • 14. - • 15. es • 16. es • 17. - • 18. es • 19. es • 20. es • 21. - • 22. es

6 b 1. **Pronomen:** 3 • 20 • 2. **grammatisches Subjekt oder Objekt:** 7 • 8 • 10 • 15 • 16 • 18 • 19 • 3. **Platzhalter:** 5 • 13 • 22 • 4. **Kein „es":** 4 • 6 • 9 • 11 • 12 • 14 • 17 • 21
6 c 3. es • 4. das • 5. Es • 6. es • 7. Das • 8. es • 9. es • 10. das • 11. Das / Es • 12. Das

8. Modalpartikeln

1 a Die ist vielleicht autoritär. • Ihr seid ja folgsam wie die Kinder. • Du bist vielleicht lustig!
1 b 1. Modalpartikeln sind kurze Wörter, mit denen Sprecher ihre emotionale Einstellung ausdrücken. • 2. Modalpartikeln stehen im Mittelfeld. • 3. Modalpartikeln sind fast immer unbetont.
1 c 2C • 3A
2 a 2A • 3B • 4E • 5F • 6D
2 b 2. aber • 3. ja • 4. vielleicht • 5. vielleicht • 6. ja
3 a 2. Ich hab' lange genug gewartet. • 3. Vielleicht kann ich es dann besser verstehen. • 4. Sonst steckst du noch alle an. • 5. Ich will auch noch telefonieren. • 6. Ich kann's nicht mehr aushalten. • 7. Zu zweit geht es besser. • 8. Dann helfe ich dir auch nicht mehr. • 9. Sonst glaube ich dir kein Wort mehr.
3 b 1. **höflich intensivierte Aufforderung:** Satz 7: doch • 2. **ungeduldige Aufforderung:** Satz 2 und Satz 5: aber • 3. **Drohung:** Satz 1: ja • Satz 4: bloß • Satz 8: ja • Satz 9: nur
3 c *Mögliche Lösungen:*

Partikel	Bedeutung	Beispielsätze
aber	Erstaunen (im Widerspruch zum Erwarteten)	– Das Buch ist aber teuer! – Ich hätte auch nicht gedacht, dass es so teuer ist.
	Ungeduld	– Jetzt komm aber endlich!
	Intensivierung	– Komm aber heute noch vorbei!
ja	Überraschung	– Das gibt's ja nicht!
	Bekannte Tatsache	– Du weißt ja, wie lange das dauert.
	Ungeduld	– Ich komme ja schon!
	Drohung	– Sag ja die Wahrheit! Sonst glaubt dir keiner.
doch	Erinnerung	– Wie hieß doch gleich seine Frau?
	Intensivierung	– Jetzt hör doch auf zu jammern!
	Ermutigung	– Sei doch so nett, um hilf mir kurz mal!
	Bitte um Wiederholung	– Wie war das noch mal?
nur	Intensivierung	– Wenn er nur wieder zu Hause wäre!
	Starkes Erstaunen	– Was hast du dir nur dabei gedacht?
	Drohung	– Mach nur so weiter!
vielleicht	Verstärkung	– Das ist vielleicht laut hier!
	Erstaunen	– Die Kirschen sind vielleicht sauer!

4 a 2. Bist du auch sicher, dass sie kommen? • 3. Sven und Rainer kommen auch. • 4. Was sollte ich auch machen? • 5. Was hebst du auch immer so schwer! • 6. Wie konnte ich das auch vergessen? • 7. Wie konnte ich dich auch darum

bitten! • Im Satz 3 ist „auch" keine Modalpartikel, sondern ein Adverb.
4 b Entscheidungsfragen: 2 • **Ausrufe / W-Fragen:** 5, 7 • **in W-Fragen rhetorisch:** 4, 6
5 a 1b: C • 2a: C • 2b: A • 3a: C • 3b: A
5 b unabhängig
6 a 2W • 3U • 5E • 6B
6 b 2. **Herr Höfler:** Lasst euch ruhig Zeit mit dem Essen: B • 3. **Frau Höfler:** Ihr werdet schon sehen, wohin das führt, wenn ihr so spät schlafen geht: W • 4. **Herr Höfler:** Ihr könnt noch ein bisschen lesen: B
7 2b • 3a • 4b • 5a • 6a
8 a 2. Was ist er (doch) gleich von Beruf? • 3. Wer ist (doch) gleich der Autor von „Ruhm"? • 4. Wo wart ihr (doch) gleich im Urlaub?
9 1. einfach • ja • auch • 2. vielleicht • sowieso • nur • doch • ja • doch gleich • 3. einfach • auch • eh • ruhig • bloß / doch • einfach • auch • nun mal • doch gleich • doch / bloß • 4. denn • ja • bloß • einfach • eben • halt

Nomen-Verb-Verbindungen

A

das / ein **Abkommen** schließen / treffen (mit + D): übereinkommen (mit + D)

auf **Ablehnung** stoßen (bei + D): abgelehnt werden (von + D)

die / eine **Abmachung** treffen (mit + D): etw. abmachen (mit + D)

Abschied nehmen (von + D): sich verabschieden (von + D)

vor dem **Abschluss** stehen: bald abgeschlossen werden

zum **Abschluss** bringen: etwas abschließen

zum **Abschluss** kommen: abgeschlossen werden

die **Absicht** haben etw. zu tun: beabsichtigen etw. zu tun

die / eine **Absprache** treffen (mit + D): etw. absprechen (mit + D)

Abstand halten (von + D): sich entfernt halten (von + D)

Abstand nehmen (von + D): sich distanzieren (von + D)

außer **Acht** lassen: nicht beachten

sich in **Acht** nehmen (vor + D): aufpassen / achtgeben

in **Aktion** treten: aktiv werden

die / eine **Andeutung** machen: etw. andeuten

Ärger bereiten: jdm. Ärger machen / jdn. ärgern

Ärger einbringen: jdm. Ärger machen / jdn. ärgern

Anerkennung finden (bei + D): anerkannt werden (von + D)

den / einen **Anfang** machen: anfangen (mit + D)

Anforderungen stellen (an + A): fordern (von + D)

Angaben machen (zu + D): etw. angeben

in **Angriff** nehmen: beginnen (mit + D)

Angst haben (vor + D): sich ängstigen (vor + D)

in **Angst** halten: jdn. ängstigen (Dauer)

in **Angst** versetzen: jdn. ängstigen

Anklage erheben: jdn. anklagen

unter **Anklage** stehen (wegen + G): angeklagt sein (wegen + G)

Anklang finden: etw. gefällt

Anlass geben (zu + D): verursachen

zum **Anlass** nehmen: die Gelegenheit nutzen, um etw. zu tun

die / eine **Anordnung** treffen: anordnen

eine **Anregung** bekommen (von + D): angeregt werden (von + D / durch + A)

die / eine **Anregung** geben: anregen

zu der **Anschauung** gelangen: nach längerem Überlegen etw. meinen

der **Ansicht** sein: meinen

die / eine **Ansicht** vertreten: meinen

zu der **Ansicht** gelangen: nach längerem Überlegen etw. meinen

Anspruch erheben (auf + A): beanspruchen

(einen) **Anspruch** haben (auf + A): berechtigt sein (zu + D)

in **Anspruch** nehmen: nutzen

Ansprüche stellen (auf + A): beanspruchen, verlangen

den / einen **Anspruch** stellen (an + A): fordern (von + D)

in **Anspruch** nehmen: nutzen

Anstoß erregen: stören / negativ auffallen

Anstoß nehmen (an + D): sich stören (an + D)

Anstrengungen unternehmen (für + A): sich anstrengen (für + A)

Anteil nehmen (an + D): mitleiden (mit + D)

Anteil haben (an + D): mitwirken (bei + D)

den / einen **Antrag** stellen (auf + A): beantragen

die / eine **Antwort** erhalten / bekommen: jd. hat einem geantwortet

eine **Antwort** geben (auf + A): antworten (auf + A)

Anwendung finden: angewandt / angewendet werden

zur **Anwendung** bringen: anwenden

zur **Anwendung** kommen: angewandt / angewendet werden

Anzeige erstatten: jdn. anzeigen

eine **Anzeige** aufgeben (in + D) / setzen (in + A): annoncieren

in **Armut** geraten: arm werden

außer **Atem** sein: nicht genug Luft bekommen

sich im **Aufbau** befinden: aufgebaut werden

der **Auffassung** sein: meinen

zu der **Auffassung** gelangen / kommen: nach längerem Überlegen etw. meinen

die **Auffassung** vertreten: meinen

die **Aufmerksamkeit** lenken (auf + A): aufmerksam machen (auf + A)

in **Aufregung** versetzen: aufregen

den / einen **Auftrag** erhalten: beauftragt werden

jdm. den / einen **Auftrag** erteilen / geben: jdn. beauftragen

in **Auftrag** geben: beauftragen

im **Auge** haben: beobachten / überwachen

zum **Ausdruck** bringen: ausdrücken

zum **Ausdruck** kommen: ausgedrückt werden

zur **Ausführung** bringen: ausführen

zur **Ausführung** kommen / gelangen: ausgeführt werden

Auskunft erteilen (über + A): informieren (über + A)

Ausschau halten (nach + D): ausschauen / suchen (nach + D)

in **Aussicht** stehen: möglich sein

in **Aussicht** stellen: als möglich darstellen

zur **Auswahl** stehen: auswählen können (zwischen + D / unter + D)

zur **Auswahl** stellen: möglich machen, dass jd.
  auswählen kann
die / eine **Auswahl** treffen (zwischen + D / unter +
  D): auswählen (zwischen + D / unter + D)
Auswirkungen haben (auf + A): sich auswirken
  (auf + A)

B

im **Bau** sein: gebaut werden
sich im **Bau** befinden: gebaut werden
Beachtung finden: beachtet werden
von **Bedeutung** sein (für + A): bedeuten
  (für + A)
die / eine **Bedingung** stellen: verlangen
die / eine **Bedingung** erfüllen: tun, was verlangt
  wird
den / einen **Befehl** geben / erteilen etw. zu tun:
  befehlen etw. zu tun
einen **Begriff** haben (von + D): eine konkrete
  Vorstellung von etw. haben
im **Begriff** sein etw. zu tun: gerade anfangen
  etw. zu tun
den / einen **Beitrag** leisten (zu + D): beitragen
(zu + D)
in **Besitz** nehmen: sich aneignen
einen **Beitrag** leisten (zu + D): beitragen (zu + D)
die / eine **Beobachtung** machen: beobachten
Beobachtungen anstellen: beobachten
unter **Beobachtung** stehen (von + D):
  beobachtet werden (von + D)
unter **Beobachtung** stellen: beobachten
Berechnungen anstellen (über + A / von + D):
  berechnen
Berücksichtigung finden: berücksichtigt werden
den / einen **Beruf** ausüben: beruflich machen
Bescheid sagen: informieren
Bescheid wissen (über + A): informiert sein
  (über + A)
den / einen **Beschluss** fassen: beschließen
die / eine **Besprechung** abhalten: eine
  Besprechung durchführen
zu **Besuch** sein (bei + D): besuchen
in **Betracht** ziehen: überlegen, erwägen
in **Betrieb** nehmen: eine Anlage / ein Gerät zum
  ersten Mal starten / benutzen
in **Betrieb** sein: betrieben werden / funktionieren
in **Betrieb** setzen: starten
in **Bewegung** bringen / (ver)setzen: machen /
  bewirken, dass etw. anfängt, sich zu bewegen
in **Bewegung** kommen / geraten: anfangen,
  sich zu bewegen
einen **Beweis** führen: beweisen
unter **Beweis** stellen: beweisen
zu **Bewusstsein** kommen: bewusst werden
Beziehung(en) abbrechen (zu + D): die
  Verbindung beenden

(die / eine) **Beziehung(en)** aufnehmen
  (mit + D / zu + D): kontaktieren
die **Beziehung** aufrechterhalten (zu + D):
  verbunden bleiben (mit + D)
eine **Beziehung** eingehen (mit + D): eine
  Verbindung beginnen (mit + D)
eine … **Beziehung** haben (mit + D / zu + D):
  ein … Verhältnis haben (mit + D)
eine **Beziehung** herstellen / knüpfen (zu + D):
  kontaktieren
(die) **Beziehung(en)** pflegen (zu + D): etw. tun,
  damit der Kontakt gut bleibt
eine **Beziehung** unterhalten (zu + D): verbunden
  sein (mit + D)
in **Beziehung** stehen (zu + D): verbunden sein
  (mit + D)
in **Beziehung** treten (zu + D / mit + D):
  kontaktieren
Bezug nehmen (auf + A): sich beziehen auf
  (auf + A)
eine **Bindung** eingehen / schließen (mit + D):
  eine Verbindung beginnen
eine **Bindung** haben (zu + D): persönlich
  verbunden sein (mit + D)
das **Bündnis** (auf-)lösen: eine Verbindung
  beenden, z. B. zu einem Staat oder einer Partei
den **Bund** (auf-)lösen: einen Bund beenden
einen **Bund** schließen (mit + D): eine Verbindung
  beginnen (mit + D)

D

zur **Debatte** stehen: debattiert werden
zur **Debatte** stellen: debattieren
die / eine **Diskussion** führen (zu + D) / (über + A):
  diskutieren (über + A):
in der **Diskussion** sein: diskutiert werden
zur **Diskussion** stehen: diskutiert werden
zur **Diskussion** stellen: diskutieren
unter **Druck** setzen: bedrängen
unter **Druck** stehen: im Stress sein
(den) **Durchblick** haben: verstehen (umgssp.)
zur **Durchführung** bringen: durchführen
zur **Durchführung** kommen / gelangen:
  durchgeführt werden

E

den / einen **Eid** leisten: schwören
in **Eile** sein: sich beeilen müssen
(einen) **Einblick** haben: hineinblicken
  (in Abläufe etc.)
(einen) **Einblick** nehmen (in + A): hineinblicken
  (in + A)
Eindruck machen (auf + A): beeindrucken
Einfluss ausüben (auf + A): beeinflussen
Einfluss haben (auf + A): beeinflussen
Einfluss nehmen (auf + A): beeinflussen

Nomen-Verb-Verbindungen

unter (dem) **Einfluss** stehen (von + D):
beeinflusst werden

im **Einsatz** sein (für + A / in + D): eingesetzt
sein / werden (für + A / in + D)

Einsicht nehmen (in + A): Akten etc.
einsehen / offiziell in die Akten schauen

zur **Einsicht** kommen / gelangen: nach längerem
Überlegen etw. einsehen

das **Einverständnis** geben (zu + D):
einverstanden sein (mit + D)

die **Einwilligung** geben (zu + D): einwilligen
(in + A)

in **Empfang** nehmen: empfangen

am **Ende** sein (mit + D): keine Kraft mehr haben
(für + A)

zu **Ende** gehen: beendet werden

zu **Ende** kommen / bringen / führen: beenden

zu einem … **Ende** kommen: (gut, schlecht, …)
beendet werden

zu **Ende** sein (mit + D): beendet sein (für + A)

eine **Entscheidung** fällen / treffen (über + A):
(sich) entscheiden (für + A / gegen + A)

zur / zu einer **Entscheidung** kommen / gelangen:
(sich) nach längerem Überlegen entscheiden

den / einen **Entschluss** fassen: (sich) ent-
schließen (zu + D)

(eine) **Enttäuschung** bereiten: enttäuschen

die / eine … **Entwicklung** nehmen: sich
entwickeln

in **Erfahrung** bringen: erfahren / eine
Information bekommen

die / eine **Erfahrung** machen: erfahren

in **Erfüllung** gehen: erfüllt werden / sich erfüllen

die / eine **Ergänzung** vornehmen: ergänzen

in **Erinnerung** haben: sich erinnern (an + A)

die **Erlaubnis** geben / erteilen: erlauben

die **Erlaubnis** geben (zu + D / für + A): erlauben

Ersatz leisten (für + A): ersetzen

in **Erstaunen** geraten (über + A): erstaunt sein
(über + A)

in **Erstaunen** versetzen: jdn. erstaunen

in **Erwägung** ziehen: erwägen

die / eine **Erweiterung** vornehmen: erweitern

F

in **Fahrt** kommen: anlaufen

die **Fähigkeit** besitzen (zu + D): fähig sein
(zu + D)

Folge leisten: folgen (= gehorchen)

zur **Folge** haben: nach sich ziehen

auf die **Folter** spannen: neugierig machen

die / eine **Forderung** stellen / erheben (an + A):
fordern (von + D)

die / eine **Förderung** erhalten (von + D):
gefördert werden (von + D)

die / eine **Förderung** zukommen lassen: jdn.
fördern

Fortschritte machen / erreichen: erfolgreich
sein / werden

außer **Frage** stehen: etw. kann nicht
angezweifelt werden

die / eine **Frage** stellen: fragen

in **Frage** kommen: möglich sein

in **Frage** stehen: nicht sicher sein

in **Frage** stellen: anzweifeln

Frieden schließen (mit + D): sich wieder
verstehen (mit + D)

Freude bereiten: erfreuen

eine **Frist** einhalten: in der vorgegebenen Zeit
bleiben

eine **Frist** überschreiten: mehr Zeit brauchen

G

im **Gang(e)** sein: gerade laufen (z. B. Arbeit,
Diskussion)

in **Gang** bringen / setzen: starten

in **Gang** halten: etw. tun, damit etw. läuft

in **Gang** kommen: anlaufen

die / eine **Garantie** geben (für + A): garantieren
(für + A)

Gebrauch machen (von + D): gebrauchen /
nutzen

in **Gebrauch** nehmen: (zum ersten Mal)
gebrauchen

in **Gebrauch** sein: gebraucht werden

auf den / einen **Gedanken** bringen: bewirken,
dass man an etw. denkt

sich **Gedanken** machen (über + A): nachdenken
(über + A)

in **Gefahr** bringen: gefährden

in **Gefahr** geraten: in eine Situation kommen,
in der man gefährdet ist

in **Gefahr** sein / schweben: gefährdet sein

sich in **Gefahr** befinden: gefährdet sein

Gefallen finden (an + D): gefallen

Gehorsam leisten: gehorchen

im **Gegensatz** stehen (zu + D): entgegenstehen

Gelegenheit geben (zu + D): ermöglichen

Gesellschaft leisten: bei jemandem bleiben

das / ein **Gespräch** führen (über + A): sprechen
(über+ A)

ins **Gespräch** bringen: ansprechen

ins **Gespräch** kommen: anfangen, miteinander
zu sprechen

Gewinn einbringen: etw. funktioniert so gut,
dass man dadurch einen Gewinn hat

H

in **Haft** nehmen: verhaften

in **Haft** setzen: inhaftieren

auf der **Hand** liegen: klar sein

Hilfe leisten: jdm. helfen

zu(r) **Hilfe** kommen: jdm. helfen

zu(r) **Hilfe** nehmen: etw. unterstützend anwenden

einen **Hinweis** geben (auf + A): hinweisen (auf + A)

Herrschaft ausüben (über + A): herrschen (über + A)

die / eine **Hoffnung** aufgeben (auf + A): nicht mehr hoffen (auf + A)

(die) **Hoffnung** haben: hoffen

jdm. **Hoffnung** machen (auf + A): etwas als möglich darstellen

sich **Hoffnung(en)** machen (auf + A): hoffen (auf + A)

I

die / eine **Initiative** ergreifen: initiativ werden

Interesse haben / finden (an + D): sich interessieren (für + A)

Interesse zeigen (an + D): sich interessieren (für + A)

das / ein **Interview** führen: interviewen

im **Irrtum** sein (über + A): sich irren

sich im **Irrtum** befinden (über + A): sich irren

K

den / einen **Kampf** führen (gegen + A / für + A): kämpfen (gegen + A / für + A)

Karriere machen: beruflich aufsteigen

in **Kauf** nehmen: akzeptieren müssen

in **Kenntnis** setzen (über + A): informieren (über + A)

Kenntnis nehmen (von + D): wahrnehmen

zur **Kenntnis** bringen: informieren

zur **Kenntnis** nehmen: etw. wahrnehmen / bemerken

sich im **Klaren** sein: sich bewusst sein

einen **Kompromiss** schließen (mit + D): sich einigen, wobei jeder nachgibt

in **Konkurrenz** stehen (zu + D): konkurrieren (mit + D)

die **Konsequenz** ziehen (aus + D): folgern (aus + D)

Kontakt haben (mit + D / zu + D): in Verbindung stehen (mit + D)

den / einen **Kontakt** abbrechen (mit + D / zu + D): den Kontakt beenden (mit + D / zu + D)

(den / einen) **Kontakt** aufnehmen / herstellen (mit + D / zu + D): kontaktieren

den **Kontakt** aufrechterhalten (zu + D): verbunden bleiben (mit + D)

(den / einen) **Kontakt** herstellen (mit + D / zu + D): kontaktieren

den / einen **Kontakt** knüpfen (zu + D): kontaktieren

den **Kontakt** pflegen (mit + D / zu + D): etw. tun, damit man einen guten Kontakt behält

den / einen **Kontakt** suchen (zu + D): versuchen, jdn. zu kontaktieren

in **Kontakt** bleiben (mit + D): weiter verbunden sein (mit + D)

in **Kontakt** bringen (mit + D): den Kontakt zwischen anderen herstellen

in **Kontakt** kommen / treten (mit + D): kontaktieren

in **Kontakt** stehen (zu + D): verbunden sein (mit + D)

unter **Kontrolle** bringen: kontrollieren

Konversation machen / (be-)treiben: miteinander sprechen

die / eine **Korrektur** vornehmen: korrigieren

in / außer **Kraft** sein: gelten / nicht gelten

in / außer **Kraft** setzen: machen, dass etw. gültig / ungültig ist

in / außer **Kraft** treten: gültig / ungültig werden

Kritik üben (an + D): kritisieren

auf **Kritik** stoßen: kritisiert werden

eine **Kürzung** vornehmen (an + D): kürzen

einen **Kuss** geben: küssen

L

in der **Lage** sein: können

zur **Last** fallen: lästig sein / werden

seinen **Lauf** nehmen: sich entwickeln

am **Laufen** halten: etw. tun, damit etw. weiter funktioniert

auf dem **Laufenden** sein: informiert sein

am **Leben** bleiben: nicht sterben / weiterleben

ins **Leben** rufen: gründen

ums **Leben** kommen: sterben

die / eine **Lösung** finden: lösen

M

Maßnahmen durchführen: machen

Maßnahmen treffen / ergreifen: handeln

die / eine **Mitteilung** machen: mitteilen

der **Meinung** sein: meinen

die / eine **Meinung** vertreten (zu + D): meinen

sich eine **Meinung** bilden (über + A): Informationen sammeln, um zu einer Meinung zu kommen

in **Mode** sein: modisch sein

sich **Mühe** geben (mit + D): sich bemühen

Mut haben / besitzen: mutig sein

Mut machen: jdn. ermutigen

N

die / eine **Nachricht** bringen: benachrichtigen

die / eine **Nachricht** bekommen / erhalten: benachrichtigt werden

auf die **Nerven** gehen: lästig werden / jdn. nerven

Nomen-Verb-Verbindungen

in **Not** geraten: in eine schwierige Situation kommen
Notiz nehmen (von + D): beachten

O

zu **Ohren** kommen: hören (= Informationen erhalten)
in **Ordnung** bringen: ordnen
in **Ordnung** halten: ordentlich halten / pflegen
in **Ordnung** sein: funktionieren / in gutem Zustand sein

P

die / eine **Pflicht** erfüllen: tun, was man muss / wozu man verpflichtet ist
Platz nehmen: sich setzen
einen **Plausch** halten: miteinander über Alltägliches / Privates sprechen
Prioritäten setzen: das Wichtigste zuerst machen
auf die **Probe** stellen: testen
Protest erheben: protestieren
Protokoll führen: protokollieren
eine **Prüfung** machen / ablegen: geprüft werden

R

Rache nehmen (an + D / für + A): sich rächen (an + D / für + A)
den / einen **Rat** bekommen / erhalten: beraten werden
einen **Rat** befolgen: tun, was jemand geraten hat
den / einen **Rat** geben: raten
Rat suchen (bei + D): um Rat bitten (bei + D)
keinen **Rat** wissen: nicht wissen, was man tun soll
zu **Rate** ziehen: sich beraten lassen
jdn. zur **Rechenschaft** ziehen (für + A): verantwortlich machen (für + A)
in **Rechnung** stellen: berechnen
das / ein **Recht** haben (auf + A): berechtigt sein (zu + D)
im **Recht** sein: Recht haben
die / eine **Rede** halten: reden
zur **Rede** stellen: eine Stellungnahme verlangen
das / ein **Referat** halten (über + A): referieren (über + A)
an die **Reihe** kommen / an der **Reihe** sein: als nächster bedient / behandelt werden
die / eine **Reise** unternehmen: reisen
Respekt genießen: respektiert werden
Risiken eingehen: riskieren
die / eine **Rolle** spielen (für + A): wichtig sein / Bedeutung haben (für + A)
Rücksicht nehmen (auf + A): berücksichtigen
Rücksicht üben: rücksichtsvoll sein

in **Ruhe** lassen: nicht stören
zur **Ruhe** kommen: ruhig werden

S

den **Schluss** ziehen (aus + D): schließen (aus + D) (= zu dem Ergebnis kommen)
zu dem / einem **Schluss** kommen: schließen
Schritt halten (mit + D): genauso schnell gehen / sich entwickeln
in **Schutz** nehmen (vor + D): (be-) schützen
unter dem **Schutz** stehen (von + D): geschützt / beschützt werden (von + D)
ein **Schwätzchen** halten: kurz miteinander über Alltägliches / Privates sprechen
in **Schwierigkeiten** bringen: bewirken, dass jd. Probleme hat
in **Schwierigkeiten** geraten: Probleme bekommen
in **Schwung** kommen: gut anlaufen
in **Sicht** sein: bevorstehen
Smalltalk (be-)treiben: miteinander sprechen
Smalltalk machen: miteinander sprechen
sich **Sorgen** machen (um + A): besorgt sein (um +A)
aufs **Spiel** setzen: riskieren
zur **Sprache** bringen: ansprechen
zur **Sprache** kommen: besprochen werden
im **Stande** sein: können
zu **Stande** bringen: schaffen / herstellen
zu **Stande** kommen: verwirklicht werden / nach Schwierigkeiten gelingen
den / einen **Standpunkt** vertreten: meinen
auf dem **Standpunkt** stehen: meinen
zum **Stehen** bringen: anhalten
zur **Stelle** sein: da sein
Stellung nehmen (zu + D): seine Meinung darlegen (zu + D / über + A)
im **Sterben** liegen: sterben
im **Stich** lassen: in der Not allein lassen
zum **Stillstand** kommen: stillstehen
in … **Stimmung** sein: (gut, schlecht, …) gelaunt sein
unter **Strafe** stehen: verboten sein
unter **Strafe** stellen: verbieten / strafbar machen
die / eine **Straftat** begehen: etw. Illegales tun
eine **Strafe** verhängen (über + A): (Richter) bestrafen
in (den / einen) **Streik** treten: streiken
sich im **Streik** befinden: streiken
im **Streit** liegen (mit + D / über + A): sich streiten (mit + D / über + A)
sich im **Streit** befinden (mit + D / über + A): streiten (mit + D / über + A)

T

zur **Tat** schreiten: handeln
das / ein **Thema** anschneiden: etw. ansprechen

U

sich in **Übereinstimmung** befinden (mit + D): übereinstimmen

Überlegungen anstellen (zu + D): überlegen

die / eine **Überzeugung** vertreten: überzeugt sein (von + D)

zur **Überzeugung** kommen / gelangen: sich überzeugt haben / sicher sein

eine **Unterhaltung** führen: miteinander sprechen

Unterricht geben / erteilen: unterrichten

den / einen **Unterschied** machen: sich unterscheiden

die / eine **Unterscheidung** treffen: unterscheiden

Unterstützung finden (bei + D): unterstützt werden (bei + D)

Unterstützung genießen (von + D): unterstützt werden (von + D)

die / **eine Untersuchung** durchführen / anstellen: untersuchen

das / ein **Urteil** fällen (zu + D) / (über + A): urteilen (über + A)

V

die / eine **Verabredung** treffen: (sich) verabreden

(die) **Verantwortung** tragen (für + A) / übernehmen (für + A): verantwortlich sein (für + A)

zur **Verantwortung** ziehen (für + A): verantwortlich machen (für + A)

die / eine **Verbesserung** / **Verbesserungen** durchführen: verbessern

die / eine **Verbesserung** machen / vornehmen: verbessern

die **Verbindung** abbrechen (mit + D / zu + D): die Verbindung beenden (zu + D)

(die / eine) **Verbindung** aufnehmen / herstellen (mit + D / zu + D): kontaktieren

die **Verbindung** aufrechterhalten (mit + D / zu + D): verbunden bleiben (mit + D)

eine **Verbindung** eingehen (mit + D): eine Verbindung beginnen (mit + D)

(die / eine) **Verbindung** haben (mit + D / zu + D): verbunden sein (mit + D)

die **Verbindung** pflegen (mit + D / zu + D): etw. tun, damit der Kontakt gut bleibt

die / eine **Verbindung** suchen (zu + D): versuchen, jdn. zu kontaktieren

in **Verbindung** bleiben (mit + D): verbunden sein (mit + D)

in **Verbindung** kommen / treten (mit + D): kontaktieren

in **Verbindung** stehen (mit + D): Kontakt haben

sich in **Verbindung** setzen (mit + D): kontaktieren

Verbreitung finden: sich verbreiten

Verdacht haben: verdächtigen

Verdacht schöpfen: anfangen zu verdächtigen

in **Verdacht** geraten / stehen: verdächtigt werden

unter (dem) **Verdacht** stehen: verdächtigt werden

in / im **Verdacht** haben: verdächtigen

die / eine **Vereinbarung** treffen (mit + D): vereinbaren

zur **Verfügung** haben: verfügbar sein / verfügen (über + A)

zur **Verfügung** stehen: bereitstehen / über etw. / jdn. verfügen können

zu **Verfügung** stellen: etw. tun, damit jemand über etw. / jdn. verfügen kann / bereitstellen

in **Vergessenheit** geraten: vergessen werden

die / eine **Verhaftung** vornehmen: verhaften

Verhandlungen aufnehmen (mit + D): beginnen, mit jdm. zu verhandeln

in **Verhandlung(en)** stehen (mit + D): dabei sein, zu verhandeln (mit + D)

in **Verhandlung(en)** treten (mit + D): anfangen, zu verhandeln (mit + D)

zur **Verhandlung** kommen: verhandelt werden

zum **Verkauf** stehen: verkauft werden

einen … **Verlauf** nehmen: (gut, schlecht, …) verlaufen

in **Verlegenheit** bringen: verlegen machen

in **Verlegenheit** kommen / geraten: verlegen werden

zur **Vernunft** bringen: etw. tun, damit jd. wieder vernünftig ist

zur **Vernunft** kommen / gelangen: vernünftig werden

das / ein **Versprechen** bekommen: versprochen werden

das / ein **Versprechen** geben: versprechen

das / ein **Versprechen** halten: Versprochenes tun

das / ein **Versprechen** brechen: Versprochenes nicht tun

Verständnis finden (bei + D): verstanden werden (von + D)

zur **Versteigerung** bringen: versteigern

zur **Versteigerung** kommen: versteigert werden

den / einen **Versuch** machen / unternehmen: versuchen

einen **Vertrag** (ab)schließen (mit + D): einen Vertrag unterzeichnen

einen **Vertrag** brechen: den Vertrag nicht einhalten / nicht nach dem Vertrag handeln

einen **Vertrag** auflösen: den Vertrag beenden

Vertrauen haben (zu + D): jdm. vertrauen

Vertrauen setzen (in + A): jdm. vertrauen

ins **Vertrauen** ziehen: jdn. etw. anvertrauen

in **Verwirrung** sein: verwirrt sein

in **Verwirrung** bringen / versetzen: verwirren

Verzicht leisten (auf + A): verzichten (auf + A)

zur **Verzweiflung** bringen: jdn. sehr aufregen

(die) **Vorbereitungen** treffen (für + A): vorbereiten (für + A)

im **Vordergrund** stehen: am wichtigsten sein
zum **Vorschein** kommen: wieder auftauchen
den / einen **Vorschlag** machen: vorschlagen
Vorschriften machen: vorschreiben
Vorsorge treffen: vorsorgen
den / einen **Vorwurf** machen / erheben:
  vorwerfen
den **Vorzug** geben (vor + D): vorziehen

W

die / eine **Wahl** treffen (zwischen + D):
  auswählen
zur **Wahl** stehen: auswählen können
  (zwischen + D / unter + D)
zum **Wahnsinn** bringen / treiben: verrückt
  machen, sehr aufregen, „wahnsinnig" machen
sich zur **Wehr** setzen (gegen + A): sich wehren
  (gegen + A)
in **Wettbewerb** stehen (mit + D): konkurrieren
  (mit + D)
Widerspruch einlegen (gegen + A): offiziell
  widersprechen (meist schriftlich)
in / im **Widerspruch** stehen (zu + D):
  widersprechen
Widerstand leisten (gegen + A): widerstehen
die / eine **Wirkung** haben: bewirken
das **Wort** ergreifen: anfangen zu reden
sich zu **Wort** melden: sich melden, um etw. zu
  sagen
zu **Wort** kommen: reden können
in **Wut** bringen: jdn. wütend machen
in **Wut** geraten (über + A): wütend werden
  (auf + A / über + A)

Z

Zahlungen leisten: zahlen
sich ins **Zeug** legen: sich engagieren
sich zum **Ziel** setzen: anstreben
Zuflucht nehmen: an einen Ort fliehen
Zurückhaltung üben: sich zurückhalten
in **Zusammenhang** stehen (mit + D):
  zusammenhängen (mit + D)
Zustimmung finden: zugestimmt werden
außer **Zweifel** stehen: nicht bezweifelt werden
in **Zweifel** ziehen: bezweifeln